개미의 발소리

개미의 발소리

1판 1쇄 발행 2024년 5월 15일
1판 6쇄 발행 2024년 11월 20일

지은이   대련진우
발행인   원명

대표   남배현
기획   덕안
편집   김관용, 박석동, 모지희
디자인   동경작업실

펴낸곳   (주)조계종출판사
등록   2007년 4월 27일 (제2007-000078호)
주소   서울시 종로구 삼봉로 81 두산위브파빌리온 1308호
전화   02-720-6107
전송   02-733-6708
이메일   jogyebooks@naver.com
구입문의   불교전문서점 향전(www.jbbook.co.kr) 02-2031-2070

ISBN 979-11-5580-221-2 (03220)
삽화 © 진리의숲

조계종
출판사 지혜와 자비의 눈으로 세상을 바라봅니다.

진우 스님의 선명상

개미의 발소리

조계종
출판사

고락의 분별업을 내려놓아라.

좋다거나 싫다고 분별하며

좋은 것은 가지려 하고

싫은 것은 버리려 하는 그 마음이

우리를 행복하지 못하게 한다.

감정에서 벗어나라

'현상과 대상으로부터 감정을 분리하라.'

이 책에서 강조하는 주제이다. 우리는 살면서 감정 에너지를 필요 이상으로 낭비한다. 이런 낭비는 결국 자신의 운명까지 걷잡을 수 없는 방향으로 흐르게 한다. 현대 의학에서는 정신적 긴장 상태를 스트레스라는 말로 표현하는데, 우리가 스트레스에 관심을 갖는 이유는 이것이 심리적 증세뿐만 아니라 육체적 질병의 실질적인 원인이 되기 때문이다. 하지만 스트레스라는 단어 하나에 뭉뚱그려서 집어넣기에는 인간의 삶에 감정이 미치는 영향이 너무 크다. 요즘 동서양을 막론하고 명상이 유행하는 이유인지도 모르겠다.

시간은 인간에게 여러 가지 변화를 경험하게 했다. 우선 예상할 수 없을 정도로 세상이 복잡해졌고, 인간은 자신의 편의를 위해 만든 사회 시스템으로부터 소외되기 시작했다. 이러한 변화는 눈부신 경제성장을 이루고 문화 선진국에 접어들면서 우리에게 전에 없던 습관을 고착시켰다. 분명 고민이나 괴로움이 커졌는데, 이것을 절대로 남에게 꺼내 보이지 않는다. 그러면서 그것이 우리를 성숙시키는 성장통이라도 되는 양 확신 없는 말로 미화한다. 애써 자신을 위안하는 것이다.

육체적으로나 정신적으로 고통을 느끼는데, 문제는 그것의 원인이 어디에 있는지 모른다는 점이다. 부처님은 인생을 '고통의 바다[苦海]'라고 했다. 인생에는 괴로움만 있는 것이 아니라 즐거움도 있지 않느냐 반문할 수 있다. 그러나 우리가 말하는 즐거움은 영원하지 못다. 이 즐거움은 곧 괴로움으로 바뀌기 때문에 이 또한 '고苦'라고 하는 것이다. 고苦와 낙樂이 되풀이되는 것을 윤회輪廻라 한다. 이 책에서 지속적으로 강조하는 것도 고락의 분별업을 버리라는 것이다. 좋다거나 싫다고 분별하며, 좋은 것은 가지려 하고 싫은 것은 버리려 하는 그 마음이 우리를 행복하지 못하게 한다.

여기에 실린 글들은 담양 용흥사 시절로 거슬러 올라간다. 2008년 용구산 몽산선원을 개원해서 함께 참선 수행을 할 때였는데, 새벽 3시에 일어나 5시까지 입선을 하고 나면 일과를 위해 메모하는 시간을 가질 수 있었다. 그러던 중 명상에 대해서는 많이 아는 사람도 참선의 깊은 내용은 잘 모르는 것 같다는 생각이 들었다. 처음에는 지인들에게 문자메시지를 통해 이런 생각들을 공유했는데, 어느새 명상에 관한 짧은 단상을 기다리는 분들이 200여 명이나 되었다. 백양사 주지 소임을 맡으면서는 밴드로 전환해서 읽도록 했던 내용들이다.

지금까지 거의 하루도 거르지 않고 써올 수 있었던 힘은 불자님들이 느끼는 실생활과 참선의 괴리를 불식시켜 보겠다는 호기와 부처님 법을 잊지 않고 매일 수행해가겠다는 다짐, 혹은 참회에 있다. 어떻게 보면 조금 거창해 보일 수 있지만, 사실 이 책의 출발점은 한 장의 메모지였으며, 답답한 일이 생겼다며 달려오신 신도님들의 막무가내식 질문이라고 할 수 있다. 나름대로 최선을 다해 대답해드렸다. 이제 일어난 현상과 대상으로부터 감정을 분리하라는 주제가 108개의 이야기를 통해 현실 세계에 발을 들여놓는다.

침대에 누워서 손이 가는 대로 아무 곳이나 펼쳐서 읽는 부담 없는 책이 목적이었기에, 유튜브 '오늘의 명상'에 소개된 내용을 위주로 우리가 실제로 체험하거나 공감할 수 있는 이야기에 집중했다.

하지만 책을 덮고 난 후 남는 게 없으면 공허한 메아리가 되고 말리라. 네 개의 장으로 구성된 이 책은 다음과 같은 문제를 인식하는 데서 출발한다. 나는 어떤 문제를 가지고 있는가, 이 문제가 왜 발생했는가, 이 문제를 어떻게 해결할 수 있는가? 물론 문제의 해답도 어렵지 않게 찾을 수 있도록 심혈을 기울였다.

분별심分別心, 방하착放下著, 중도中道…. 사실 불교 신자들도 이런 용어를 모호하게 받아들인다. 정확하게 말하자면, 모른다. 그러니 최첨단 과학 문명의 시대에도 불교를 기복의 수단으로 여기는 것 아닐까. 이런 용어들만 바르게 이해하더라도 사람이 바뀌고 세상이 발전한다. 분별심이나 중도가 구체적으로 무엇을 의미하는지 현실 생활에서 어떻게 실천하는지를 이해할 수 있었으면 하는 마음에서 원고를 다듬고 또 다듬었다. 분별하는 마음을 놓아버리고 인과因果의 진리를 믿을 때 인간의 지혜는 완성에 가까워진다.

이 책에는 이런 내용들을 넘치지 않게 담으려고 했다. 책을 만들기로 마음 먹은 다음부터 몇 가지 생각들이 그림자처럼 따라다녔다. 독자들이 불교 경전의 위력에 주눅 들지 않고, 범람하는 온갖 명상 이론에 혼란스러워하지 않으면서 한 걸음씩 자신을 계발해나가려면 어떻게 해야 하나? 온통 머리가 복잡해서 여유가 없을 때

명상하듯이 차분한 마음으로 읽다보면, 그리고 여기서 주로 언급하는 내용에 조금씩 물들다보면, 그만큼 불교 경전에 대한 이해력도 향상될 것이라 믿는다.

요즘의 명상은 행복 위에 더 행복한 삶을 꿈꾸는 정신적 힐링이 주를 이룬다. 그러나 일생일대의 커다란 난관에 직접 부딪혔을 때 이런 명상이 우리에게 얼마나 도움을 줄지는 의문이다. 근본적인 해결책이 아니기 때문이다. 독자들에게 고도로 발전된 불교의 지혜를 명상 형식으로 전달하려는 의도는 멀리 있지 않다. 바른 법에 따라 걱정과 근심을 내려놓고 마음을 편안하게 하자는 것이다. 모쪼록 이 책을 읽은 많은 독자들이 하루하루 자신을 발전시켜 나가길 바란다.

2024년 부처님오신날을 맞이하여
대련진우大蓮眞愚 합장

차례

제1장

나뉠 수 없는
하나

제2장

세상이 존재하는
이유

제3장

어디에도
치우치지 않고

제4장

지혜로운 삶,
아름다운 명상

제1장

나뉠 수 없는 하나

손해와 이익

어느 신도가 물었다. 누가 차를 부딪치고 갔는데 이걸 용서해야 하는지 용서하지 말아야 하는지. 어떤 대답이 나올지 궁금해 하면서 빤히 쳐다보는 얼굴에 대고 용서를 해도 그만이고 용서를 하지 않아도 그만이라는 대답을 주었다.

대답이 떨어졌는데도 얼굴에는 한동안 멍한 기색이 떠나지 않았다. 머릿속이 무척 복잡해 보이는 표정이었다. 듣기에 따라서는 애매한 대답이라고 생각할 수 있으나 진리의 관점에서는 명확한 답변이다.

세상의 모든 일은 원인과 결과에 따라 한 치의 오차도 없이 돌아간다. 불교에서는 이것을 연기법緣起法(모든 현상이 생기하고 소멸하는 법칙)이라고 한다. 우주 안의 모든 건 먼지 하나까지도 서로 영향을 주고

받는다는 말이다. 우리는 연기법을 통해 세상에 나왔고, 세상은 연기법을 통해 생겨났다. 이 법칙은 세상에서 벌어지는 모든 현상은 옳지도 그르지도 않으며, 좋지도 나쁘지도 않다는 사실을 보여준다. 잘되었다거나 잘못되었다고 느끼는 이유는 우리 앞에 벌어진 현상 때문이 아니라 우리 마음이 분별을 일삼기 때문이다.

우리는 살면서 여러 가지 문제에 시달린다. 현관문을 열고 나가는 순간부터 '고통의 바다'라는 말을 실감한다. 그래서 고민한다. 이처럼 많은 문제의 원인이 어디에 있는지 맹렬하게 찾아 나선다. 원인은 바로 우리의 분별심에 있다. 이렇게 되면 좋고 저렇게 되면 나쁘다고 분별하면서 아무런 관련도 없는 현상에 이러쿵저러쿵 의미를 갖다 붙인다. 해가 뜨는 것은 좋고 해가 지는 것은 나쁘다는 식이며, 봄이 오는 것은 옳고 가을이 오는 것은 그르다는 식이다. 과연 이게 온당한 판단인가. 그냥 해가 떴으니 해가 지는 것이고, 봄이건 가을이건 올 때가 되었으니 오는 것인데 말이다.

사람 사이의 관계에도 무언가를 자꾸 갖다 붙인다. 있는 그대로를 보면 될 텐데, 좋으니 싫으니 감정을 섞어 넣는다. 하지만 이런 사람은 좋고 저런 사람은 싫다는 주장은 봄은 옳으나 가을은 그르다는 주장과 같다. 사회가 개인화될수록 인간 본성에 관한 인식이 부족해지는데, 이런 편협한 세계관은 바람직하지 않다. 현상계에 있는 모든 것들은 상대적으로 존재할 수밖에 없으며, 상대적으로 존재할 때 가장 완전하다. 이 점을 간과해서는 안 된다. 지구상의 수십억 인구가 모두 같은 모습에 같은 성향이라면 오히려 혼란을 초래할 것이다. 모든 생명은 존엄성을 타고났다는 생각에서 불교는 출발한다.

우리의 고통은 상대성을 인정하지 않는 데서 온다. 잔잔한 바다가 있으니 파도치는 바다가 있다. 잔잔한 바다와 파도치는 바다는 다르지 않으며, 계절과 기후라는 조건에 의해 잔잔하기도 하고 휘몰아치기도 하는 현상으로 우리 앞에 나타난 바다이다. 우리가 경험하는 바다는 이것 말고도 얼마든지 있다. 태풍이 몰아치는 바다, 고요히 달빛을 반사하는 바다, 돌고래가 솟구치는 생명력 넘치는 바다…. 잔잔한 바다에서는 평온과 안락을 느끼고, 파도치는 바다로부터는 역동성을 받아들이며 삶의 활력을 충전하면 그만이다. 여기에 옳고 그름의 잣대를 들이대고 좋고 나쁨의 감정을 덧붙이는 건 자신을 너무 낭비하는 처사다.

신도의 차를 망가뜨린 사건도 인과의 이치라고 받아들이면 간단하다. 생각이 더 나아갈 필요가 없다. 나아갈수록 문제가 해결되기는커녕 마음만 상한다는 것을 경험해본 사람은 안다. 그렇게 한다고 파손된 차량이 원래의 상태로 돌아오지도 않을 것 아닌가. 장마철 산사태로 맑은 샘이 흙탕물로 바뀌었다고 해서 누군가에게 책임을 물을 수 없듯 때로 마음에 들지 않는 일이 일어나더라도 기분이 언짢아질 것까지는 없다. 앞서 벌어진 사건이야 연기법에 따라 현상세계에 생긴 일이라지만 그것으로 인해 다툼이 발생하고 기분마저 상한다면 자신에게는 오로지 악업惡業으로 남는다. 일어난 현상을 있는 그대로 보지 않고 거기에 감정을 얹게 되면 결국 자신에게 손해이고, 화와 분노를 일으키면 상대를 다치게 하는 것이 아니라 결국 자기를 상하게 한다.

내 물건을 훼손했으니, 배상을 요구하거나 응분의 조처를 하는 것은 당연하다. 하지만 감정 싸움으로 번져서 서로의 에너지를 소모하고 지극히 당연하고 정당한 일까지 그르치는 예도 허다하다. 본인이 생각해도 황당하기 그지없다. 딱 거기까지 했으면 깔끔하게 끝났을 텐데 기분이 나쁘다고 욕설을 섞으며 결전의 태세를 취한다. 사태가 걷잡을 수 없이 커진 다음에야 정신을 차리지만, 이미 손을 쓸 수 없는 상황일 때도 있다. 이런 식으로 한없이 초라해진다. 혹 사고 난 부위가 경미해서 그냥 넘어가고자 한다면 그렇게 하는 것도 나쁘지 않다. 대신 '쿨'하게 미련을 갖지 말아야 한다.

우리의 분별심은 우리를 이렇게 유혹한다. 절대로 남들보다 손해를 보아서는 안 되고 조금이라도 이익이 되어야 한다고. 그래서 항상 잃지 않기 위해 긴장한다. 긴장하기에 앞서 이 사실을 알아야 한다. 인과의 세계에는 남들보다 더 이익을 보거나 남들보다 더 손해를 보는 일은 없다. 왠지 남의 떡이 커 보일 뿐 이익과 손해는 정확하게 균형을 이룬다. 얻은 만큼 잃게 마련이고, 생긴 것만큼 사라지는 게 인과의 법칙이다. 어떤 일이 발생했건 어떤 방식으로 그 일을 처리했건 결과는 같다. 그러니 지금 손해를 좀 본다고 손해가 아니고 지금 이득을 좀 본다고 이득이 아니다.

　무엇보다 중요한 건 사태가 아무리 험악하게 전개되더라도 구태여 좋으니 싫으니 하며 감정을 얹어서는 안 된다는 점이다. 고락苦樂의 감정은 업식業識에 깊숙이 남아서 다음에 다시 그와 유사한 일들을 불러들인다. 그럴 때일수록 여유를 가지고 마음을 느긋하게 하는 지혜가 필요하다.

헛된 죽음

어떤 사람이 어릴 때 사주를 보았는데, 마흔 살 이전에 물에 빠져 죽을 운명이라는 이야기를 들었다. 이 사람은 그때부터 강과 바다는 물론 조금이라도 물이 고여 있는 곳이라면 의도적으로 멀리 피해서 다녔다. 다리가 놓인 곳에도 가기를 꺼렸고, 심지어는 물을 마시는 것조차 조심했다.

드디어 마흔 살이 되었고, 그는 다짐했다. '올 한 해가 고비이다. 이 고비만 잘 넘기면 오래 살 수 있으니 더욱 조심해야 한다.' 물을 피해 다니는 그의 강박은 극에 달할 정도로 집요해졌다. 그러던 어느 날, 자전거를 타고 논둑을 지나다가 작은 자갈이 바퀴에 걸려 넘어지면서 이 사람은 그만 죽고 말았다. 사인死因은 익사였다. 하필 논바닥에 땅을 살짝 적실 만큼의 축축한 흙이 있었는데, 축축한 땅에 스며있던 물기가 코로 들어가는 바람에 기도가 막혔던 것이다.

어찌 보면 황당한 이야기이다. 하지만 이야기의 사실 여부는 그리 중요하지 않다. 이 사건에 대해 깊이 생각하는 사람에게는 심리적인 영향이 전혀 없지 않겠지만, 이 또한 사건을 바라보는 자신의 업력業力이 작용한 것이므로 당사자 몫이다.

그렇다면 우리가 중요하게 생각해야 할 점은 무엇인가? 불교의 업설業說과 유식론唯識論의 관점에서 볼 때, 이 사람의 가장 큰 문제는 좋다 싫다 하는 고락苦樂의 분별업分別業이 남다르게 심했다는 점이다. 평소에도 그는 고집스럽고 끈질기게 그것을 놓지 않았다. 사람은 언젠가 죽는다. 그러나 죽기도 전에 이 사람은 지나치게 죽음에 대한 공포를 느꼈고, 죽음에 따르는 걱정과 근심으로 하루하루의 업을 쌓아갔다. 혹여 이 사람이 사주를 보지 않았거나, 점괘에 나타난 40세의 죽음을 숨기고 다르게 말해주었더라면 결과가 어땠을지 자못 궁금해진다.

부처님과 조사들께서는 '운명이다, 사주팔자다' 하는 것을 무지몽매한 마구니로 치부하셨다. 더 잘되려고만 하는 현실적인 욕심을 부추겨서 괴로움[苦]의 원인을 제공하기 때문이다. 중생의 분별된 욕심은 인과의 법칙에 따라 언젠가 선하거나 악한 과보果報로 돌아온다. 업이 바뀌지 않는다는 가정하에서는 운명과 사주팔자가 어느 정도 들어맞을지도 모르겠다. 그러나 좋다 싫다 하는 분별심이 없어지지 않으면 운명과 사주가 바뀌지도 않을뿐더러 인과의 윤회輪

廻에서 벗어나지 못한다. 괴로움의 바다[苦海]에서 빠져나올 수 없는 것이다.

한 생각만 돌이키면 죽고 사는 문제에 그리 집착하지 않을 수 있다. 죽음에 관한 가장 발전된 이론과 모델을 제시하는 불교에서는 그것을 생명의 종말로 생각하지 않는다. 죽음은 다른 삶으로 전환하는 과정이다. 여기엔 성불成佛의 문제가 깊게 관여하는데, 현생에 성불하지 않으면 죽음에 이르더라도 심식心識(영혼)의 작용이 없어지지 않는다. 죽을 때의 심식이 고스란히 사후까지 연결되어 그 마음 그대로 또 다른 삶의 인연을 이어간다. 현생에서건 내생에서건 고락의 분별업식分別業識에 따라 끊임없이 윤회하는 것이다.

그러므로 어떤 일이 내 앞에 다가오더라도 좋다 싫다 하는 분별을 하지 않으려고 노력해야 한다. 우선 우리가 알고 있는 '인과응보'에 관한 단편적인 지식을 수정할 필요가 있다. 우리는 원인이 즐거우면 당연히 과보도 행복하다거나 아예 과보가 없을 것이라고 여기는 경향이 있다. 그렇지 않다. 행복은 불행에 의지해서 생기고 불행은 행복에 의지해서 생긴다. 행복과 불행의 질량은 같으며, 어느 것의 성향이 더 강하지도 않다. 다만 젊은 시절의 인과로 인해 늙음의 때가 오듯 그것들이 오는 시기가 다를 뿐이다. 한마디로 전체 인생에서 행복의 총량과 불행의 총량은 대체로 비슷하다고 할 수 있다.

실상을 알게 되면 죽음을 걱정하는 일이 현생을 살아가는 데 도움을 주지 못한다는 것을 깨닫게 된다. 장애만 일으킨다. 사실 우리가 두려워하는 죽음은 죽음 이후라기보다 죽음 자체에 있다. 누구도 경험해보지 못한 미지의 영역이기 때문이다. 현생의 삶에서 욕망하던 바를 충족하지 못해서 조금은 고통스럽겠지만 육신의 옷을 벗어버리고 나면 내생이 기다리고 있다. 그러니 현생에서의 업을 닦아내려는 노력이 중요하다. 좋다거나 싫다는 고락의 분별업을 없애기 위해 정진의 끈을 놓지 말아야 한다는 말이다. 경전에 따르면, 다시 인간의 몸으로 이 세상에 온다는 보장도 없다. 보살행을 통해 선업善業을 닦고 그만큼의 복덕을 쌓아야 인간의 몸을 받을 수 있다.

처음으로 돌아가 생각해보자. 만일 죽음을 생각하지 않고 죽음의 공포와 죽음에 따르는 걱정과 근심이 없었더라면, 혹은 좋다거나 싫다는 고락의 분별을 하지 않았더라면, 이 사람의 업이 바뀌어 운명이 달라질 수도 있었다. 설사 죽음을 맞이하더라도 죽음의 공포 때문에 아무것도 하지 못하고 도망치듯 피해 살다가 하루아침에 가버리는 헛된 죽음으로 인생을 마감하지는 않았을 것이다.

부모의 자녀 교육법

몇 해 전 드라마 〈SKY캐슬〉이 장안의 화제였다. 대한민국 상위 0.1%가 사는 'SKY캐슬'이라는 곳을 배경으로 남편을 최고의 위치로 올리고 자녀들도 최상의 엘리트로 키우려는 명문가 사모님들의 욕망을 그린 드라마였다. 여기에 편승해서 특이한 방법으로 자신의 욕구를 채우려는 입시 코디네이터들의 에피소드가 가미되면서 이야기는 흡사 전쟁처럼 전개된다.

무수한 사건 사고를 거듭한 끝에 결국 무리하게 좋은 대학을 가는 것보다 자녀들이 역량에 맞는 진로를 택하는 것이 현명하다는 결론으로 막을 내렸으나, 뒤늦은 해피엔딩이라서 그런지 상처뿐인 깨달음이라는 생각이 앞서며 안타까움을 감출 수 없었다. 작가의 상상력으로 창작된 픽션이라고 하지만 현재 우리 사회를 반영하고 있음에는 반론의 여지가 없기 때문이다.

소위 잘나간다는 판검사나 의사, 재벌들의 행복지수는 매우 낮은 편이라는 통계가 있다. 오히려 일반인들보다 스트레스 지수가 훨씬 더 높다고 한다. 참고로 만족도가 가장 높은 계층에는 종교인이 속하며 그 가운데에도 덕 높은 스님과 수행자들이 가장 높은 위치를 차지한다고 한다. 물론 대체로 그렇다는 것이고 행복과 만족을 느끼는 지수는 개인의 특성과 성향에 따라 다를 수밖에 없다.

무엇을 하며 살아가든 중요한 것은 욕심을 줄이고, 마음을 비우며, 좋다거나 싫다는 분별分別을 하지 않는 것이다. 있는 그대로 받아들일 줄 알고 인과因果의 순리를 따르는 긍정적인 마음을 가진다면 마음이 편안해지고 스트레스 없이 유연한 삶을 살 수 있다. 솔직히 말해서 드라마를 보는 동안 등장인물들이 불교적인 마인드를 가졌으면 하는 생각을 하지 않을 수 없었다.

언제부터인지 우리 사회는 더 좋은 대학, 더 좋은 직장을 지향하며 그것으로 사람을 평가하는 일을 당연하게 여긴다. 하지만 좋은 대학과 좋은 직장이 행복과 비례하지는 않는다. 요즘에는 대기업이나 공공기업에 어렵사리 취업하고도 퇴사하는 경우가 흔하다. 화려함 속에 감추어진 전문직 종사자들의 고민 또한 커 현실에서 탈출하려는 모습도 많다. 현실이 이럴진대 부모가 강요해서 자녀들의 미래를 결정해서는 더욱 안 될 일이다.

자녀의 인생을 부모의 뜻에 억지로 꿰맞추지 말아야 한다는 사실은 너무나 자명하다. 자녀들도 그들만의 업業이 있기 때문에 강요한다고 되는 일도 아니다. 설령 부모의 뜻대로 된다고 하더라도 그것은 부모의 바람 이전에 자녀의 업력이 원래 그런 방향으로 흐르도록 진로가 정해져 있었던 것이고, 자녀들 스스로가 좋아하고 싫어하는 분별의 범주를 벗어난 것은 아니다.

　모든 중생에게는 각자가 가진 업의 모양이 있다. 운명이니 팔자니 하는 바로 그것이다. '좋다'거나 '싫다'고 하는 고락苦樂의 업을 없애거나 줄이지 않고서는 전생의 업이 형성한 운명과 팔자를 바꿀 수 없다. 너무도 명백하게 콩 심은 데 콩 나고, 팥 심은 데 팥 난다. 업장業障을 소멸하지 않는 한 호박이 수박 될 수 없고 지렁이가 용이 될 수는 없다. 상대적으로 좋은 조건에 좋은 운을 타고난 사람 같아도 그 역시 고락의 인과가 그려놓은 동선에 따라 춤을 추고 있을 뿐이다. 그런데 하물며 인간에게 갖추어진 완전한 행복이랴.
　알다시피, 부모로서 가장 좋은 교육 방법은 자기 마음을 다스릴 수 있는 지혜를 가르쳐줌으로써 스스로의 인생에 최선을 다하도록 조력자가 되는 것이다. 그것은 고락苦樂의 분별심을 멸하게 해서 언제 어디서든 편안한 마음을 갖게 한다. 세상을 살다보면 안다. 아무리 좋은 조건을 갖추고 있더라도 행복을 더 얻을 수는 없다는 것을. 행복에 집착한 나머지 욕심을 부릴수록 더 큰 불행의 과보가 기다리고 있음은 엄연한 이치이다.

겉으로 보기에 그럴듯해도 내용이 부실하면 포장지는 그저 상품을 감싼 휴지 조각에 불과하다. 여기서 포장지가 비유하는 것이 무엇인지는 이미 알 것이다. 그렇다면 내용물은 무엇이란 말인가. 인간이라면 누구나 가지고 있는 마음을 가리킨다. 그것도 세상의 보편 법칙에 순응하는 편안하고 안락한 마음이라고 해야 하지 않을까. 즐거움은 괴로움의 과보를 낳고, 기쁨은 슬픔의 과보를 낳으며, 행복은 불행의 과보를 낳게 되나니. 편안한 마음은 기쁨도 슬픔도, 행복도 불행도 모두 놓아버리는 순간 한 걸음씩 다가온다.

인과라고 하는 불변의 이치는 아무리 강조해도 지나치지 않다. 하지만 인간이라는 중생은 이걸 모를 리 없음에도 쉽게 놓아버리지 못한다. 욕망이라는 업의 버릇이 온 마음과 온몸에 뭉쳐 있기 때문이다. 충분히 이해하고 안다고 하더라도 전생에서부터 이어져온 버릇인 마음의 업을 바꾸기란 무척 어렵다. 어렵다고 해서 업의 본능에 휘둘린다면 괴로움의 과보에서 벗어날 수 없으니 그야말로 진퇴양난이다.

자녀들에게 제대로 된 인생을 살아가게 하려면, 먼저 부모님들부터 불법佛法에 대한 이해가 있어야 한다. 부족하나마 부모님들 자신부터 인과因果와 인연因緣, 공空과 중도中道에 대해 공부를 하고 마음 쉬는 법을 익히도록 하자. 보시와 기도, 참선을 통해 정진하면서 인간의 마음 자체를 알아가는 것이다. 그것은 내가 이 세상에 왜 태어났는지에 대한 근본적인 물음이기도 하다.

달팽이의 감수성

달팽이 한 마리가 체리나무를 기어 올라가자, 그것을 본 새들이
놀려댔다.

"그렇게 늦게 올라가면 체리는 떨어지고 남은 게 없을 거야."

달팽이가 대답했다.

"내가 다 올라갈 때쯤엔 체리가 다시 열려 있을 거야."

달관한 마음이 편안하게 느껴지는 이야기이다. 이 우화에서 보
이는 달팽이의 마음은 결코 실망하거나 좌절하지 않고, 조금의 어
긋남도 없이 정확하게 자신의 일을 그저 행하기만 하는 그런 마음
이다.

안타깝게도 요즘 우리에게는 이런 마음을 가진 사람을 발견할

기회가 많지 않다. 현대사회로 접어들수록 자신에게 이로운 일인지 이롭지 않은 일인지를 먼저 계산하며 목적 위주로만 현실을 재단하고 파악하려는 경향이 짙어지는 추세라고 한다. 어쩐지 이런 사람들에게서는 인정人情이라는 감수성이 잘 느껴지지 않는데, 한편으로는 인간으로서 참 멋이 없다는 생각이 들기도 한다.

이러한 이해타산은 자신에게 아무런 도움도 되지 않는다. 무언가를 계산하고 헤아리는 행위에는 결과를 미리 예측하려는 의도가 내재해 있으며, 결과를 예측하려는 마음의 저변에는 그릇된 길을 선택하지 않으려는 심리가 작용하고 있다.

선택의 문제에 대해 고민해볼 필요가 있다. '삶은 선택의 연속'이라는 말이 있을 정도로 우리는 매 순간 선택을 하면서 살아간다. 좀 더 유리한 선택을 하기 위해 혼신의 노력을 기울인다. 따라서 늘 고민이 뒤따른다. 때론 자신의 선택에 만족하기도 하고, 때론 머리를 쥐어뜯으며 후회를 한다. 선택이라는 행위 자체가 피곤하고 괴롭다고 느껴질 때도 있다. 그러나 우리는 피로감과 괴로움을 무릅쓰고 다시 선택해야 한다. 그것이 이 세계가 우리에게 바라는 것이니까. 이런 생각을 가진 사람이 있다면 이렇게 말해주고 싶다.

"이제부터 고민하지 말고 아무거나 선택하세요."

한마디를 덧붙일 수도 있다.

"그리고 무엇을 선택하든 절대로 후회하지 마세요."

불교의 견해에서는 어떤 것을 선택하더라도 결과는 늘 같다. 우리가 가지고 있는 행복과 불행의 질량은 과거세의 업식業識에 따라 이미 정해져 있기 때문이다. 진리의 관점에서 볼 때, 인생 전체에서 행복과 불행의 차이는 없다. 이쪽의 흙을 파서 저쪽을 메우고 저쪽의 흙을 파서 이쪽을 메우는 것처럼 행위의 반복만 있을 뿐이다.

애석하게도 행복은 언제나 불행을 동반하며 행복의 크기와 불행의 크기는 조금도 다르지 않다. 남부럽지 않을 만큼의 돈과 권력을 가진 사람도 정작 자신이 세상에서 가장 불행하다고 말하는 경우가 있는데, 이러한 사실을 잘 드러내는 사례라 할 수 있다. 그들이 가진 행복만큼 불행이 뒤따랐기 때문이다. 그러면 의문이 하나 생긴다. 불행을 최소화하려면 어떻게 해야 할까? 그렇다. 행복에 대한 집착을 최소화할 수밖에 없다.

진정한 선택이란 본능과 욕심을 따르는 선택이 아니다. 지나치게 고민하지 않고 무심한 마음으로 하는 선택이다. 무심한 마음은 편안한 마음을 유지하게 할 뿐만 아니라 그 자체만으로도 최선의 선택을 하게 한다. 이와 같은 마음을 유지하는 사람이라면 항상 불보살님들의 호위를 받으며 자신이 가진 것보다 훨씬 커다란 복락을 누리게 된다. 어떤 선택을 하더라도 후회하지 않으며, 어떠한 과보가 오더라도 기꺼이 책임지고 받는 자세가 중요하다. 결과에 따라 일희일비하지 않는 여여한 마음, 이것이 괴로움이 생기지 않게 하는 가장 확실한 방편이다.

달팽이 이야기로 돌아가보자. 어떤 사람의 눈에는 사회적 감수성이 모자란 것으로 보이기도 하지만 달팽이는 지금 그야말로 중도中道의 자리에 있다. 좋으니 싫으니 하는 분별심도 없고 자신의 역할에 최선을 다할 뿐 결과에 대해서도 미리 판단하거나 계산하려 들지 않는다. 마음은 한결같이 편안한 상태를 유지하고 있다. 이것이 바로 우리가 그토록 바라는 마음 상태이다.

어쩌면 지금도 '저러다 언제 올라가누?' 하며 걱정하는 사람들이 있다. 그러나 우리가 당면한 현실에 민감하게 반응하는 동안 달팽이는 벌써 열매가 있는 곳에 다다랐을지도 모를 일이다. 현실이 복잡해질수록 우리는 남들과 비교했을 때 '더 크고 더 멋있는 나'가 아니라 인생의 주인공으로 살아가며 주어진 일에 최선을 다하는 '진정한 나'를 찾아야 한다.

그대, 걱정하지 말아요

우리는 습관적으로 걱정을 한다. 자고 일어나면 출근을 걱정하고, 아침을 먹으면서도 앞으로 다가올 일에 대해 걱정한다. 심지어는 꿈을 꾸면서도 걱정으로부터 자유롭지 못하다. 작은 걱정들은 삶의 활력소가 되기도 하지만 이것들이 커지고 지속되면 몸과 마음을 상하게 하고 자기 자신을 무너뜨리는 사태에까지 이른다.

문제는 걱정하지 않아도 될 일을 스스로 만들어서 습관으로 굳어지게 한다는 데 있다. 걱정이 있으면 중생이요, 걱정이 없으면 부처라는 말이 있을 정도이다. 우리가 성불成佛하려는 이유는 이처럼 인생에서 불현듯 찾아오는 걱정과 근심으로부터 자유로워지고 싶다는 아주 단순한 바람에서일지도 모른다.

사실 마음을 깨치면 더 이상 걱정과 근심이 존재하지 않는다. 우리의 근본 마음자리에는 원래 그러한 것들이 없기 때문이다. 세상에서 우리가 경험하는 현상들은 실체 없는 그림자이고 잠시 일어났다가 사라지는 파도와 같다. 걱정이란 것도 인과因果의 과보果報일 뿐 집착할 대상이나 실체가 없다. 불교에서는 이런 것들을 망상妄想이라고 가르친다. 망상이란 실체가 없으며 구체적이지도 않은 헛된 생각이다.

그럼에도 불구하고 우리들은 걱정과 근심에서 쉽게 벗어나지 못한다. 과거세로부터 끈질기게 이어져 온 습식習識 때문이다. 습식이란 한마디로 여러 생을 거치며 각인된 마음의 버릇을 뜻한다. 우리 마음이 좋은 것과 싫은 것을 분별하면서 좋은 것을 가지려는 욕심이 생겨나고 싫은 것은 버리려 한다. 이렇게 해서 생긴 욕심은 다시 원하는 대로 되지 않으면 안 된다는 강박관념으로 이어졌다. 우리는 이것을 걱정이라고 말한다.

하지만 여기에는 간과할 수 없는 것이 하나 있다. 만약 우리가 원하는 것을 얻으려면 그에 상응하는 대가를 치러야 한다는 사실이다. 이것이 바로 현재의 나와 세계를 있게 한 인과의 법칙이다. 진리는 항상 평등성을 유지하고 있기에 좋은 것을 얻게 되면 반드시 좋지 않은 것이 따라오게 마련이다. 매번 그렇지 않던가? 곰곰이 생각해보자. 빛과 어둠이 공존한다는 사실이 이 점을 부인할 수 없게 한다.

우리는 진리의 세계에 살고 있고, 진리의 세계에서는 즐겁고 기쁜 것과 괴롭고 슬픈 것이 구별되지 않는다. 그들은 언제나 함께한다. 마치 빛과 어둠처럼 말이다. 기분 좋은 일이 생긴 후에는 기분 나쁜 일이 따라오고, 원하는 것을 얻으면 어느새 원하지 않는 것이 성큼 다가와 있다. 인과의 세계에서는 반대의 성향이라고 보이는 일들이 자연스럽게 공존한다. 아니 그 둘은 떼려야 뗄 수 없는 하나라고 보는 게 옳다. 그러니 욕심에 걱정과 근심이 따르는 것은 당연한 이치이다.

그렇다고 해서 인생을 비관하고 괴로워할 필요는 없다. 과거세로부터 이어진 질긴 습식과 인과의 법칙이 제아무리 강한 힘으로 우리를 가로막는다 해도 우리는 마음가짐 하나로 충분히 그것들을 헤쳐 나갈 수 있다. 다시 말해, 원하는 것을 얻으려 할 때 치러야 할 대가에 대해 책임지는 자세가 필요하다. 원하는 것은 얻으려 하면서 대가는 치르지 않으려는 태도 때문에 괴로움이 생기는 것이다.

이게 무슨 소리인가 할 수도 있고, 너무 뻔한 말이라고 할 수도 있다. 그러나 흘려들어서는 안 될 이야기다. 솔직히 말해서, 지금 우리가 겪고 있는 인생의 고난은 '상응하는 대가'에 대해 책임져야 한다는 이 '뻔한 말' 하나를 흘려들었기 때문에 일어난 일이다.

인과는 실체가 없고 정해진 바 또한 없어서 공空하다고 한다. 공하다는 것은 연기緣起의 실상實相을 말하는 것이고 중도中道를 의미한다. 중도의 자리는 극단적으로 치우치지 않아서 지극히 즐겁지도 않고 지극히 괴롭지도 않다. 욕심이 없기에 걱정도 없는 것이다.

이 자리에서 우리는 여여如如하고 평화롭게 살아갈 수 있다. 우리는 중도에 관해 지나치게 현학적으로 접근하는 경향이 있는데, 이런 점이 우리를 더욱 힘들게 한다. 중도란 분별심이 사라진 이후에 찾아오는 느긋하고 편안한 상태라고 이해하면 쉽다.

이 자리가 어디인지 무척 궁금하고 어서 이 자리를 찾고 싶지 않은가? 정해진 바 없이 공하고 치우친 바 없이 중도인 이 자리는 바로 우리 마음의 '근본 자리'를 가리킨다. 그 자리를 찾아서 모든 걸 맡기면 우리는 인연이 지어내는 다양한 모습들을 아무런 거리낌 없이 바라보며 여유로워질 수 있다. 그런데 그 마음 자리가 나한테 있다. 험난한 여정을 거쳐야 하는 어느 먼 곳도 아니고, 대하기 불편할 정도로 막연한 누군가도 아니다. 바로 나한테 있다.

따지고 보면, 인과도 나로부터 비롯된 것이고 내가 만든 것이다. 이 사실을 깨닫는 과정을 수행이라고 한다. 성현들이 후학을 깨우치기 위해 입에 올린 무수한 말씀을 떠올려보자. 사성제四聖諦건 인과因果건 그러한 법들과 연관된 나 자신이 없는데, 무슨 소용이란 말인가. 흔히 생각하듯 수행은 그리 멀리 있지 않다. 생각 하나에 달린 것이다. 그럼에도 아직 걱정에서 벗어나지 못한 사람이 있다면 명심하도록 하자. 우리가 해야 할 일은 불확실한 미래에 대한 걱정이 아니라 나를 깨달음에 이르도록 이끌어준 것에 대한 감사이다.

나는 왜 이럴까

부부 사이에, 가족들 간에, 친구 사이에, 하물며 생판 모르는 사람
들에게도 가끔 드는 생각이 있다.

'저 사람은 왜 저럴까?'

'왜 저런 말을 하고 왜 저런 행동을 하는 걸까?'

이런 생각은 상대방의 행동이 본인이 아는 상식의 범위에서 벗
어난다거나 잠재의식에서 본인의 이익에 반한다는 느낌이 올라올
때 나오는 반사작용이다. 한마디로 상대가 마음에 들지 않는다는
말이다.

생각이야 자유지만, 문제는 이런 생각이 많아지면 자칫 상대방
과 시비가 벌어지거나 개인적으로도 불평불만이 습관이 되어 스스
로를 힘들게 한다는 데 있다. 상황이 지속되면 가까이 있는 사람들

에게까지 고통과 부담을 준다. 돌이켜보니 맞는 말인 듯싶다. 그러나 문제의 심각성은 알겠는데 도무지 해결책을 모르겠다. 도대체 이런 일이 왜 벌어지는 걸까?

이러한 시비와 갈등 또한 분별심分別心에서 비롯된 고락苦樂의 윤회이다. 좋다거나 싫다고 분별하는 마음이 원인이다. 분별심에서 생겨난 일종의 업습業習이라고 보면 된다. 업습이란 업이 만든 습관으로, 여러 생을 거치며 누적된 업은 중생들에게 습관의 형태로 자리를 잡는다. 이러한 업습에서 벗어나려면 상대방의 행동을 그 자체만으로 판단해서 시비를 가리려 하지 말고, 먼저 상대가 그런 행동을 하게 된 사정을 이해하려는 자세가 필요하다.

누구나 선善한 면이 있지만 불선不善한 면도 없지 않다. 동일한 사람이라도 어떤 때는 교양 있게 행동하는데 어느 순간 짐승만도 못한 언행으로 경멸의 대상이 되기도 한다. 인간은 누구나 양면성을 지니고 있다. 그런데 그게 전부가 아니다. 같은 행동이라도 누구에게는 좋게 보이고, 누구에게는 싫게 보인다. 사람 마음이 아무리 복잡하고 오묘하다지만 알다가도 모르는 게 사람 마음이다.

세상의 모든 일은 분별된 마음 때문에 나타난 현상들이다. 각자가 지닌 분별업식分別業識에 따라 의기투합하기도 하고, 충돌을 일으켜 전쟁까지도 불사한다. 불교에서는 인간의 감정을 오온五蘊 가운데서도 수온受蘊이라고 하여 외부 대상을 받아들이는 작용이라고 설명한다. 여기에는 세 가지 작용[三受作用]이 있다. 고苦(괴로움)·락

세상의 모든 일은
분별된 마음 때문에
나타난 현상들이다.
각자가 지닌 분별업식에 따라
의기투합하기도 하고,
충돌을 일으켜
전쟁까지도 불사한다.

樂(즐거움) · 사捨(괴롭지도 즐겁지도 않은 감정 상태)가 바로 그것이다. 오온이 란 우주를 구성하는 다섯 요소로서 『반야심경』에도 나오는 색色 · 수受 · 상想 · 행行 · 식識을 일컫는다.

이렇게 생각하면 된다. 나의 '낙업樂業'이 발현되면 상대와의 사이 도 좋아지지만, 나의 '고업苦業'이 나올 때가 되면 상대와 갈등이 빚 어진다. 상대 행동은 상대 업에 의한 것이지만, 상대 행동을 이해하 지 못하고 기분까지 나빠지는 건 순전히 나의 고업이 나타날 시간 이기 때문이다. 상대가 어떤 행동을 하건 특별히 관심이 생기지 않 는다면, 나의 감정 상태가 낙업도 고업도 아닌 제3의 '사업捨業'이 나 타나는 시간에 접어들었다고 볼 수 있다.

따라서 마음이 좋다거나 싫다는 감정 사이에서 오락가락하는 것은 상대방 행동에 잘잘못이 있기보다 나의 분별업식과 인과법 때 문이라고 이해해야 한다. 말 그대로 내 분별업식이 즐겁다거나 괴롭 다는 내 감정에 영향을 미친 것이다. 결국 상대의 문제가 아니라 나 의 문제라는 이야기다.

모든 일이 그렇다. 세상이 변하고 상대가 변해야 내가 편안하다 는 생각은 착각에 지나지 않는다. 만약 그렇지 않다면 마음에 들지 않는 상대방이나 세상이 바뀌지 않는 한 내 삶은 바꿀 수 없다. 다 시 말해 나의 행복과 불행은 그들의 상황에 따라 좌지우지되는 꼭 두각시에 불과하다. 이 점을 수긍한다면, 이제 분별하려는 업식業識

을 멸하고 중도中道의 자리에서 여여如如하게 사는 일만 남았다.

누군가를 대할 때, 혹은 어떤 상황을 접할 때 좋다거나 싫다는 감정의 이분법을 배제하고 항상 분별없는 마음을 유지한다면 지금까지와는 많은 것이 달라진다. 정확한 판단과 현명한 지혜가 발휘된다. 아직도 '저 사람은 왜 저럴까'라는 생각이 든다면, '나는 왜 이럴까'라고 마음의 자세를 바꾸어보자. 지금보다는 한층 더 성숙한 삶을 살게 될 것이다. 그리고 명심하자. 터럭만큼의 분별심이 있으면 터럭만큼의 고락이 생긴다는 것을.

찌그러진 분유는 반값

가진 것이라곤 만 원이 전부인 가난한 미혼모가 분유를 사러 갔
다. 가격을 물으니 한 통에 만 원이 넘는다. 힘없이 돌아서는 아기
엄마의 등 뒤에서 주인은 조용히 분유통을 떨어뜨렸다. 그리고
이렇게 말했다.

"찌그러진 분유는 반값입니다."

가게 주인의 마음이 어떠했고, 이후의 상황이 어떻게 전개되었는
지는 말하지 않아도 충분히 알 수 있다. 정말 이런 사람들만 가득하
다면 살아볼 만한 세상이라는 생각이 들면서 가슴이 훈훈해진다.
주인의 행동은 분명 미혼모의 자존심까지 살핀 자비심에서 나왔다.
진정한 자비심이란 상대에게 좋다거나 싫다는 고락^{苦樂}의 감정을

주지 않으면서 도움을 주는 행위이다. 이는 진정한 중도행中道行의 모습이기도 하다.

중도의 마음으로 베푼 자비는 주는 쪽이나 받는 쪽 모두 고락의 인과因果를 짓지 않아서 양쪽에 모두 과보가 없다. 그러려면 주어도 준 바가 없고, 준 사람도 없어야 한다. 그래야 서로 고락의 인과에 얽매이지 않을뿐더러 주는 사람 역시 내 것이라는 집착에서 벗어나 잃었다는 고업苦業의 과보에서 벗어날 수 있다. 부처님께서는 이와 같은 '무주상보시無住相布施'를 적극 권장하셨다. 『금강경』에 나오는 무주상보시에 관한 구절을 소개한다.

보살은 또 무엇에 집착하여 보시해서는 안 된다. 즉 형상에 집착함이 없이 보시해야 하며, 냄새나 맛이나 감촉이나 생각의 대상에 집착함이 없이 보시해야 한다. 보살은 이와 같이 보시하되 아무런 생각의 자취도 없이 해야 한다. 왜냐하면 보살이 어디에도 집착함이 없이 보시하면 그 공덕은 생각으로 헤아릴 수 없는 것이기 때문이다.

누군가에게 무언가를 주더라도 '준다는 생각 자체를 말라'는 가르침은 그야말로 이 세상에는 다시 없을 이상적인 주고받음의 형식이다. 그러나 우리의 현실을 들여다보자. 가장 섭섭하고 배신감을 느끼는 대상이 누구던가. 대체로 가장 가까운 사람일 경우가 많다.

좋은 감정을 주고받은 사이이기에 정이 두터운 만큼 섭섭함이나 배신감도 커진다. 기분 좋게 주었더라도 그만큼의 고마움을 표하지 않거나 상응하는 답례가 없으면 준 것을 다시 빼앗고 싶을 정도로 섭섭함을 느낀다. 나도 모르게 잠재의식 속에 대가를 바라는 마음이 자리 잡고 있기 때문이다.

그러면 받는 사람의 처지에서도 받았다는 생각을 하지 말아야 할까? 물론 고마운 마음을 갖는 게 마땅하다. 무언가를 받을 경우는 상대가 누구인지와 받은 물건이 무엇인지에 따라 상식적으로 반응할 수 있다. 인간관계에 있어서 서로 주고받는 것은 필연적이지만 어떤 면에서는 참으로 까다롭기 그지없다. 중요한 것은 받으면 받는 대로 받지 않으면 받지 않는 대로 복잡하게 생각하지 말고 감정의 동요를 일으키지 않아야 한다는 점이다. 아울러 이후에 생기는 일에 대해서도 좋든 싫든 감수하며 좋다거나 싫다는 고락의 감정을 내지 말아야 한다.

주는 이가 주었다는 생각을 내거나 받는 이가 받았다는 생각을 일으키면 고락의 인과가 생긴다. 주고받는 행위뿐 아니라 모든 행위에는 좋다거나 싫다고 하는 고락의 업業이 작용한다. 나에게 발생하는 모든 일은 나의 업 때문이라는 말이다. 요즘에는 특히 젊은 세대일수록 '업'의 개념을 등한시하는 경향이 짙다. 싫증을 내는 수준을 넘어 '업'이라는 용어 자체에 거부감을 느끼고 혐오스럽다고 생각하는 이들이 많다. 그러나 엄연한 사실이고 실상實相인 걸 어쩌 겠는가.

업을 소멸해서 괴로움을 없애고 마음을 편하게 하려면, 나에게 오는 모든 것을 그대로 받아들이고 더 이상의 업을 짓지 말아야 한 다. 업을 짓지 않는 방법은 좋고 싫다는 고락의 분별에서 벗어나는 길뿐이다. 세상의 모든 것은 인과에 의해 한 치의 오차도 없이 움직 인다. 내가 받는 것이라고 다를 리 없지 않은가. 좋고 싫다는 고락의 감정을 느끼는 것은 오롯이 나의 인과업因果業이며, 누구의 탓도 아 니고 누구의 도움으로 사라지는 것도 아니다.

부처 교육

아이들은 어릴 때부터 교육을 받으면서 자란다. 인생을 살면서 앞가림이라도 하려면 최소한의 교육은 받아야 한다. 여기 한 스님의 이야기를 보자.

사립문 밖에 누군가 두고 간 갓난아이와 편지 한 통이 놓여 있었다. 자신은 미혼모인데 아이를 키울 형편이 못 되어 스님께 맡긴다는 내용이었다. 스님은 아이를 밝고 건강하게 키웠다. 하루는 도반스님이 찾아왔다. 마침 볼일이 있던 스님은 아이를 맡기고 마음 편히 떠날 수 있었다. 아이는 인사도 하지 않고 장난을 치며 버릇없게 굴었다. 이를 괘씸하게 여긴 도반스님은 며칠 동안 마음을 먹고 다잡아 가르쳤다.

스님이 다시 돌아왔을 때, 아이는 깍듯이 절을 하며 그간의 무례함에 대해 용서를 빌었다. 그때 아이의 뒤에서 흐뭇하게 미소를 짓는 도반스님이 눈에 들어왔다. 이게 어떻게 된 일인가. 이 아이에게 무슨 일이 일어난 건가. 이 광경이 너무 어색하고 의아한 나머지 스님은 자초지종을 물었고, 도반스님이 교육시켰다는 사실을 알게 되었다. 아니, 이런! 부처를 중생으로 만들다니. 크게 화가 난 스님은 결국 도반스님을 쫓아버렸다.

세상에 나아가 출세를 하기 위해서라면 보통 사람들보다 더 많은 교육이 필요하다. 여기까지가 상식으로 통하는 이야기다. 그런데 아이를 키운 스님은 무슨 마음으로 아무런 교육도 하지 않았던 것일까? 더군다나 도반스님을 내쫓을 정도로 아이의 교육에 대해 부정적이었던 이유는 무엇일까? 부처를 중생으로 만들었다는 말의 의미 역시 우리를 몹시 궁금하게 한다.

두 스님은 부처와 중생을 보는 관점이 전혀 다르다. 대부분 사람은 '나'와 나 외의 모두를 '너'로 분리하는 습성이 있다. 이것은 매우 중요한 의미다. 여기에는 '나'가 어떻게 나 이외의 것에 잘 대처하느냐에 따라 인생의 성공과 실패가 갈린다는 믿음이 스며있기 때문이다. 하지만 이런 생각이 바로 분별심이다. 이 이야기의 스님은 생각이 다르다. 좋다거나 싫다는 감정의 분별이 없어야 보고 듣는 모든 것들을 분별하지 않는다고 생각한다.

스님은 아이의 눈에 그저 보이는 그대로 비치기만을 바랐다. 그러려면 아이에게 좋다 싫다 하는 분별의식을 심어주지 않아야 했다. 아이에게서 '천진 부처님'의 모습을 보았던 것이다. 물론 비현실적이지 않느냐고 반문할 수도 있지만, 그렇게 묻는 사람은 이미 마음에 분별의식이 가득 차 있어서 부처님 말씀이더라도 믿음을 내지 않을 만큼 오염되지나 않았는지 자신을 돌아보아야 한다. 좋다거나 싫다는 고락의 분별을 하면 할수록 괴로운 일이 연속되고 마음이 그만큼 힘들어진다.

한마디로 교육이란 좋은 것을 선택할 수 있는 능력을 갖추는 수단이다. 그러나 좋은 것을 구하는 만큼 싫고 나쁜 것의 인과업因果業을 받아야 하기 때문에 오히려 분별심을 내세우게 되어 괴로움에 빠지는 모순이 존재한다. 이때 우리는 지혜란 것을 떠올리게 된다. 불교는 지혜의 종교이며, 수행을 통해 지혜의 길에 들어서기를 간절히 바라는 것이 불교의 덕목이다. 무엇보다 교육은 무명無明을 깨뜨리고 지혜로 나아가는 길을 제시해야 한다. 그렇다면 지혜란 무엇인가. 부처님께서는 『불유교경』에서 이렇게 말씀하셨다.

너희 비구들이여,
만일 지혜가 있으면 탐착이 없어지는 것이니,
항상 스스로 자세히 살피어 그것을 잃지 않도록 하라.
이것은 우리 법 중에서 능히 해탈을 얻게 하는 것이다.

그러나 그렇지 못한 사람은 이미 도인도 아니요
또 속인도 아니라 무엇이라 이름 붙일 것이 없느니라.
실다운 지혜는 곧 늙음과 죽음과
병듦의 바다를 건너는 굳건한 배요,
또한 무명의 어둠 속의 큰 등불이요,
모든 병든 자의 좋은 약이요,
번뇌의 나무를 치는 날카로운 도끼이다.

그렇다. 부처님께서 말씀하신 지혜는 탐착을 없애는 것이고 해탈을 얻게 하는 지혜이다. 이것은 무명을 밝히는 등불이고 번뇌를 깨뜨리는 도끼이다. 우리가 탐착하는 이유는 분별심 때문이고 이것은 우리 안에 이미 있는 내면의 지혜를 끄집어내지 못했기 때문에 생겨나는 오류이다. 그 지혜가 드러나면 우리는 병들고 늙고 죽는 윤회의 바다를 안전하게 건널 수 있고, 세상의 모든 장애로부터 벗어날 수 있다. 이렇게 보면 아이를 위한 스님의 교육은 비현실적이라기보다 완성을 향해 나아가는 발걸음이었다.

지식과 지혜는 다르다. 지식이 보태고 더하는 공부라면 지혜는 덜어내고 비우는 교육이다. 현재 우리가 받는 교육은 외부 대상을 객관적으로 파악하기 위해 이성적인 판단을 동원하도록 유도한다. 나를 나 아닌 것과 분별하게 함으로써 비교하고 집착하게 만든다. 이것은 결국 갈등과 대립으로 이어지는 비극을 초래하는 교육이다. 그러나 지혜는 나를 끝없이 비움으로써 나와 나 아닌 것의 경계를 허문다. 그렇게 모든 것이 하나가 되어 걸림 없이 자유로워지는 것이다. 여기에는 분별이니 집착이니 하는 망상이 달라붙을 곳이 없다.

그렇다면 이제 이런 결론을 내릴 수 있지 않을까. 스님은 아이에게 아무런 교육도 시키지 않았던 게 아니라 탐착하지 않는 지혜를 가르치고 있었다. 도반스님을 내쫓을 정도로 아이의 교육에 부정적이었던 게 아니라 인과의 분별심을 쉬게 하는 교육에 몰입하고 있었던 것이다. 이러한 교육이야말로 중생이 원래의 부처를 회복하는 가장 좋은 길이니 말이다.

고정관념

어른들이 모두 일터로 나간 사이, 놀던 아이들 가운데 하나가 커다란 항아리에 빠지고 말았다. 항아리는 어른 키만큼이나 컸고 물이 가득 채워져 있었다. 아이들은 울며불며 소리치면서 당황했고, 개중엔 어른들을 부르러 간 아이도 있었다. 사다리와 밧줄을 가지고 온 어른들이 아이를 구하려고 야단스러웠으나 아이는 정신없이 허우적거리기만 했다. 이를 지켜보던 일곱 살 먹은 아이가 큰 돌을 집어 들더니 항아리를 향해 힘껏 던졌다. 항아리가 깨지면서 아이의 생명을 구할 수 있었다.

송나라 때의 정치가이자 사학자인 사마광司馬光(1019~1086)의 어린 시절 이야기로 '염일방일拈一放一'이라는 고사이다. 하나를 얻으려면 하나를 놓아야 한다는 말이라고 하는데, 틀린 해석이라고 할 수는 없으나 이런 관점은 세상살이를 위한 처세 같기도 하고 어쩐지 좀 부족한 느낌이다. 조금은 다른 해석을 내놓아본다. 일곱 살 먹은 사마광이 깬 것은 항아리였지만, 그보다 더 크게 깨뜨린 건 고정관념이었다고. 실체 없는 허망한 것들에 눈이 가려진 세상에서 그래도 조금은 안전하게 살아가려면 고정관념을 깨뜨려야 한다. 고정관념을 깨뜨려야 진정한 지혜를 발휘할 수 있다.

언제부터인지 우리는 잘살아야 한다는 생각에 붙잡혀서 아무런 의심과 반성도 없이 너무나 많은 것에 욕심을 낸다. 그러나 잘살아야 한다는 고정관념 때문에 못살게 되는 인과가 생긴다는 사실은 모른다. 누구나 한 번쯤은 고민해본 적 있다. 우리가 그토록 매달리는 '잘사는 인생'이란 어떤 것이고, 어떻게 해야 잘사는 걸까? 그리고 잘살려고 노력하면 정말 마음먹은 대로 잘살 수는 있는 걸까? 여기서 중요한 것은 '좋다'거나 '싫다' 하는 고락의 감정이고, 그것들이 우리 인생에서 어떻게 드러나는가이다.

우리는 누구나 재산과 명예, 권력과 지식에 대한 욕망을 가지고 있다. 우리가 사는 세상이 요구하고 있으니 어쩔 수 없는 노릇이다. 이것들을 완벽하게 가지더라도 기쁨과 즐거움만 기다리고 있는 건 아니다. 원하는 것을 성취해서 기쁨과 즐거움을 얻었다 하더라도 그 인과로 인해 반드시 슬프고 괴로운 일이 생기게 된다. 원하는 바가 성취되고 성취되지 않고는 인과의 업에 달린 것으로, '좋다'거나

물이 담긴 항아리를
항아리로 보는 순간
우리는 그 항아리에 갇히게 된다.
그래서 그 항아리가
생명을 앗아갈 수 있다는
위험신호를 보지 못한다.

'싫다'는 고락의 감정에 따라 달라진다. 말하자면 인과가 주主이고, 성취되고 안 되고는 종從이라는 말이다.

마음먹은 대로 된다고 무조건 좋은 것이 아니고, 마음먹은 대로 되지 않는다고 무조건 좋지 않은 것도 아니다. 나에게 좋은 업業이 있으니 좋은 일이 생기고 나에게 좋지 않은 업이 있으니 좋지 않은 일이 생긴다. 좋은 감정과 나쁜 감정은 질량으로 치자면 1그램도 차이가 없다. 사람이란 어느 때 어느 곳에서 어떤 모습으로 살아가든 고락의 인과가 따르기 마련이다. 따라서 영원히 좋은 것도 영원히 나쁜 것도 없다. 이러한 모습들은 인연에 따라 연기緣起된 외형에 불과하다.

인간의 감정도 고정된 것이 아니다. 배고픈 사람에게나 음식이 맛있는 법이지, 아무리 좋은 음식이라도 배가 부르면 맛이 없다. 배가 고픈 만큼 음식을 먹는 즐거움이 커지고, 배가 부른 이에게는 더 이상 즐거움이 없다. 가난한 이는 적은 돈에도 기쁨을 느끼지만, 부유한 이에게 적은 돈은 어떠한 감응도 주지 못한다. 인과에 따른 고통과 괴로움은 한 치도 벗어날 수 없으니, 보고 듣는 마음 밖의 일에서 벗어나 모든 일을 초연하게 대하는 것이 인생을 사는 지혜라 할 것이다.

어린 사마광의 마음에는 장애가 없었다. 현재의 상황을 있는 그대로 보고 판단했기 때문에 항아리를 깨뜨려 친구를 구할 수 있었다. 물이 담긴 항아리를 항아리로 보는 순간 우리는 그 항아리에

간히게 된다. 그래서 그 항아리가 생명을 앗아갈 수 있다는 위험신호를 보지 못한다. 자신에게 일어나는 일들에 대해 분별하지 않고 긍정적인 마음으로 사는 것. 쉽지는 않겠지만, 이렇게 산다면 나쁜 인연은 저절로 끊어진다. 마음의 장애가 없어지니 모든 일이 자연스럽고 걸림이 없어진다. 고정관념을 깨뜨리고 상황을 있는 그대로 보는 것만으로도 많은 문제가 해결된다.

감정을 얹지 마라

유관화상惟寬和尙과 백거이白居易의 문답이다.

유관화상에게 백거이가 물었다.

"이미 분별이 없다면 어떻게 마음을 닦습니까?"

"마음은 본래 손상이 없는데 닦을 필요가 어디 있겠는가? 더럽고 깨끗한 것을 논하지 말고 일체에 생각을 일으키지 말라."

백거이가 다시 물었다.

"더러움이야 생각하지 않는다지만 깨끗함마저 생각하지 않아야 합니까?"

유관화상이 대답했다.

"예컨대 사람의 눈동자에는 아무것도 둘 수 없다. 금가루가 비록 진귀한 보물이지만 눈동자에 들어가면 병이 되느니라."

백거이가 또 물었다.

"수행도 없고 생각도 없으면 범부와 무엇이 다르겠습니까?"

"범부는 밝지 않고 성문聲聞과 연각緣覺은 집착하니, 이 두 가지 병을 떠나야 참다운 수행이니라. 참다운 수행이란 부지런해도 아니 되고 잊어버리고 있어도 아니 되나니, 부지런하면 집착에 가까워지고 잊어버리면 무명無明에 떨어지느니라. 이것이 마음의 요체이니라."

백거이의 첫 질문을 보자. 백거이는 '분별하지 말라'는 말을 수행으로 이해한다. 그리고 '분별하는 것'이 마음을 닦는 일이 아니냐고 반문한다. 우선 이 지점에서 문제가 발생했음을 간파한 유관화상은 마음 자체를 닦으라는 말이 아니라 '더럽다거나 깨끗하다는 생각' 바로 그것을 멈추어야 한다고 설명한다. 아직 유관화상의 진의를 완전히 파악하지 못한 백거이는 더러운 것과 깨끗한 것 중 깨끗한 것을 마음의 요체라고 알아듣는 오류를 범한다.

이때 유관화상은 눈동자의 비유를 든다. 여기서 눈동자는 마음의 요체를 대신하고, 금가루는 깨끗하다는 생각을 의미한다. 금가루는 진귀한 보물임이 분명하지만 눈동자가 아니다. 깨끗함이 더러움에 비해 나아보이기는 하지만 마음의 요체는 아니다. 금가루가 눈동자에 들어가면 병을 일으키는 것처럼 깨끗하다는 생각도 마음의 요체에 붙어 있는 하나의 티끌에 불과하다. 백거이는 이 지점에서 다시 착오를 일으킨 것이다.

백거이가 왜 두 번씩이나 그릇된 판단을 하게 되었는지 유관화상은 두 가지 경우를 들어 진단한다. 명확하게 알지 못하는 범부와 집착하는 성문·연각이 그 예이다. 명확하게 알지 못하니 늘 망각하게 되고, 집착하고 있으니 너무도 부지런히 수행에 매진하게 된다. 이제 상식적으로 생각해보자. 아무것도 모르는 상태라면 수행 자체가 불가능하다. 수행에 부지런히 집착하는 것도 실패한 방법이다. 무수한 금가루를 눈동자에 집어넣어도 경우의 수만 늘릴 뿐 눈동자와는 본질적으로 다르기 때문이다.

여기까지 수학 시간에 행렬식의 값을 구하는 공식처럼 이야기를 전개했다. 그러나 충분히 설명되었으리라 생각된다. 이처럼 '분별하지 말라'는 말을 '구별하지 말라'는 의미로 오해하는 경우가 있다. 좋아하거나 싫어하지 않고 옳다거나 그르다고 여기지 않으면 더 없이 좋겠지만, 선택을 해야 하는 현실적인 상황이 분명히 있다. 이마저도 분별하지 말라는 뜻이 아니다. 산을 산이라고 하고 물을 물이라고 하듯 정확히 구별하고 구분하는 것은 현실 생활에서는 반드시 필요하다. 다만 감정과 기분에 따라 분별하지 말라는 말이다.

'분별하지 말라'고 할 때의 분별은 감정이 개입된 상태의 분별을 의미한다. 인간의 감정은 크게 두 가지로 구분된다. 좋은 감정과 나쁜 감정이 그것이다. 분별이란 기분 좋은 감정과 기분 나쁜 감정을 나누어 집착하는 것을 말한다. 당연히 우리는 기분이 좋은 쪽을 선택하려고 한다. 하지만 그것은 마음의 요체가 아니다. 더구나 우리를 기분 좋게 하는 그것은 기분을 나쁘게 하는 것과 인과적으로 연동되어 있기 때문에 시절인연에 따라 과보를 불러들인다. 아무리 좋은 기분도 기분 나쁜 일을 끌어들이는 인과를 낳는다.

백거이와 유관화상의 문답을 정리면 다음과 같다. 마음 자체는 수행으로 닦을 수 있는 것이 아니다. 깨끗하다고 해서 그것이 마음과 동일하다고 착각해서는 안 된다. 그리고 사물이나 현상을 당면할 때는 감정을 개입시키지 않은 채 그 순간 그 대상만을 순수하게 '있는 그대로' 보아야 한다. 금가루가 좋다고 한들 눈동자에 들어가면 티끌에 지나지 않는다. 눈병만 일으킬 뿐이다.

자유로운 영혼

만 권의 책을 읽은 사람이 어느 선사를 찾아와 물었다.

"수미산須彌山에 겨자씨를 넣는다는 말은 알겠는데, 겨자씨에 수미산을 넣는다는 경전의 말은 거짓이 아닌가요?"

듣고 있던 선사가 반문했다.

"당신의 몸 어디에 만 권의 책이 들어 있는가?"

경전을 보면 아주 작은 것을 표현할 때 씨앗 중에서도 작다고 하는 겨자씨를 자주 비유로 든다. 수미산은 우주만큼이나 큰 세상이라는 의미로 종종 사용된다. 상상 속에서야 무엇인들 못하랴만 겨자씨에 수미산을 우겨넣는다니 현실적으로 가능할까? 보이지 않을 만큼 작은 벌레의 몸에도 오장육부를 비롯해서 생존하기 위해 필요한 것은 모두 갖추고 있지 않은가.

『화엄경』에서는 하나의 티끌 속에도 시방세계가 모두 들어있다고 했다. 요즘 현대과학은 이를 어렵지 않게 증명한다. AI기술이 고도화되었을 뿐 아니라 초정밀의 세계에서도 작업이 가능한 렌즈가 이미 인간의 눈을 대신하고 있으며, 눈에 보이지도 않는 반도체칩 속에는 그동안 인류가 쌓아온 모든 정보를 저장할 수 있다고 한다. 이제 기술은 마이크로micro 시대를 지나 크기의 한계를 초월한 나노nano 산업의 시대로 전향하고 있다.

하지만 이런 때일수록 물질세계에 머물러 있어서는 안 된다. 기술이란 인간 활동에 편의를 제공하기 위한 방편이고, 물질이란 세상과 우리 몸을 구성하는 것들 중 색온色蘊에 지나지 않는다. 이러한 것들은 인연에 따라 생성되었다가 사라지는 것들이므로, 본질적으로 우리가 경험하는 모든 것들은 우리 업業이 결정한다. 이 점을 간과해서는 안 된다. 우리 몸은 업덩어리이다. 우리가 생각하고 느끼는 만큼 업에 따라 만들어진 것이 우리 몸이다.

천상 중생의 업을 가지고 있으면 천상인의 몸으로 태어날 것이고, 지옥 중생의 업을 가지고 있으면 지옥 중생의 몸으로 태어날 것이다. 짐승 같은 업은 짐승의 몸으로, 아귀 같은 업은 아귀의 몸으로 태어나게 한다. 아무리 과학기술이 발달하더라도 우리가 경험하는 윤회전생輪廻轉生의 법칙은 변하지 않는다. 각자 업의 모양을 만들고 내생에는 그 업에 따른 몸을 받는다.

우리가 중생의 몸으로 있는 한 좋다거나 싫다고 하는 고락苦樂의 감정은 반복되고, 생로병사生老病死의 사이클을 돌아서, 이번 생의 업이 만들어 놓은 몸으로 다음 생을 살아간다. 자본과 물질이 풍부해지자 '자유로운 영혼'을 외치는 사람들이 많아졌다. 자유로운 영혼을 위해 스포츠를 즐기고, 명상 프로그램에 참여하며, 세계 곳곳에 있는 종교 성지를 찾아 나선다. 하지만 실제로는 '자유로운 몸'이 '자유로운 영혼'에 앞선다. 진정한 몸의 자유를 얻어야 영혼도 자유로울 수 있다.

원점으로 돌아가서 생각해보자. 우리 몸은 업덩어리이다. 한마디로 몸의 자유는 업으로부터의 자유를 말한다. 업으로부터의 자유는 '좋다'거나 '싫다'고 하는 분별을 떠나는 것에서 시작된다. 분별심이 없으면 몸은 무의미해진다. 설사 업연業緣에 의해 몸을 받더라도, 그것이 좋다거나 싫다고 하는 감정을 일으키지 않으니 어떤 몸을 받더라도 몸에 끄달리지 않게 된다. 실질적인 '자유로운 몸'이란 이런 것이고, '자유로운 영혼'은 여기에서 비롯된다.

좋다 싫다 하는 감정의 분별심에서 완전히 벗어나면 마음을 깨치게 된다. 판타지 같은 이야기지만, 마음을 깨치면 그동안 쌓은 수행력과 업연에 따라 신통이 생기기도 한다. 보이지 않는 투명인간이 될 수도 있고 우주만큼 커다란 몸뚱이로 변신할 수 있다. 티끌 하나를 우주만큼 확대할 수도 있고 우주 전체를 티끌 하나로 축소할 수도 있다. 시간을 멈출 수도 있다. 과거로 돌아갈 수도 있고 미래를 미리 체험할 수도 있다. 무엇이든 자유자재로 할 수 있다.

그러나 신통을 부릴 필요가 없다. 욕심이라는 게 아직 남아 있으니 신통이라도 부려볼 요량이 있는 것이다. 이런 경지에 오르면 현상 세계의 변화에 좋다거나 싫다는 분별심이 생기지 않는다. 좋을 것도 없고 싫을 것도 없는데 구태여 에너지를 낭비할 이유가 없는 것이다. 그야말로 부족한 것도 없고 아쉬운 것도 없다. 항상 행복하며 진정한 자아의 상태에서 고요하다. 몸도 마음도 상락아정常樂我淨의 차원으로 접어든 것이다. 이러한 경지를 생사해탈生死解脫이라고 하고, 피안彼岸이라고도 하며, 열반涅槃과 보리菩提라고 한다.

신통력 이야기까지 듣고 있자니 숨이 차거나 어지러운 사람이 있을지 모르겠다. 그러나 이 사실은 분명하다. 인간의 몸에는 만 권의 책이 들어갈 수 있다. 아니 그 이상의 책이 이미 들어 있다. 단 하나의 고약한 버릇 때문에 이 엄청난 분량의 정보들을 썩혀버리는 것이다. 자유로운 영혼의 기회를 스스로 내팽개치는 것이다. 그 고약한 것이 무엇인지 눈치챘는가. 그렇다. 우리가 가진 분별심이다.

소금의 맛

큰스님이 젊은 스님을 제자로 받았다. 그런데 제자는 무슨 불만이 그렇게나 많은지 모든 일에 투덜거렸다. 하루는 큰스님이 제자를 부르더니 소금 한 줌을 가져오라 일렀다. 큰스님은 가져온 소금을 작은 물컵에 넣어서 휘휘 젓고는 그 물을 제자더러 마시게 했다. 소금물을 마신 제자는 얼굴을 잔뜩 찡그렸다. 큰스님이 물었다.

"물맛이 어떠하냐?"

"짭니다."

큰스님은 제자에게 다시 소금 한 줌을 가지고 오라고 일렀다. 제자가 소금을 가지고 오자 근처의 호숫가로 데리고 갔다. 그리고 아무 말 없이 소금을 움켜쥔 제자의 손을 호수에 넣고는 휘휘 저

었다. 잠시 후 큰스님은 호수의 물을 한 컵 떠서 제자에게 마시게
했다.

"물맛이 어떠하냐?"

"시원합니다."

"소금 맛이 느껴지더냐?"

"아닙니다."

큰스님의 말씀이 이어졌다.

"인생의 고통은 소금과 같다. 하지만 그 짠맛의 정도는 고통을 담
는 그릇에 따라 달라진단다. 만약 지금 네가 고통 속에 있다면
작은 물컵이 되지 말고 넓은 호수가 되거라."

매사에 불만이 많은 젊은 제자를 향한 큰스님의 애정 어린 가르
침이다. 넓은 호수가 되라는 큰스님의 말씀에는 좋다거나 싫다고 하
는 고락의 분별을 하지 말라는 뜻이 담겨 있다. 분별심을 갖지 않으
면 넓은 호수가 아니라 우주보다 넓은 마음이 된다. 우주보다 넓은
마음이라니. 생각만으로도 벅차다. 이렇게 되면 아무리 큰 문제가
생긴다 하더라도 아무런 고통과 괴로움을 겪지 않는다.

마음에 들지 않는 일이 생길 때는 기분이 나빠지거나 화가 나기
마련이다. 이럴 때는 좋다거나 싫다고 하는 두 마음이 서로 충돌하
고 있다는 것을 알아차리고 감정을 다스려야 한다. 인과의 이치를
생각하는 것이다. 한번 화를 내면 그 과보로 인하여 다음에 반드시

그와 비슷한 일이 반복되면서 또 다시 화를 내고 고통과 괴로움을 당하는 일이 생기게 된다. 이는 작은 마음 그릇에 소금을 한 주먹 털어넣는 것과 같아서 짠맛의 고통에서 벗어날 길이 없다.

불교에서는 가장 작은 것 속에 가장 큰 것이 있다고 가르친다. 이것을 신라 시대의 고승 의상대사는 「법성게」에서 "일미진중함시방一微塵中含十方 일체진중역여시一切塵中亦如是"라는 말로 요약했다. '하나의 티끌 속에는 온 우주가 담겨 있고 모든 티끌이 이와 같다'는 뜻이다. 세포를 현미경으로 보면 지구보다 더 크게 확대할 수 있고, 수많은 별들도 눈에 보이지 않을 만큼 작아지게 할 수 있다. 밤하늘을 밝게 비추는 보름달도 엄지손가락 하나로 다 가릴 수 있고, 달에서 찍은 지구의 사진은 손바닥보다 작지 않던가.

공간이나 시간이나 모두 인간이 가진 고정관념의 산물이다. 생각을 달리하면 얼마든지 공간과 시간은 달라질 수 있다. 그러려면 고정관념이라는 업장業障을 없애거나 바꾸어야 하는데, 이 고정관념이라는 업은 집착과 욕심에 정비례한다는 점을 알아야 한다. 탐貪·진瞋·치癡 삼독심을 완전히 소멸하면 물리적인 공간과 시간이라는 현상도 달라진다. 탐욕과 성냄, 어리석음으로 가득 찬 중생의 욕심은 집착할 대상이 필요하다. 이것이 시간과 공간을 존재하도록 하는 이유다. 나고 죽는 생로병사生老病死라는 인과와 생성되고 사라지는 성주괴공成住壞空의 인과가 모두 업의 산물임을 생각하면 이해하기가 쉽다.

불보살이나 아라한, 역대 조사들이 시간과 공간을 초월한 이적을 보일 수 있었던 것은 삼독심을 완전히 소멸해서 자유자재한 경지에 올랐기 때문이다. 물론 우리 범부들은 상상하기조차 어렵다. 하지만 마음을 깨우쳐서 업과 과보가 사라진 각자覺者에게는 물리적인 시공간이 따로 없다. 그러니 마음에 걸림이 없고 무애자재無礙自在한 것이다. 삼독심이 전혀 없으니 대자대비大慈大悲한 마음이 되는 것은 당연하다. 하나의 티끌 속에 온 우주가 들어 있고, 모든 티끌 속에도 이와 같이 온 우주가 들어 있는 상태가 바로 분별심이 없는 마음이다.

「법성게」는 『화엄일승법계도』에 수록되어 있다. 가장 난해하고 방대한 경전이라고 일컬어지는 『화엄경』(60권)을 210자로 축약한 7언 30구의 게송으로 668년 의상대사가 저술한 이후 지금까지 예불과 기도를 포함한 의례에 빠지지 않고 봉송되면서 한국불교의 정신적 기둥이 되어 왔다. 210개의 글자들이 이어지면서 사각형의 도장 모양[印]을 형성하고 있는데, '법法' 자에서 시작해서 '불佛' 자로 끝난다. 이 게송은 지극히 독창적인 형태를 가지고 있으며 동시에 『화엄경』의 골수를 내용으로 삼고 있어서 진언이나 다라니처럼 매일 독송하는 신자들도 있다.

의상 스님은 이 게송의 저작 목적을 '이름도 없는 진실한 근원[無名眞源]'으로 돌아가게 하기 위해서라고 밝혔다. 자신을 형성한 근원을 찾고 싶고 불교 수행에도 관심이 있다면, 「법성게」를 매일 108독씩 독송하는 것도 권장할 만하다. 우주보다 넓은 마음이 된다는 것이 불가능한 일은 아니다.

스님의 여유

사람들은 작은 일에도 옳으니 그르니 하며 시비是非를 일삼는다. 사람과 사람의 관계는 시비의 연속이라고 해도 과언이 아닐 정도다. 시비는 좋다거나 싫다고 하는 고락苦樂의 감정을 만들고 인과因果에 따라 과보를 불러온다.

달이 밝은 밤, 논두렁 위를 걸어가는 스님이 있었다. 맞은편에서 젊은 청년이 급하게 달려왔다. 너무 갑작스럽게 밀치고 지나가는 바람에 스님은 물이 가득 들어찬 논바닥으로 굴러 떨어졌다. 비켜설 여유도 없었다. 가까스로 논두렁으로 올라온 스님이 젖은 옷을 벗어서 물기를 짜고 있는데 조금 전에 지나갔던 청년이 돌아왔다. 급하게 지나가려다가 신발 한 짝을 잃어버린 것이다. 잃어버린 신발은 논바닥에 있었다. 다시 논으로 들어간 스님은 주워온 신발을 말없이 청년에게 건넸다.

어찌나 미안했던지 청년은 스님께 사과를 하며 물었다.

"죄송합니다, 스님. 그런데 스님께서는 어째서 화를 내지 않으시는지요?"

스님이 웃으며 대답했다.

"인연 따라 일어난 일에 무엇하러 시비를 하겠습니까? 나에게는 나의 업이 나타났을 뿐이고 젊은이에게는 젊은이의 업이 나타났을 뿐이니, 오늘 우리가 받은 과보는 각자의 몫입니다."

내가 옳다고 주장하면서 서로 양보하지 않으면 화가 치밀어 오른다. 나중에는 옳고 그름을 떠나 화를 참지 못하고 무례한 행동을 하게 된다. 경우에 따라서는 큰 싸움으로 번지게 되는데, 이미 옳고 그름의 차원이 아니라 원한이 쌓이는 지경에까지 이르는 것이다.

만약 논으로 굴러 떨어진 스님이 화를 참지 못하고 시비를 따졌다면 어떤 결말이 났을까. 명백한 잘못을 했음에도 상대가 잘못을 시인하지 않는다면 더욱 화가 났을 것이다. 이때부터는 자존심의 문제까지 겹치게 된다. 하지만 스님은 인과를 알고 있는 분이었다. 인과란 왜 그러한 일이 일어났는지를 따질 수 있는 것이 아니다. 오히려 화가 나고 기분이 나빠졌느냐 그렇지 않았느냐가 인과의 본질이라고 할 수 있다. 일어날 일은 반드시 일어나는 게 연기의 법칙이다.

　이미 일어난 일에 대해 옳고 그름을 분별하는 것은 나 자신이다. 스스로 단속해야 한다. 옳고 그름을 분별하는 것까지는 그럴 수 있다지만, 여기에 감정을 얹는 것은 과보를 불러오도록 인과를 부추기는 일이다. 좋은 감정이 생기는 만큼 싫고 나쁜 감정이 생겨난다. 그렇게 되면 일어나는 일마다 좋다거나 싫다고 하는 감정이 따라붙게 되고, 이것이 다시 인과의 작용을 불러일으켜서 과보를 끌어당긴다.

　아무것도 아닌 일에도 화가 나거나 지나치게 기분이 나쁘다면 인과에 의해 기분이 나빠질 때가 되었기 때문이며, 크게 화를 낼만한 일에도 별로 기분이 상하지 않는다면 아직 인과의 업이 무르익지 않았거나 나타날 때가 아니기 때문이다. 옳고 그름을 분별해야 할 사안이 발생하더라도 되도록 좋다거나 싫다는 고락의 감정을 섞지 말아야 한다. 매사에 지나치게 감정을 섞으면 사소한 일에도 고락의 인과가 크게 작용해서 사사건건 기분이 상하고 괴로움만 커진다. 어떤 상황이건 옳다거나 그르다고 판단하는 것이 문제가 아니라, 그렇게 분별함으로써 나한테서 생기는 감정이 문제이다. 다시 말해, 어떠한 상황이 일어나더라도 그것이 괴로움으로 번져서는 안 된다는 말이다.

　옳은지 그른지 시비를 한답시고 화를 내거나 기분을 상하게 되면, 그런 감정들이 다시 업이 되어 화를 내고 기분이 나빠지는 일들이 반복된다. 그러니 언제나 감정을 자제하면서 조금씩이라도 업을 줄이도록 노력해야 한다. 매일 기도와 참선, 보시와 정진을 수행해 나가다 보면 그동안 보이지 않게 가로막고 있던 업장이 자신도 모르는 사이에 조금씩 녹고 있음을 깨닫게 된다.

유유자적

가난하지만 부끄러움이 없는 자족 생활을 실천했던 철학자 디오게
네스Diogenes의 일화이다.

기원전 약 400년경 고대 그리스에는 디오게네스라는 철학자가
살고 있었다. 소크라테스, 플라톤과 같은 시대의 사람으로 매우
특이한 성품을 지닌 사상가였다. 당시 추앙받던 철학자들에게
호통을 치거나 인간도 개처럼 살아야 한다고 역설했다. 그의 철
학 사조를 견유주의犬儒主義라고 하는데, 인위적으로 정한 사회
적 관습이나 도덕, 법률 등을 부정하고 본성대로 사는 자연스러
운 삶을 추구했다. 그는 정말 개처럼 아테네의 아크로폴리스에
서 온몸에 천을 감고 통나무 항아리를 집으로 삼아서 살았다.

어느 날 디오게네스를 만나기 위해 알렉산더Alexandros대왕이 방문했다. 군사들과 함께 찾아온 알렉산더의 눈에 들어온 디오게네스는 몸을 뒤로 젖히고 일광욕을 즐기는 중이었다. 당대 최고의 권력자이자 정복자 알렉산더였으나, 디오게네스는 눈 하나 깜짝하지 않고 당당했다. 알렉산더는 자신을 두려워하지 않는 디오게네스에게 무언가 해주고 싶다는 생각에 소원을 말하면 무엇이든 들어주겠노라고 했다.

"대왕이시여, 지금 당신은 나의 빛을 가리고 있습니다. 아무것도 필요없으니 햇빛을 가리지 않도록 비켜서주십시오."

디오게네스의 대답을 들은 알렉산더는 말문이 막혀버렸다. 그러나 불손할 정도의 태도와 괴짜 같은 행동이었음에도 알렉산더는 화를 내지 않았다. 오히려 명성으로만 듣던 그 전보다 디오게네스를 더욱 존경하게 되었다. 그리고 그곳을 떠나며 "내가 알렉산더가 아니었더라면 디오게네스가 되길 바랐을 것이다"라는 말을 남겼다고 한다. 순수하고 거침없이 직선적인 디오게네스도 대단하지만 통치자인 자신에게 모욕에 가까운 언행과 태도로 일관하는 자에게 관용을 베풀어준 알렉산더 역시 평범하지는 않다.

정말 멋있는 삶이다. 원하는 것이 없으니 걱정이나 근심도 없다. 마음을 깨친 후 자연과 함께 유유자적하며 적멸寂滅의 세계에 살던 옛 스님들의 삶과 흡사하지 않은가. 선불교에서는 이것을 '보림保任'

이라고 한다. 보호임지保護任持의 준말로 마음을 깨우친 후 깨우친 마음의 본성을 보호하고 지켜나가는 것을 말한다. 자성自性을 깨달 았더라도 아직 어린 새가 막 세상에 나온 것과 같으니 무심無心에 들어가 하나의 찌꺼기라도 남기지 않으려는 일종의 점검이라고 할 수 있다. 옛날 스님들은 견성을 하고도 고요한 곳에 머물며 걸식으로 지내셨는데, 배고프지 않을 정도로만 만족하셨다.

대개의 사람들은 부와 명예가 가장 큰 행복이라고 착각한다. 적어도 의식주에 대한 걱정은 없어야 안심이 된다. 하지만 그것으로 만족하는 사람은 드물다. 욕심이 채워지면 더 큰 욕심이 부추긴다. 심지어 자신의 처지는 고려하지도 않은 채 크고 화려한 것만 쳐다보는데, 여러 사람들에게 피해를 주기도 한다.

때때로 사회적 책임이 있는 저명인사들도 이런 모습을 보인다. 일반인들 시각에서는 남부러울 것 없어 보이지만 스스로는 만족하지 못하기 때문에 지나친 생각과 무리한 행동을 하는 것이다. 이런 사람들을 보면 의식주에 대한 탐착과 애욕을 놓아버리고 두타행을 즐기던 옛 선사들의 이야기를 들려주고 싶을 때가 있다. 이들은 디오게네스의 자유와 알렉산더의 여유 중 어느 것 하나 가진 게 없다.

옳거나 그르고, 좋거나 나쁜 것은 본래 없다. 자연을 돌아보자. 연기緣起의 순리에 따라 인연이 맺어질 뿐이다. 어쩌면 도道에서 가장 멀리 있는 존재는 우리 인간일지 모른다. 좋으니 나쁘니 하면서 하지 않아도 될 분별을 해서 인과因果를 만든다. 조언을 하려 해도 기분이 상하니 더 이상 어쩔 수 없을 때가 많다. 물론 그것도 각자 업業의 무게 때문이려니 하지만, 자기 자신을 들들 볶는 모습을 보면 딱하기 그지없다. 모두가 자기 스스로 고락을 분별해서 인과를 지은 것이고 과보로 받은 것이다. 다른 사람에 의해 괴롭힘을 당하거나 기분이 상한다 해도 그 고통을 느끼는 주체는 본인이고, 본인의 분별에서 나온 것이니 남을 탓할 필요도 없다.

잘 구워진 그릇은 웬만한 압력에도 금이 가거나 깨지지 않는다. 외부의 환경이나 남을 탓하기 전에 외풍을 견딜 수 있는 내공을 길러야 한다. 외풍이 없더라도 내성이 약하면 스스로 무너져 내린다. 내성은 탐착을 놓아버리고 자유로워졌을 때 강해진다. 그리고 인연과보因緣果報의 원리를 철저하게 체득했을 때 내공이 단단해져서 쉽게 깨지지 않는다. 행복과 불행은 달라 보이지만 하나의 인과로 묶인 대립된 쌍이며 서로가 서로의 과보이다. 그러므로 보이지도 않는 행복을 찾아 나설 것이 아니라, 행복이다 불행이다 하는 분별을 하지 말아야 한다. 그냥 그러려니 하는 것이다. 집착을 놓아버리면 마음만 편해지는 게 아니라 손에 잡힌 일도 편해진다.

이야기가 너무 디오게네스에만 치우친 듯하다. 알렉산더 역시 세계사에 중대한 한 획을 그은 인물이었다. 알렉산더는 그리스를 넘어 페르시아와 인도에 이르는 대제국을 건설한 마케도니아의 왕이었다. 그러나 그는 단지 정복자의 모습으로만 남아 있지 않았다. 대철학자 아리스토텔레스를 스승으로 모시고 3년 동안 수학했다는데,

명석한 두뇌와 심미안적 혜안으로 자신이 정복한 지역에서도 학자들을 대우하고 학예 서적들을 수집했다. 그리스 문화와 오리엔트 문화를 융합함으로써 탄생한 헬레니즘Hellenism 문화는 이러한 그의 학구열과 문화적 역량이 있었기에 가능했다.

마음을 비운 사람

당나라 때의 선승 조주종심趙州從諗(778~897)의 일화이다. 조주선사의 가르침은 당송대에 형성된 선종오가禪宗五家에 큰 영향을 끼쳤으며, 특히 화두를 많이 남겨 후대 선승들의 수행 과제가 되었다.

깨달음을 얻기 위해 오랜 세월 선방에서 정진한 젊은 수좌가 어느 날 조주선사를 찾아와서 기쁜 듯이 말했다.

"이제 제 마음에 욕심이나 번뇌 따위는 없습니다. 실오라기 하나 걸치지 않았습니다."

조주선사가 물었다.

"뭐가 없고 뭐를 걸치지 않았다고?"

"마음을 완전히 비워서 실오라기 하나 걸치지 않았습니다."

젊은 수좌는 조주선사께서 크게 칭찬해주기를 무척 기대하고 있었다.

"그래? 참으로 굉장한 걸 걸치고 있구나."

가끔 이렇게 묻는 신도가 있다.

"저는 욕심도 별로 없고 살면서 남에게 피해를 준 일이 한 번도 없는데 왜 이렇게 일이 안 풀리고, 남들에게 원망을 듣는지 모르겠어요?"

그런 생각을 하는 것 자체가 욕심을 부리는 일이라고 솔직하게 말해주고 싶지만, 마음이 상할까 염려되어 앞으로도 그렇게 살아간다면 곧 일이 잘 풀리게 될 거라고 말해주곤 한다. 하지만 마음이 편하지는 않다. 당장 힘든 일 때문에 고통을 받고 있다면 인과의 법칙에 따라 언젠가 즐거운 날이 찾아오는 것은 틀리지 않으나, 근본적인 해결책이 아니기 때문이다.

요즘 사람들은 생각이 끊이질 않는다. 일을 하면서도 어떻게 하면 이 일이 잘 될까? 인간관계를 하면서도 어떻게 하면 이 사람과 잘 지낼까? 생각하고 또 생각한다. 그러면서 잘되고 잘하는 것이 좋은 것이라고 확신한다. 그러나 일이 잘 풀리면 다음엔 일이 꼬이는 과보가 오고, 그 사람과 잘 지내면 다음엔 그 사람과 관계가 깨지는 과보가 온다. 인과의 질서가 그렇게 되어 있으니 어쩔 수 없는 일이다. 중천에 떠 있는 해를 아무리 붙잡고 있으려 한들 기어코 밤은 오고야 만다.

잘되느니 잘못되느니 분별하는 생각을 떠나야 인과에서 자유로울 수 있다. 오는 것이 있으니 당연히 가는 것이 있다. 다만 옳다거나 그르다고 분별하는 것이 문제다. 오는 것은 옳고, 가는 것은 그르다고 분별할 수는 없다. 오는 것은 그냥 오는 것이고, 가는 것은 그냥 가는 것이다. 마찬가지로 지금 살고 있으니 당연히 언젠가 우리는 죽는다. 그런데 사는 것은 좋고 죽는 것은 싫다고 분별한다. 인과의 논리를 따르자면, 사는 것은 그냥 사는 것이고 죽는 것은 그냥 죽는 것이다. 여기에 좋다거나 싫다는 감정까지 개입되니 문제가 발생한다.

누구의 인생이든 좋은 것과 싫은 것은 항상 같이 간다. '좋다'라는 감정이 있으면 그 사람에게는 반드시 '싫다'라는 감정이 함께 있다. 좋아하는 사람이 있으면 반드시 싫어하는 사람이 있고, 좋은 일이 있으면 반드시 싫은 일이 있다. 그럼에도 불구하고 우리들은 살면서 좋은 것만 찾으려 하고 싫은 것은 버리려 한다. 좋은 것을 찾는 바로 그것이 인연이 되어 싫고 나쁜 과보가 생긴다는 사실을 망각한다. 바쁘고 고단한 일상을 겪으면서 한두 가지 정도야 잊을 수 있다고 생각할 수 있지만, 절대로 잊어서는 안 되는 것들이 있다.

어떤 일이 벌어지더라도 인연과보因緣果報에 따라 일어난 일이라고 여겨야 한다. 거기에다 좋으니 싫으니 하는 감정의 분별을 일으키면 인과에 따라 괴로운 일이 따라올 수밖에 없다. 상상하기도 싫을 만큼 나쁜 일이 일어나더라도 분별하는 마음 때문에 생겨난 과보이려니 하고 인정해야 한다. 그래야 인생에 변화가 찾아온다. 감정이 상하고 화가 치밀어오를 때마다 그것을 알아채고 참회를 하는 것이 좋다. 옳거니 그르거니 시비를 따질 일이 아니다. 시비를 따지더라도 좋으니 싫으니 하는 감정까지 일으켜서 덧붙여서는 안 된다.

한 철 정진을 끝낸 수좌스님이 자신만만한 기세로 조주선사를 찾아왔던 모양이다. 마음을 완전히 비웠다는 성취감에 충만한 이 수좌스님은 조주선사로부터 거창한 칭찬의 말을 듣겠다는 기대감마저 부풀어 있다. 하지만 다른 시각에서 보면 이건 자만에 가깝다. 조주선사는 차분한 태도로 이를 증명해주신다. 마음을 비운 사람이 어떻게 마음을 비웠다고 할 수 있는가. 마음을 비웠다는 생각과 칭송을 받을 것이라는 기대 부푼 감정을 가지고, 이미 실오라기 하나 걸치지 않았노라고 호언장담하는 말까지 뱉었는데 말이다.

정을 뗀다는 것

평생 금실 좋은 부부가 있었다. 어느 날 할아버지가 병으로 몸져누웠다. 할머니는 지극정성으로 할아버지를 간호했다. 그러나 할아버지의 병은 날이 갈수록 깊어만 갔고, 할머니의 눈에는 눈물이 그치지 않았다. 그러던 중 할아버지가 돌변하기 시작했다. 치매라고 볼 수도 없었다. 할머니가 하는 일마다 화를 냈고, 급기야는 할머니에게 보기 싫다고까지 했다. 시간이 좀 지나자 병문안을 온 사람 앞에서도 할머니를 구박했다. 어쩔 줄 몰라 하던 할머니는 밖으로 나가버렸다. 병문안을 온 사람이 할아버지에게 물었다.

"평생 함께 살며 사랑하셨던 할머니를 왜 그렇게 구박하시는 겁니까?"

할아버지가 눈물을 흘리며 대답했다.

"절대 마누라에게는 말하지 말게. 만약 이대로 내가 죽으면 저이는 못 견디고 곧 나를 따라 죽으려고 할 걸세. 정이라도 떼어놓고 죽어야 혼자서라도 살아갈 수 있지 않겠나."

며칠 후 할아버지는 세상을 떠났다. 할아버지의 묘 앞에는 매일 눈물을 훔치는 할머니가 있었다.

할머니가 과연 할아버지의 바람대로 정이 떨어졌을까. 생각해보니 가슴이 뭉클해진다. 사람 사이의 관계에서 정이 있느냐 없느냐는 무척 중요한 척도다. 우리가 얼마나 정이란 것을 소중하게 여기는지는 수십 년째 이어지는 각종 매체의 광고 효과를 보면 알 수 있다. 어떤 제과업체는 바로 이 '정'이라는 콘셉트를 이용해 경쟁업체를 따돌리고 장기간 부동의 1위 자리를 놓치지 않는다. 고운 정이니 미운 정이니 하지만 미운 정이라도 있으면 대체로 친밀한 관계라고 할 수 있다. 우리 사회에서 아무런 정이 없다는 건 그저 그런 관계임을 뜻한다.

하지만 불교의 관점에서 볼 때 '정'이라는 것은 고락苦樂의 원인이 되고 인과因果를 발생시켜 육도를 윤회하게 한다. 좋은 정은 기쁨과 즐거움을 주지만 싫은 정은 슬픔과 괴로움을 준다. 그러니 좋은 정을 취하고 싫은 정을 피하려는 건 인간으로서 당연한 일이다. 정은 결국 기쁨과 슬픔, 즐거움과 괴로움의 인과 현상이다. 다시 말해

정이란 감정을 의미하며, 인과의 법칙에 따라 좋은 느낌을 주는 정은 싫고 나쁜 느낌을 주는 정을 불러들인다. 그러니 좋은 정이라고 해서 좋은 게 아니고 나쁜 정이라고 해서 나쁜 게 아니다.

중생衆生을 다른 말로 '유정有情'이라고 한다. 감정을 가지고 있다고 해서 붙은 명칭으로, 사실 중생보다 유정이라는 말이 '육도를 윤회하는 존재'라는 의미에 더 가깝다. 좋은 정에 집착하면 싫은 정이 따라오고, 좋은 정과 싫은 정을 분별하는 이상 인과의 작용을 거쳐 과보를 불러온다. 이를 소멸시키지 않으면 생사고락의 윤회를 벗어날 수 없다. 인간이란 혼자서는 살 수 없는 사회적 동물인데, 정 없이 어떻게 사느냐고 반문할 수도 있다. 물론 정이 없는 삶은 비인간적으로 보인다. 그러나 정에 휘둘려서 살면 괴로움의 과보를 감수해야 한다.

정을 주고받지 말아야 한다는 게 아니라 어떤 방식으로든 과보가 생긴다는 것을 잊지 말자는 이야기다. 그래도 어쩐지 좀 섭섭해진다. 감정을 가진 인간에게서 정이라는 것을 떼어내기가 쉽지도 않을뿐더러 굳이 그렇게까지 해야 하나 싶기도 하다. 짧지 않은 인생에서 희로애락을 빼버리면 무슨 재미로 사나 싶을 수도 있다. 사랑하는 사람을 위해 목숨을 바치는 애끓는 사랑도 있고, 자신이 만든 작품을 생명보다 더 소중하게 여기는 고집스러운 예술혼도 있다. 우리들은 이 정도의 삶은 살아야 인생의 진면목을 경험한 것으로 생각한다. 하지만 진리의 법칙에 예외는 없다.

이렇게 이야기하고 보니 저 노부부의 애틋한 사랑을 비하한다는 느낌을 줄 수도 있겠다. 그렇다고 듣기에 좋은 말만 할 수는 없지 않은가. 갓 출가한 스님들에게 당부하는 말이 있다. 진정한 출가란 인간사의 정이라는 집착에서 벗어나는 것이다. 집착에서 벗어난다는 건 사람에게만 적용되는 것이 아니다. 식욕, 색욕, 재물욕, 명예욕, 수면욕의 5욕에서 벗어나는 것을 출가라고 한다. 그러니 계戒·정定·혜慧 삼학三學을 정진하기 이전에 자신의 욕망을 잘 다스려야 한다고 말이다. 정을 떼어내고 나면 평안이 남는다. 한없이 마음이 편안해진다. 정을 뗀다는 것은 마음을 깨닫는 것과 같아서 피안이라고 하고, 해탈이라고 하며, 중도라고도 한다.

분별하는 마음을 내려놓고 인연에 맡기도록 하자. 지독한 사랑에는 지독한 과보가 뒤따른다.

도적을 만드는 법

아들이 아버지에게 말했다.

"늙은 부모를 모시려면 저도 이제 돈을 벌어야겠습니다. 아버지께서 좀 가르쳐주세요."

아버지는 잘 생각했다며 아들을 데리고 부잣집 담을 넘었다.

아버지는 곳간을 열고 아들에게 물건을 챙기라고 하고는 밖에서 자물쇠를 잠가버렸다. 그리고 대청마루를 두들긴 후 도망쳤다. 그 소리를 듣고 하인들이 쫓아왔다. 곳간에 갇혀서 빠져나올 길이 없던 아들은 쥐 흉내를 내며 궤짝을 갉아 먹는 소리를 냈다. 등불을 앞세운 하인들이 곳간을 열고 들어왔다. 아들은 하인들을 밀치고 등불을 끈 다음 달아났다. 하인들이 계속 따라오자, 아들은 우물에 큰 돌을 던져 넣고 하인들이 우물을 살피는 사이에 집으로 도망쳐 들어왔다.

집에 돌아온 아들이 아버지에게 왜 그랬냐고 따졌다. 아무 말도 하지 말라던 아버지가 어떻게 빠져나왔느냐고 물었다. 아들은 자초지종을 말했고, 아버지는 "그랬으면 됐다"라며 잠자리에 들었다.

선禪이란 도적이 아들을 훈련시키는 것과 같다. 오조홍인五祖弘忍 (601~674)대사께서 하신 말씀이다. 이처럼 선은 가르치는 것이 아니라 스스로 깨우치고 체험하는 것이다. 말이나 글, 사량분별思量分別하는 생각으로는 알 수 없는 경지가 선이다.

참선參禪을 통해 경지에 오르면 괴로움이 사라지고, 한 톨의 근심이나 걱정도 없는 그야말로 완전한 중도中道에 머물게 된다. 그렇게 되려면 이 순간 일어나는 모든 생각과 감정을 일어나는 즉시 내려놓아야 한다. 놓아버린다는 것조차 없어야 한다.

그런데 우리는 내려놓기도 전에 벌써 내려놓는 것이 어떻게 가능한지를 묻는다. 그렇게 되면 사회생활이 힘들다는 투다. '내려놓는다'라는 말에 이끌려 집착이 시작된 것이다. 내려놓지 않으면, 좋다거나 싫다는 분별이 생기고 즐겁다거나 괴롭다는 감정에 휘둘린다. 이런 식으로 고락苦樂이 되풀이되며 인과因果는 끊임없이 윤회한다. 인과란 생과 사, 천국과 지옥처럼 상반된 모습으로 우리에게 나타나는 것이다. 흡사 하나로 묶인 양극단兩極端의 모습이라고도 할 수 있다. 태어났으니 죽어야 하고, 천국이 있으니 지옥이 존재한다. 천국의 즐거움과 지옥의 괴로움은 총량에 있어서 차별이 없다. 다만 개인의 업에 따라 받게 되는 과보가 달라질 뿐이다.

우리는 좋은 일이 생겨서 기분이 좋아졌고 나쁜 일이 생겨서 기분이 나빠졌다고 생각한다. 그러나 실상은 그렇지 않다. 좋은 업業을 가지고 있으니 좋은 일이 생긴 것이고, 나쁜 업을 가지고 있으니 나쁜 일이 생긴 것이다. 여기서 간과하지 말아야 할 것은 좋은 과보를 받았음에도 이후로 선업善業을 쌓지 않으면 어김없이 나쁜 업이 작용하게 된다는 점이다. 나쁜 업으로 인해 나쁜 일이 생긴다. 좋은 일이 생기고 좋은 기분이 느껴질수록 선업을 쌓아야 할 때임을 잊어서는 안 된다. 좋으니 싫으니 하는 감정에 현혹되면 우리는 영원히 인과에서 빠져나오지 못하게 된다.

우리의 눈은 같은 것을 보고도 각자 다르게 파악하고, 우리의 귀는 같은 소리를 듣고도 서로 다르게 인식한다. 비단 눈과 귀뿐만 아니다. 외부 대상에 가장 먼저 반응하는 육근六根(시각, 청각, 후각, 미각, 촉각, 의식)이 모두 그렇다. 외부 대상을 있는 그대로 받아들이는 게 아니라 자기 방식대로 인식한다. 이처럼 자기 방식대로 반응하는 현상을 두고 '업에 끄달린다'고 한다. 욕망과 탐욕으로 인해 무수겁을 거치며 형성된 나의 업이 오늘의 아상我相과 아집我執을 만들었기 때문이다. 내려놓으라는 말은 아상과 아집을 놓으라는 말이고, 이는 결국 업에 끄달리지 말라는 의미다.

선禪이란
가르치는 것이 아니라
스스로 깨우치고 체험하는 것이다.

홍인선사는 사조도신四祖道信(580~651)의 법을 이었으며, 육조혜능六祖慧能(638~713)의 스승으로 중국 선종의 제5조이다. 중국 선종의 실질적인 확립자라고 할 수 있다. 초기 중국 선종의 법맥은 '달마達磨-혜가慧可-승찬僧璨-도신-홍인'으로 이어진다. 오조홍인의 문하에서 혜능과 신수神秀로 양분되었는데, 북방에서 성행한 신수계의 북종선北宗禪에 대해 강남에서 성행한 혜능계를 남종선南宗禪이라 했다.

동산사東山寺를 창건하고 거기서 선풍을 크게 일으켰기에 도신선사와 홍인선사의 법석을 동산법문東山法門이라고 한다. 이때부터 선종의 도량은 깊은 산속에 은거하기 시작하는데, 하루는 한 학인이 도를 배우며 성읍에 가까이 있지 않고 왜 산에 머물러야 하는지를 묻자 이렇게 대답했다고 한다.

"큰 건물을 짓는 목재는 본래 심산유곡에서 나오는 것이니 사람들과 가까이 있지 않다. 사람들과 가까이 있지 않기에 칼과 도끼에 잘려 나가지 않고 성장할 수 있는 것이다. 큰 나무가 된 후에야 마룻대와 대들보로 쓰일 수 있다."

갚아야 할 빚

도안선사道安禪師(312~385)는 중국 동진 시대의 고승이다. 계율을 강조하며 청빈하게 살았다. 그의 삶과 가르침은 당시 사회에 큰 반향을 불러일으켰다. 다음은 도안 스님과 왕가王嘉의 이야기다.

어느 날 도안선사가 자신은 곧 입적할 것이라고 대중들에게 알렸다.
"나는 떠날 것이다."
세상을 떠나기 전 은둔하던 선비 왕가가 찾아왔다. 선사께서 왕가에게 말했다.
"나는 곧 떠나려 합니다. 어떻습니까? 함께 가시겠습니까?"
왕가가 대답했다.

"먼저 떠나시지요. 저는 남은 빚이 좀 있어서 그 빚을 갚고 가겠습니다."

입적할 때가 된 도안선사가 도반인 왕가에게 같이 가자고 권유하지만, 왕가는 남은 빚을 갚아야 한다며 쓸쓸한 웃음을 짓는다. 그 후 왕가는 권력자의 분노를 사서 결국 죽임을 당하고 만다. 도안선사와 왕가 모두 이 사실을 예견하고 있었다. 도안선사가 왕가에게 함께 열반에 들자고 했던 이유와 왕가가 갚아야 할 빚이 있다는 것은 모두 이 때문이다. 왕가에게 있어서 갚아야 할 빚이란 천하를 얻으려던 요장姚萇의 손에 죽는 것이었다.

이 이야기는 우리에게 생각해볼 여지를 던져준다. 삶과 죽음은 인연의 그림자일 뿐 어디에도 집착할 것이 못 된다. 우리의 삶이란 얼마나 부질없는가. 사소한 것에도 시비를 따지고 감정을 주체하지 못하니 말이다. 걱정과 근심이 없는 사람은 없다. 인간이라면 걱정과 근심을 가지고 있는 건 당연한 일이나, 그래도 그것들이 왜 생기는지는 짚어볼 필요가 있다. 말하자면 걱정과 근심은 인과와 인연을 믿지 못하는 데서 온다.

신身·구口·의意 삼업三業은 감정과 관련되어 있다. 정확히 말하자면 좋은 기분을 위해 몸과 말과 뜻으로 짓는 삼업이 작용한다. 우리 욕망은 항상 좋은 쪽만 선택하려는 경향이 있어서 기분이 좋지 않은 것에 대해 반발하는데, 기분이 좋지 않으면 어쩌나 하는 마음 때문에 걱정이 생기는 것이다. 그러나 인과에 따르면 좋은 감정이 생기는 일은 싫고 나쁜 과보를 부르게 마련이다. 한 번 좋은 일이 생기면 한 번 나쁜 일이 생기는 게 당연하며 걱정할 일이 아니다. 걱정한다고 과보가 오지 않으면 얼마나 좋으련만 그렇지가 않다. 걱정이나 근심 자체가 과보가 되어 마음을 힘들게 하기도 한다.

모든 사람은 죽는다. 태어났기 때문에 당연히 죽음의 과보를 받는다. 걱정한다고 죽음이 오지 않는 것은 아니다. 그것은 이미 결과로 정해져 있는 것이다. 죽음뿐만 아니라 우리에게 다가오는 모든 일은 과보에 따라 어느 정도 결과가 정해져 있다. 인과는 오차가 없기에 우리에게 오는 인과 역시 그대로 받아들일 수밖에 없다. 거부한다고 될 일이 아니다. 걱정과 근심은 또 하나의 인과를 쌓을 뿐이어서 인과의 순리를 믿고 순응해야 한다. 그 밖의 사량분별思量分別은 의미가 없다.

걱정과 근심은 그대로 놓으면 된다. 좋으니 싫으니 분별할 필요가 없다. 도리어 또 다른 걱정과 근심의 씨앗이 될 뿐이다. 그럼에도 불구하고 고락의 감정을 주체하지 못한다면 인과에 따른 과보를 고스란히 받을 수밖에 없다. 걱정과 근심이 현실이 되면 괴롭기 그지없다. 기분이 몹시 좋지 않을 것이고 화가 날 수도 있다. 화를 내고 나면 시원한 생각이 들어서 일부러 화를 참지 않는 경우도 있지만, 이것이 과보가 되어 화를 낼 수밖에 없는 상황을 다시 끌어오게 된다.

우리는 누구나 갚아야 할 빚이 있다. 빚을 갚기 위해 이 세상에 인간의 몸을 받아서 태어난 것이다. 빚을 갚는다는 건 업장을 소멸하는 것과 관련되어 있어서 우리가 꾸준히 기도와 참선, 보시와 염불 등의 수행을 해야 하는 이유이기도 하다. 어찌 되었든 좋으니 싫으니 고락의 분별을 하지 않고 인과를 믿는다면 걱정이나 근심을 할 일이 조금씩 사라지기 시작한다. 이런 일이 생기건 저런 일이 생기건 그저 인과의 모습이려니 생각하고, 있는 그대로 받아들이는 편이 좋다. 이것이 중도이고 반야에 접어드는 길이다.

선과 악

여말선초의 재상 맹사성孟思誠(1360~1438)이 젊었을 때, 무명선사를 만난 일화이다.

젊은 나이에 장원급제한 맹사성은 자만심이 가득 찬 청년이었다. 이 청년이 파주 군수로 부임한 어느 날 무명선사를 찾아와서 물었다.

"스님이 생각하기에 이 고을을 다스리는 사람으로서 내가 최고로 삼아야 할 좌우명이 무엇이라고 생각하오?"

"나쁜 일을 하지 말고 좋은 일만 하면 됩니다."

맹사성이 삼척동자도 다 아는 이야기를 한다며 거만하게 일어서자, 스님은 차나 한잔하고 가라며 그를 다시 앉혔다. 그런데 조주선사가 했던 것과 같은 방식으로 찻잔이 넘치도록 찻물을 계속 따랐다. 결국 맹사성의 옷이 젖었다. 화가 난 맹사성이 다시 일어나서 가려고 하자 스님이 이렇게 말했다.

"찻물이 넘쳐 방바닥을 적시는 것은 알고 지식이 넘쳐 인품을 망치는 것은 어찌 모르십니까?"

맹사성은 더욱 화가 났고, 문을 박차고 나가려다 머리를 세게 부딪쳤다. 무명선사가 다시 한마디를 보탰다.

"고개를 숙이면 부딪치는 일이 없는 법이라오."

젊은 혈기에 겸손을 모르던 맹사성에게 스님은 깊은 깨우침을 주었다. 이때의 일이 가슴 깊이 사무쳤는지 맹사성은 이후로 이조판서, 우의정 등의 주요 보직을 거치면서 겸손한 청백리로 후대에 이름을 남겼다. 사실 무명선사의 대답은 너무 당연해서 특별히 언급할 필요도 없다. 하지만 이를 실천하기란 참으로 어렵다. 이미 마음을 가득 채운 고락苦樂의 감정이 앞서기 때문이다.

단순해 보이는 이야기지만 불교식으로 해석해보면 또 다른 맛이 있다. 먼저 나쁜 일과 좋은 일이라는 선악의 개념이다. 경전에서는 이를 '제악막작諸惡莫作 중선봉행衆善奉行'이라고 표현한다. 모든 악을 짓지 말고 온갖 선을 받들어 행하라는 뜻이다. 이때의 선악은 도덕적 의미의 선악善惡이 아니라 진리 차원에서의 선악이다. 한마디로 선은 무분별심이고 악은 분별심을 말한다. 도덕적 의미에서의 선악은 사회적 규약을 위한 방편에 지나지 않으니, 인과因果를 반복하지 않도록 하는 것이 진정한 선이라는 이야기다.

다음으로 찻잔을 넘치는 찻물의 의미를 생각해볼 수 있다. 지식이 넘치면 인품을 망친다는데, 이때의 지식 또한 분별심을 가리킨다. 분별된 지식은 끊임없이 옳으니 그르니 하며 시비를 따지고, 이로 인해 좋으니 싫으니 하는 감정의 분별로 이어진다. 이처럼 반복되는 분별심은 우리의 업식業識에 차곡차곡 쌓여서 시기가 무르익으면 인과를 반복한다. 인과라고 하면 원인과 결과가 1차원적으로 반복되는 것으로만 단순하게 이해하는 경향이 있으나, 인과의 작용은 불가사의할 정도로 넓고 깊다.

세 번째는 머리끝까지 화가 나서 머리를 부딪치는 맹사성에게 겸손해야 함을 일컫는 장면이다. 무명선사가 맹사성에게 충고하는 이 장면도 실질적인 주제는 겸손이 아니라 분별심이다. 혈기 왕성한 맹사성에게 '자존심이 상하고 기분이 나쁘다'라는 분별심이 없었다면 화를 내지 않았을 것이며, 설사 순간의 부주의로 머리를 부딪치더라도 분노하거나 속이 상하는 일이 없다. 물론 분별심이 없었다면 나가기 전에 미리 머리를 숙여서 문틀에 부딪치는 불상사를 만들지 않았을 것이다.

화가 나서 흥분하게 되면 평정심을 잃고 자기 조절 능력을 상실하는 지경에 이른다. 하지만 이런 현상을 짧은 시간 동안의 심리적 반응으로만 취급해서는 안 된다. 『대방등대집경』에서는 "화가 나면 몸을 상한다. 쇠에 녹이 슬어 쇠를 상하게 하는 것과 같다"라며 화를 내는 일이 얼마나 위험한지를 분명히 한다. 현대의학도 이를 놓치지 않는다. 화를 내면 심리적으로는 분노와 짜증을 유발하며 억울한 감정이 들지만, 이것이 누적되면 어느새 두통과 불면증 등 신체적 증상으로 이어진다고 한다.

좁은 소견으로 옳다거나 그르다며 따지고, 좋다거나 싫다고 분별하다 보면 과보는 멈추지 않는다. 인과의 파도가 출렁임을 멈추지 않는 이상 마음은 어지럽고 괴로움은 계속된다. 문제는 업식에서 무르익은 인과가 드러나기 시작하면 우리 개인의 정신적인 측면과 신체적인 측면에만 한정되지 않는다는 점이다. 우주 전체에 영향을 미친다. 막연한 지식으로는 정확한 인과를 알 수 없다. 모든 일은 인과의 모습이며, 인과의 작용은 우리의 의식 수준으로는 상상할 수조차 없을뿐더러 필연적이어서 우리 인간과 우주 전체의 생성과 소멸에 한 치의 오차도 없이 관여한다.

젊은 나이에 급제해서 승승장구하던 맹사성은 문틀에 머리를 부딪치고 나서야 인과가 작동하는 원리를 조금이나마 깨우쳤던 것 같다.

보시바라밀

일본 임제종을 일으킨 백은선사白隱禪師(1685~1768)가 수행할 때의 이야기이다.

몹시도 추운 겨울이었다. 길을 가던 백은선사는 헐벗은 채 떨고 있는 걸인을 만났다. 선사는 입고 있던 누비옷으로 걸인의 남루한 몸을 덮어주며 가지고 있던 공양물을 나눠 주었다. 그런데도 걸인은 처다보지도 않았다. 가던 길을 가려다가 좀 괘씸하다는 생각이 든 백은선사가 돌아서며 물었다.
"이보시오. 도움을 받았으면 최소한 고맙다는 말이라도 해야 도리가 아니오?"
걸인이 맞받아쳤다.

"이보시오, 대사! 내가 보시를 받아주었으니 오히려 대사가 고맙다는 말을 해야 하는 것 아니오?"

큰스님께서 한 방을 크게 얻어맞은 형국이다. 무언가를 주고받을 때는 그 물건보다 주고받을 때의 감정이 서로 어떠했느냐가 더 중요하다. 결국 좋다거나 싫다는 감정으로 귀결되는데, 어떤 감정이냐에 따라 인과가 작용하기 때문이다. 주어도 주었다는 마음이 없어야 업業이 쌓이지 않고 인연과보因緣果報에 의한 괴로움도 발생하지 않는다. 받는 사람도 마찬가지다. 받더라도 가식 없이 감사하는 마음을 가져야 준 사람과 받은 사람 사이에 '진정한 자비'가 성립된다.

우리는 대부분 복을 빌기 위해 종교 생활을 한다. 그러나 지은 복이 없으면 돌아올 복이 없다. 육바라밀六波羅蜜 중에서도 보시布施가 으뜸인 이유는 복을 짓는 일이 먼저이기 때문이다. 여기에는 짚고 넘어가야 할 문제가 있다. 내 것을 주는 행위를 보시라 여기는데, 이는 잘못된 생각이다. 보시란 내 것을 주는 행위가 아니라 내가 가진 집착을 내려놓는 일이다. '내가 무엇을 누구에게 베풀었다'는 생각이 사라진 무주상보시無主相布施가 강조되는 이유이다. 내가 무엇을 누구에게 베풀었다고 생각한다면, 그것은 보시가 아니라 분별이어서 복을 기대하기 힘들다. 분별업을 소멸하는 최선의 미덕으로 보시가 장려된 것이다.

무주상보시가 아니라면 무언가를 베풀더라도 마음속에 좋지 않은 감정이 남아서 고락의 업을 만든다. 우리 주변에서는 주고받는 일에 대한 시비가 자주 일어난다. 누군가는 주었다고 우기는데 상대방은 받지 않았다며 대립한다. 조금이라도 더 가지려고 하거나 조금이라도 덜 잃으려는 갈등의 한복판에서 우리는 산다. 사건이 커지는 건 순식간이다. 감정이 격해지다 못해 물리적인 폭력까지 오고 간다. 법정 공방의 대부분은 이와 같은 소유권 다툼이고, 그것의 이면은 언제나 진흙탕 싸움으로 얼룩져 있다. 조금만 진지하게 세상을 보자. 여기 어느 구석에 주고받을 복이 있는지.

현명한 이들은 오가는 것에 절대로 집착하지 않는다. 세상이 움직이는 모습은 인과와 연기를 벗어나지 않기에 얻거나 잃는 법이 없고 이익을 보거나 손해를 보는 법도 없음을 아는 것이다. 이런 이들은 얻는다고 해서 좋아하지도 않고, 잃는다고 해서 상처받지도 않는다. 당장 눈앞의 이해관계에만 사로잡혀서 옳고 그름을 따지고 좋고 싫음을 분별하고 있다면 재빨리 인과의 늪에 빠져 있음을 알아차려야 한다. 과보를 불러들이며 자신을 괴롭히는 중이다. 꼭 쥐고 놓지 않으면 쥐가 나서 손만 아프다. 놓을 줄 알아야 새로운 것을 쥘 수 있다.

얻기도 하고 잃기도 하는 게 삶이다. 세상이란 게 원래 그렇게 생겼다. 얻었다거나 잃었다는 분별심을 내려놓고 인과와 인연에 따라 그렇게 된 것이려니 생각하면 홀가분해진다. 차츰 집착이 사라진다. 무주상보시는 이런 마음 상태에 이르러야 가능한 보살행이다. 집착이 사라진 마음은 맑은 하늘처럼 청정하기에 어떤 식으로 행동하든 무애자재행無碍自在行이 절로 나온다. 이보다 큰 복을 어디서 구할 수 있으랴. 근심할 일도 없고 걱정할 일도 없어진다는 말이다. 백은선사가 입고 있던 누비옷과 공양물을 나눠주고 거리의 걸인으로부터 얻은 진리는 보시 이전에 분별하는 마음을 놓는 법이다.

분별 망상

어느 큰스님 밑으로 많은 학인들이 모여들었다. 많은 학인들 중에서 유독 모자란 듯 보이는 제자가 하나 있었다. 이 제자가 대중들을 공양하기 위해 밥을 지었는데, 밥을 다 태우고 말았다.

"저 녀석을 당장 쫓아내시지요."

학인들의 불만이 터져 나오기 시작했다.

"너희들이 이해를 해주면 좋겠구나."

큰스님께서는 학인들을 달래시더니 그 제자에게 한 번 더 공양간을 맡겨보기로 했다. 그런데 제자는 이번에도 똑같은 일을 저지르고 말았다.

"이번에는 용서하시면 안 됩니다. 바로 내쫓으시지요. 그렇지 않으면 저희들이 전부 나가겠습니다."

"나는 분별도 못 하는 저놈을 내보낼 수가 없구나. 내가 가르치지 않으면 누가 저놈을 받아주겠니? 너희들은 사리 분별을 잘하니 어딜 가더라도 받아주는 곳이 많을 게다."

언뜻 자비로운 고승의 이야기로 들릴지 모르지만, 낙처落處는 따로 있다. 낙처란 승가에서 사용하는 용어로, 말의 의도나 본뜻을 가리킨다. 분별할 줄 모르는 제자와 사리 분별을 잘하는 제자들. 이 말의 낙처는 분명 분별에 있다.

연달아 실수를 저지른 제자는 좋다거나 싫다는 분별을 할 줄 모르지만, 나머지 제자들은 분별하는 마음이 커서 용서를 할 줄 모른다. 제자들을 바른길로 지도하려는 큰스님의 걱정은 여기서 발생한다. 잘잘못을 가리는 일은 있을 수 있다. 하지만 실수를 용서하느냐 마느냐에 좋다거나 싫다는 감정이 잔뜩 묻어 있다는 건 문제다. 더욱이 실수를 저질렀다지만 동료 스님 중 한 사람을 내쫓지 않으면 단체행동마저 불사하겠다는 좋지 않은 감정을 표출하고 있는 것은 더 큰 문제다.

분명히 알아야 한다. 타인의 행동이나 자신의 외부에서 일어나는 현상에 대해 좋다거나 싫다고 분별하는 감정이 생기는 이유는 오로지 자신에게 있다. 자신의 업식業識에 심어져 무르익던 것이 시절인연을 만나서 과보로 나타난 것이다. 나의 바깥에서 일어난 현상에 대해 좋다거나 싫다는 감정이 붙는 이유는 나의 업식에 있던 분별하는 습기習氣가 드러났기 때문이다. 우리의 반복된 행위와 생각은 심층 의식에 쌓여서 어떤 기질을 형성하는데, 이것을 습기라고 한다. 향을 싸고 있던 종이에는 향기가 배고 생선을 싸고 있던 종이에는 비린내가 배는 것과 같은 이치다.

중생들은 누구나 자신의 습기에 의지해서 보고 듣고 말하고 행동하고 생각한다. 품고 있던 좋은 감정이나 좋지 않은 감정이 누군가를 만날 때, 혹은 외부 대상과 접할 때 우리는 분별한다. 핵심은 타인이나 외부 대상에 어떤 문제가 있었던 게 아니라 순전히 분별하고 있는 나의 업식에 의해서 나쁜 사람으로 보이고 괴로운 현실로 느낀다는 점이다. 깨끗하고 아름다운 것을 탐하는 분별심이 나에게 있기에 더럽고 추한 것이 더 선명하게 보이고, 쉽고 옳은 것에 기대려는 분별심이 나에게 있기에 어렵고 그릇된 것을 더욱 회피하려 든다.

이 위에 다시 좋으니 싫으니 하는 감정이 얹힌다. 고락苦樂의 분별이 생기는 것이다. 고락의 분별도 인연에 따라 과보를 맞이하게 됨은 실로 당연하다. 분별하여 가르고 거기에 다시 감정을 얹는 행위는 물고 물리면서 인과를 연속하는데, 사람을 만나고 일을 대하고 사건을 접하면서 기분과 감정이 정신없이 출렁인다. 이해하지 못할 성격과 언행으로 세상에서 지탄받는 사람들도 이와 같은 인과 작용 때문이다. 옳고 그름을 너무 따지려 들고 좋고 싫은 감정을 너무 쉽게 표출하는 사람은 품격 제로의 인간으로 낙인찍히기 십상이다.

모든 것은 마음 밖에 있지 않다. 우선은 나의 분별심이 있었기 때문이고, 인과의 법칙이 작용해서 과보가 드러났기 때문이며, 이 과보가 다시 습기가 되어 나의 업식에 저장되어 있기 때문이다. 이런 모습을 '진정한 나'라고 할 수 있을까? 아니다.

본래 진정한 나는 중도中道의 자리에서 항상 여여如如하고 무심無心하다. 그러니 망상妄想을 경계하라는 것이다. 망상이란 있는 그대로를 보지 못하고 거기에 덧붙은 생각이나 감정을 일컫는다. 망상은 내가 아니고, 본래 갖추어진 '진정한 나'의 생각도 아니다. 나도 모르는 사이 나의 업식에 잠재된 나의 습기이며 충동적으로 정신없이 출렁이는 기분과 감정에 불과하다.

일체유심조

우리는 모두 각자의 위치에서 저마다의 삶을 살아간다. 어려운 역경에도 즐겁게 열심히 살아가는 이들이 있는가 하면, 작은 불편함도 견디지 못해서 스스로를 괴롭히고 힘들게 살아가는 이들도 있다. 불우한 환경에서 사는 사람들도 너무 많다. 아무리 생각해도 세상을 사는 게 그리 간단한 일만은 아니다.

사고로 실명한 아내를 매일 아침 맹인학교에 데려다주는 남편이 있었다. 그러던 어느 날 남편은 아내에게 이제는 혼자 다니는 게 어떻겠냐고 물었다. 두렵고 서운한 마음이 들었지만, 아내는 그렇게 하겠다고 대답했다. 혼자서 힘들게 맹인학교를 오가던 중 버스 기사가 아내에게 웃으며 말을 걸었다.

"아주머니는 정말 훌륭한 남편을 두셨네요."

영문을 모르는 아내는 의아한 표정을 지을 뿐 아무런 대답을 못했다. 그런 아내에게 버스 기사가 다시 말했다.

"남편이 늘 옆에서 지켜주시니 말입니다."

남편은 아내 곁을 떠나지 않았던 것이다.

모든 것이 마음먹기에 달렸다. 아침에 눈을 뜰 때마다 다짐하듯 되뇌고 또 되뇌는 말이다. 충분히 이해할 수 있는 내용이지만 막상 어려운 일이 닥치거나 억울한 일이라도 생기면 화가 치밀어 오르고 감정을 주체하기 힘들다. 정말 쉬우면서도 어려운 게 사는 일인 것 같다. 다시 한번 되새긴다. 일체유심조一切唯心造. 사바세계의 모습들은 마음이 만들어 낸다고 하지만 마음이란 놈의 습성이 분별을 일삼는 것이기에 대개의 사람은 어떤 것을 대하든 나누고 가르며 비교하는 일을 당연시한다.

요즘 세대와 대화를 하다보면 특이한 사실 하나를 발견하게 된다. 경제가 발전하면서 공부도 훨씬 많이 하고 신체적으로도 더 건장해졌는데, 쉽게 지치고 쉽게 좌절한다는 느낌이다. 성인이라면 충분히 견딜 수 있는 상황인데도 나약하게 포기하는 모습이 하도 안타까워서 왜 그런지 생각해볼 때가 있다. 특히 요즘 세대는 형제자매가 없이 혼자서 자란 경우가 많고, 어릴 때부터 타인과 비교하는 것을 교육받으며 성장했다. 친구들끼리 모인 학교에서도 경쟁이 전부인 세상이다. 마음 어느 구석에도 여유가 없는 것이다.

자기보다 여건이 좋지 못한 사람들도 있으니 기운을 좀 내라고 일러주면, 항상 자기보다 우월한 사람들을 바라보며 답답한 심정을 감추지 못한다. 항상 타인과 비교하며 승자 아니면 패자라는 인식이 강하게 뿌리내린 탓이다. 아직 세상 경험이 부족해서 그러려니 하지만 하나는 확실하게 알려주고 싶다. 모든 중생은 결과적으로 평등하다. 어떤 여건에 처해 있든 인연因緣과 인과因果에 따른 것이기에 특별히 좋거나 특별히 나쁜 삶은 없다.

우리의 마음은 이것과 저것을 분별하도록 구조화되어 있다. 하나가 생기면 반대편에는 같은 질량의 다른 하나가 생겨서 생사생멸生死生滅한다. 아무리 좋은 조건을 가진 사람도 고업苦業의 시기가 되면 괴로운 일이 생겨서 마음이 고달프다. 반대로 아무리 악조건에 있는 사람도 낙업樂業의 시기가 오면 즐거운 일이 생겨서 마음이 흐뭇해진다. 각자의 고업과 낙업에 따라 즐거워지는 시기와 괴로워지는 시기가 시차를 달리하여 다가오는데, 이때 외부에서 나타나는 현상도 각자의 업력業力에 따른 것이다.

가지고 있는 고락의 업은 그대로 둔 채 밖에서 나타나는 현상에만 마음이 빼앗겨서 좋으니 싫으니 분별하면 괴로운 일은 계속해서 나타난다. 마음에서 일어나는 감정뿐만 아니라 외부에서 발생하는 사건들도 잠재되어 있던 나의 업력이 시절인연을 만나서 드러난 것이기 때문이다. 한마디로 외부에서 나타나는 모든 현상은 업의 그림자이다. 그러니 유리한 조건이라도 유리한 게 아니고 불리한 조건이라도 불리한 게 아니다. 좋다거나 싫다고 마음이 분별한 고락의 업이 물리적인 세계에 유리하게, 또는 불리하게 나타난 것이다.

사고로 실명한 아내를 끝까지 보살피는 남편이라면 버스 기사의 말대로 정말 훌륭한 사람이다. 적어도 인과의 도리를 아는 것이다. 아내의 실명도 자신이 가진 고락업과 무관한 것이 아니니 스스로 감당하겠다는 태도다. 남편의 업에 사고를 당해 실명한 아내가 없는데, 아내가 사고를 당하는 일이 발생하거나 실명하게 될 운을 가진 여성과 인연이 맺어졌을까? 나에게 벌어진 일을 좋으니 싫으니 따지는 것보다 마음 안에 있는 고락의 분별업을 없애는 것이 먼저다. 고락의 업을 그대로 둔 채 유리한 상황이라고 해서 낙관하거나 불리한 상황이라고 해서 실망하는 건 어리석은 짓이다.

좋다거나 싫다고 분별하지 않는다면 직면한 어려움 같은 건 즉시 사라진다. 마음이 편안해지다가 나에게 불리하게 작용하던 상황도 어느새 좋아진다. 항상 분별심을 내려놓고 선업을 쌓아간다면 그동안 괴롭히던 악업이 소멸하기 시작하면서 모범적인 이 부부처럼 부처님의 가피가 충만해질 것이다.

아, 그런가?

마음을 깨친 이는 외부의 영향을 받지 않는다. 좋다느니 싫다느니 고락의 감정을 분별하지 않기 때문이다. 일본의 고승 백은선사白隱禪師의 이야기이다.

절 아래 마을에서 결혼도 하지 않은 처녀가 임신했다. 난데없이 벼락을 맞은 처녀의 부모는 아이의 아버지가 누구냐고 딸을 다그쳤다. 처음에 처녀는 애의 아버지가 누군지 입을 열지 않다가 한참 뒤에 백은선사라고 말했다. 화가 난 부모들은 백은선사에게 가서 따졌다. 그러자 백은선사는 말했다.
"아, 그런가?"
처녀의 부모는 스님에게 책임을 지라며 아이를 두고 내려갔다.

마을 사람들이 파렴치한이라고 경멸했지만, 스님은 아무 말도 하지 않고 아이를 업어서 정성껏 키웠다.

온갖 비난과 욕설이 쏟아져도 스님은 아무런 대꾸가 없었다. 아이를 업고 젖동냥을 다니면서 똥오줌을 받아주고 목욕을 시켰다. 아이는 건강하게 자랐다. 얼마간의 시간이 흐르자 도저히 양심을 속일 수 없었던 처녀가 부모에게 사실을 말했다. 아이의 친부는 그동안 처녀와 사귀던 이웃의 청년이었다.

처녀와 부모는 백은선사에게 달려가 백배사죄를 하며 용서를 구했다. 그리고 아기를 돌려 달라고 간청했다. 그러자 백은선사는 순순히 아기를 내어 주며 말했다.

"아, 그런가?"

이처럼 말도 안 되는 일로 손가락질을 받지만, 백은선사의 감정은 전혀 동요가 없다. 일반인들이 보기에는 신기할 따름이다. 해가 뜨고 해가 지는 일을 바라보듯 좋다거나 싫다는 생각 없이 그저 관조할 뿐이다. 윤회하는 세상에서 벌어지는 일들은 인연의 현상이므로 감정을 얹는다고 바뀌지도 않는다.

고락의 감정은 순전히 업식業識에 따라 생긴 것이다. 아무 상관도 없는 외부의 현상에 감정을 얹기 때문에 옳다거나 그르다는 판단을 하게 되고 좋다거나 그르다는 감정의 소용돌이에 휩싸인다. 이 얼마나 큰 착각인가. 본래 옳은 일이나 그른 일은 없다. 좋은 일이

나 싫은 일도 없다. 외부 세계에서 벌어진 일에 우리가 좋은 감정과 나쁜 감정을 붙인 것이다. 여기서 끝난다면야 애매하게 감정을 소모한 것에 지나지 않겠지만, 인연 과보의 작용은 한 걸음 더 나아간다. 좋은 일과 나쁜 일이 분별되어 끊임없이 고락의 감정을 일으키고 결국 나쁜 감정을 불러와 괴로움을 낳는다.

나쁜 일이 일어나지 않게 하려면 분별심이 없어야 한다. 분별심이 없다는 것은 좋다거나 싫다는 감정이 없다는 말이다. 이 말은 두 가지로 해석할 수 있다. 하나는 개념적 이해다. 나쁜 일이란 좋은 일에 대한 상대 개념이기에 좋은 일이라는 생각이 있는 한 나쁜 일은 사라지지 않는다는 의미로 받아들일 수 있다. 다른 하나는 우리가 실제로 체험하는 흉측하고 괴로운 사건으로서의 나쁜 일이다. 우리를 다치게 하고 고통에 빠뜨리는 일들 역시 원인을 거슬러 올라가다 보면 고락의 분별에서 비롯된다. 그러니 애초에 분별심을 갖지 않아서 나쁜 일이 생기는 것을 방지하자는 말이다.

우리가 삶을 영위하는 데 가장 좋은 조건은 좋은 일이건 나쁜 일이건 생기지 않는 환경이다. 말하자면 중도의 삶이다. 우리의 육체와 정신이 어디에도 시달리지 않고 두루 편안하며 안락한 상태라고 할 수 있다. 우리 자신의 인과에 고락의 업業이 없어야 이런 자리에 머물 수 있다. 자본주의의 무한 경쟁 사회에서 성장한 사람들은 이런 자리를 시시하고 따분하게 여길 수 있다. 하지만 이 자리에는 필요한 것들이 이미 구족되어 있고 필요한 시기가 되면 인연법에 따라 나타난다. 그러니 무언가를 얻기 위해 혈안이 되어 있지도 않고, 가진 것을 소비하기 위해 머리를 쓸 필요가 없다.

인생을 살면서 우리는 무언가를 성취하기 위한 공부보다 괴로움을 없애는 공부를 먼저 해야 한다. 분별심을 없애는 일이야말로 모든 괴로움의 원인을 제거하는 일이다. 고락의 인과가 어디서 시작되었는지를 정확히 알고, 살면서 벌어지는 무슨 일에도 좋으니 싫으니 하는 감정을 얹지 않는 것. 힘들 것 같지만 그렇게 어려운 일도 아니다. 간단히 말해 어떠한 일이 일어나더라도 불편할 수는 있어도 괴로울 일은 없는 것이다. 설사 자신에게 예상치 않은 타격을 입히는 일이라도 분별심을 놓고 관조할 수 있다면 언젠가 꼬여 있던 일들이 제자리를 찾게 된다. 물론 그 자리도 지난 생의 업력業力에 의해 만들어진 자리이긴 하지만 말이다.

지난해 혹독한 추위 속의 매화가　　　　舊年寒苦梅
비를 얻어서 일시에 피었구나　　　　　得雨一時開

백은선사의 시 한 편을 소개한다. 표면적으로는 고행 속에서 도를 이루는 수행승의 모습을 담담하게 묘사하는 듯하지만, 세속의 추위 속에서 꽃 피우려 애쓰는 우리 현대인들의 모습이라고 해도 무방하다.

지난겨울은 탐·진·치 삼독심에 물들어서 탐욕스럽고 무지했지만, 이제 곧 비가 내려서 일시에 향기로운 꽃으로 피어날 것이다. 『화엄경』에서는 이런 비를 법우法雨라고 표현했다. 법우란 초목이 잘 자라도록 적셔주는 불법佛法을 비유한 말로 부처님의 가피나 자비심을 상징한다. 그것을 느끼든 느끼지 못하든 우리가 겪는 어떤 순간에도 법우는 내리고 있다.

사리를 찾아서

당나라 때의 선승 단하천연丹霞天然(736~824)선사의 일화로 '단하소
불丹霞燒佛'이라는 고사를 설명하는 장면이다.

어느 겨울날, 용문의 향산에 있는 혜림사慧林寺에 객승 하나가 찾
아왔다. 너무 늦게 도착한지라 공양을 얻어먹을 수도 없었고, 무
척 추운 날씨인데도 방에는 불도 때주지 않았다. 춥고 배고팠다.
견디다 못한 객승은 법당으로 가서 불상을 쪼개더니 불을 피웠
다. 이를 보고 화가 치밀어 오른 원주스님이 따졌다.
"어찌하여 기껏 몸을 데우려고 부처님을 태운단 말이오!"
주장자로 재를 뒤적거리던 객승이 대답했다.
"부처님께서는 사리가 서 말 여덟 되나 나왔다고 합니다. 그게 정

말인지 확인해보려고 지금 사리를 찾고 있는 중입니다.

기가 막힌 원주스님의 목소리가 더 커졌다.

"아니, 목불木佛에서 어떻게 사리가 나온단 말이오!"

"사리가 안 나온다면 나무토막이지 무슨 부처란 말입니까? 나머지 목불도 태워서 사리를 찾아볼까 합니다."

사실이라고 하기에는 황당한 구석이 없지 않은데, 수행자들의 고정관념을 깨뜨리기 위해 가공된 이야기가 아닌가 생각된다. 중국 송나라 때 도원道源이 편찬한『경덕전등록』에 나오는 이야기이다. 어찌 되었든, 단하선사는 마조도일馬祖道一(709~788)의 제자이며, 마조는 평소 천연덕스러운 그의 행동을 보고 '천연'이라는 법명을 내렸다고 한다.

예로부터 선가에는 '살불살조殺佛殺祖'라는 말이 전해진다. 부처를 만나면 부처를 죽이고 조사를 만나면 조사를 죽이라는 뜻으로 『임제록』에 나오는 구절이다. 액면으로는 살벌하고도 끔찍한 말이다. 누군가는 말도 안 되는 소리라며 혀를 찰 수도 있고, 누군가는 신성한 부처님께 불경스럽다고 분통을 터뜨릴 수도 있다. 정말 어떤 반응이든 나올 수 있는 말이지만, 누군가는 두고두고 곱씹는 말이기도 하다.

분별하지 말라는 절대적인 의미를 담고 있다면, 조금은 수긍되지 않을까. 부처라는 고정관념이 자리를 잡으면 상대적으로 중생이

영원히 살아있는 활불活佛은
용광로에서도 녹지 않고
물에서도 풀리지 않으며
불에서도 타지 않는
부처여야 한다.

라는 관념이 따라온다. 마찬가지로 조사라는 고정관념이 자리를 잡
으면 상대적으로 범승凡僧(평범한 승려)이라는 관념이 달라붙는다. 부
처와 조사라고 분별하는 순간 중생과 범승이라는 관념이 우리를
떠나지 않는데, 이는 수행의 진전을 막는 장애로 작용한다. 하나의
관념이 우리 안에 들어와 씨앗을 뿌리면 인과因果를 밭으로 삼아
계속 뿌리내리며 성장하기에 웬만해서는 멈출 수가 없다.

선불교에서는 유독 고정관념과 망상에 대한 집착을 경계해 왔는
데, 이런 사례는 조주선사에게서도 볼 수 있다. "금불金佛은 용광로
를 건너지 못하고, 토불土佛은 물을 건너지 못하며, 목불木佛은 불을
건너지 못한다." 쇠로 만든 부처니 용광로에서 다 녹아버릴 것이고,
흙으로 만든 부처니 물에 다 풀어져버릴 것이며, 나무로 만든 부처
니 불에 다 타버릴 것이다. 너무 뻔한 이치 아닌가. 하지만 뻔하다고
치부하고 넘기기엔 어쩐지 좀 부족하다. 우리는 조주선사의 말에서
'상대적으로 분별하는 부처는 진정한 부처가 아니다'라는 뜻을 읽
을 수 있어야 한다.

많은 불자들이 법당에 모신 부처님께 예불을 드리고 공양을 올
린다. 소원을 성취하게 해달라는 축원이 대부분이다. 너무 당연하
고 일상적인 일이어서 우리는 여기에 추호의 의구심도 품지 않는다.
어쩌면 재가불자들에게 부처님은 소원을 이루어주는 불가사의하
고 신비로운 대상에 불과할지도 모른다. 그러나 이렇게 드리는 불공

佛供은 겨우 본전이나 찾는 불공이라고 할 수 있다. 어떤 일이건 성취한다는 것에는 성취되지 못한다는 인과가 따라붙는다. 그러니 잘해야 본전인 경우다.

부처님께 기도드리는 진정한 의미는 이런 인과를 깨뜨리는 데서 찾아야 한다. 그래야 부처님께서도 금불이고 토불이고 목불인 신세를 면하게 된다. 영원히 살아있는 활불活佛은 용광로에서도 녹지 않고, 물에서도 풀리지 않으며, 불에서도 타지 않는 부처여야 한다. 단하소불의 일화는 이것을 가르치기 위한 방편설이다.

바르게 보는 일

바르게 보는 것, 이를 직관直觀이라고 한다. 우리는 항상 입버릇처럼 말한다. 있는 그대로를 보아야 한다고. 그러나 있는 그대로 보는 일은 말처럼 쉽지 않다. 웬만큼 수행이 무르익지 않고는 불가능한 일이다.

큰스님께서 물었다.

"누가 저 굽은 소나무를 곧게 볼 수 있느냐?"

아무도 대답하지 못하고 정적이 흐르고 있었다. 그때 누군가의 목소리가 들려왔다.

"큰스님, 저 나무는 구부러져 있습니다."

큰스님께서 웃으며 대답했다.

"네 말이 맞다. 있는 그대로 보는 것이 곧게 보는 것이다."

우리는 항상 사회적 통념과 편견으로 대상을 본다. 우리 인식이 이미 그렇게 구조화되어 있기에 그렇게 하지 않으려고 해도 어쩔 수 없다. 그렇게 하지 않으려고 할수록 시각이 좁아져서 그쪽으로만 고정된다. 다른 사람의 이야기가 아니라 바로 지금 나의 모습이다.

대상을 있는 그대로 보았는지 확인하는 방법이 있다. 있는 그대로 보았다면 더 이상 옳다거나 그르다는 시비是非가 붙지 않는다. 일단 시비를 가리면 감정이 생겨서 집착하게 된다. 어딘가에 집착하면서 감정이 들끓는 건 당연한 수순이다. 과도하게 감정이 분출되고 나면 온갖 상념이 덧붙으면서 마음이 어지러워진다. 이것을 번뇌라고 한다. 번뇌가 괴로움을 불러오는 건 이제 어느 정도 이해하지만, 그렇다고 번뇌를 없애는 방법을 터득했다고는 말하기 힘들다. 그러니 시비를 따지지 말라는 것이다.

바르게 본다는 것은 결국 좋으니 싫으니 하며 고락苦樂의 감정을 일으키지 않는 자세이다. 고락의 감정을 일으키지 않으면 평온해진다. 설사 잘못 보거나 착각을 일으키더라도 좋다거나 싫다는 고락의 감정이 없어야 한다. 바람에 날리는 빨래가 사람으로 보이기도 하고 맨홀의 뚜껑이 거북이 등껍질처럼 보일 때가 있지 않은가. 경우에 따라선 이렇게 보이기도 하고 저렇게 보이기도 하는 게 대상이다. 이처럼 잘 보면 잘 보는 대로 잘못 보면 잘못 보는 대로 감정을 분별하지 않아야 바르게 보는 일이라 할 수 있다.

일상에서도 적용할 수 있는 일이다. 특정한 사안을 두고 의견을 개진할 때 감정을 개입하지 않고 본인의 주장을 하면 된다. 나의 의견이 잘못되었다는 상대의 지적에도 감정을 일으키지 않으면 된다. 지금 일어나는 나의 마음을 있는 그대로 보는 것이 필요하며, 동시에 상대방의 지적을 보면서도 지금 그의 마음이 그렇구나 하고 있는 그대로 보면 된다.

세상이 생겨난 모양을 곰곰이 생각해보면 어렵지도 않다. 세상의 모든 일은 서로 의존하는 관계다. 시비와 고락과 정반正反의 개념도 개별적으로는 존재할 수 없는 의존적인 관계다. 바꿔 말해서, 영원히 옳은 것도 없고 영원히 그른 것도 없으며, 영원히 괴로운 것도 없고 영원히 즐거운 것도 없다. 그러니 주장하되 집착하여 따질 필요가 없고 감정을 얹을 이유는 더더욱 없다.

불가의 수행 중에 묵언默言이라는 게 있다. 이 수행의 목적은 일체의 시비를 애초부터 봉쇄하자는 데 있다. 말을 안 하니 시비가 일어날 리 없고, 시비가 일어나지 않으니 감정을 일으킬 재간이 없다. 사람을 상대하다 보면 말이 꼬리를 물고, 감정이 꼬리를 물어서 마음이 어지럽고 괴로워질 때가 있다. 이럴 때는 절집에서 주로 활용하는 방법인 묵빈대처默擯對處를 권유한다. '말 없음'으로 대처해서 물리친다는 이 방편은 점점 더 복잡해지는 현대사회에 효과적인 처세술일 수 있다. 누군가 나의 의견을 조목조목 반박하고 깐깐하게 몰아세우더라도 고락의 감정을 일으키지 않으면 저절로 넘어간다. 이는 위급한 순간일수록 빛을 발한다.

매 순간 올라오는 마음을 내려놓고 집착하지 말아야 하느니, 그래야 더 이상 괴로운 일이 생기지 않는다. 바르게 보는 일이란 바로 보는 일이고, 있는 그대로 보는 일이다. 어떤 대상에도 시비나 감정을 섞지 않는 일이다.

영원히 사는 것

인도의 유마거사維摩居士와 우리나라의 부설거사浮雪居士, 중국의 방거사龐居士를 불교의 3대 거사라고 한다. 방거사는 청원淸原 문하의 석두희천石頭希遷(700~790)선사와 남악南嶽 문하의 마조도일馬祖道一(709~788)선사로부터 선을 배워 도를 깨달은 사람이다. 방거사는 물론이거니와 그의 아내와 아들과 딸도 모두 견성했는데, 가족들의 입적이 모두 예사롭지 않았다고 한다.

방거사가 입적할 때가 되자 딸인 영조靈照를 불렀다.

"얘야, 밖에 나가서 해를 보고 정오가 되거든 내게 알려다오."

아버지가 입적하시려는 것을 눈치챈 영조는 이렇게 말했다.

"아버지, 정오가 되었습니다만 오늘은 일식日蝕을 합니다. 한번 밖에 나가서 보시지요."

"그래? 그러면 내가 직접 봐야겠구나."

방거사가 해를 보려 밖에 나갔다가 돌아와 보니 자신이 앉아 있던 자리에는 이미 영조가 앉아서 입적해 있었다.

"어허, 이 녀석 봐라! 내 딸의 솜씨가 나보다 빠르군. 나는 너를 다비한 다음 일주일 후에나 가야겠구나."

방거사는 자신의 입적을 일주일 연기하고 딸의 장례를 치러주었다.

우리나라에서도 방거사 이야기는 유명하다. 임종이 임박한 아버지와 딸의 대화를 들으며, '도대체 이게 무슨 상황이지?' 하고 의아하게 생각하는 사람이 있을 것이다. 하지만 이런 광경이야말로 선禪의 진수를 보여주는 장면이다. 선이란 예로부터 불립문자不立文字 교외별전敎外別傳이요, 언어도단言語道斷 심행처멸心行處滅이라고 했다. 세간의 상식으로는 통하지 않고 언어와 문자로는 전달할 수 없다는 말이다. 문자로는 전달할 수 없으니 문자로도 세울 수 없고, 가르친다고 되는 것이 아니니 가르침 이외에 별도로 전해지는 것이다. 도무지 말로는 표현한 길이 없으니 말이 끊어진 자리이며, 마음 작용이 미치지 못하는 절대경계의 경지이다.

역시 이런 이야기는 알아듣기 힘들다. 관점을 좀 바꿔보자. 생각과 감정에 묶여 있는 우리들은 이렇게 하는 게 좋을까 아니면 저렇게 하는 게 좋을까 매 순간 분별을 한다. 좋은 것을 취하려 하고 싫은 것을 멀리하려는 게 분별하는 이유이다. 그러나 마음을 완전히 깨달으면, 좋다거나 싫다는 고락의 분별을 떠나므로 무엇이 좋고 무엇이 싫다는 생각이나 감정이 따로 없다. 마음을 깨친 이들의 행동과 말과 생각이 평범한 사람은 이해할 수도 없을 만큼 청정하다는 건 이 때문이다. 그러니 이 경지에는 걱정이나 근심이 없고, 괴로움마저 들어서지 못한다.

대충 살다가 죽으면 그만이지 무엇 하러 마음을 깨치려고 고생을 사서 하느냐고 빈정대는 사람들도 없지 않다. 이런 사람들은 대부분 아집이 세다. 아는 것만 믿으며 더 이상의 세계가 있다는 걸 용납하지 못한다. 하지만 알아야 한다. '깨우치다'는 것과 '깨치다'는 것은 천지 차이다. 알지 못하던 것을 알게 됨으로써 대상에 대한 이해가 넓어진다는 개념이 전자의 의미라면 존재 자체가 바뀌어서 다른 차원의 세계에서 산다는 게 후자의 의미다. 마음을 깨치지 못한 이로서는 절대로 알 수 없는 경지이다.

우리는 노력을 통해 깨우칠 수 있지만, 노력만으로는 깨칠 수 없다. 우리의 노력은 우리가 존재하는 세계에서 발전과 진보를 보장한다. 하지만 다른 세계에서 다른 존재로 살려면 그곳에서 요구하는 특별한 노력과 대가가 따라야 한다. 불교에서 오랫동안 제시해온 참선과 염불, 보시가 바로 그곳에서 요구하는 통행증이다. 그곳은 진입하기가 어려워서 그렇지 일단 진입하기만 하면 말과 행동, 그리고 생각에 모두 걸림이 없다. 어떤 행동을 하거나 어떤 말을 하거나, 혹은 어떤 생각을 하거나 그 자체로 완벽하다. 죽음마저도 그렇다.

깨친 이가 생각하는 죽음은 일반인들이 생각하는 그런 죽음이 아니다. 이미 삼세三世가 윤회하는 세계에서 벗어나 인과因果에서 자유로운데, 나고 죽는 것이 어디 있으랴. 이쯤 되면 벌써 감을 잡은 사람이 있다. 그렇다. 임종을 맞이하는 방거사와 딸의 태도는 거침없이 자유롭다. 현생에 대한 집착이 전혀 없는 것이다. 분별하는 마음이 없으니, 당연히 좋은 것과 싫은 것이 없다. 죽음인들 무엇이 다르랴. 우리가 죽음을 두려워하는 까닭은 죽음 이후를 모르기 때문이기도 하지만, 존재하고 싶은 욕구인 '유애有愛' 때문이다. 한마디로 살고 싶다는 집착이 너무 크다.

집착과 분별심을 내려놓으라고 하면 대수롭지 않게 여길지 모른다. 하지만 그것이 주는 이로움을 전혀 알지 못하니 수행하더라도 진척이 없고, 끈기를 발휘하지도 못한다. 깨치면 알게 되는 것이 있다. 화엄에서는 세계를 삼종세간三種世間으로 본다. 기세간器世間·중생세간衆生世間·지정각세간智正覺世間이 바로 그것이다. 기세간은 자연환경, 중생세간은 생명 환경, 지정각세간은 지혜를 바탕으로 사는 세계이다. 기세간과 중생세간은 깨달음으로 인도하기 위해 먼저 범부의 입장에서 보는 세계를 자연계와 생명계로 분별하여 보인 것이다. 간단히 말해, 기세간이란 산하대지를 말하고 지정각세간은 불보살들의 세계를 일컫는다. 분별망상에 집착해서 중생세간에만 머물고 있는 우리가 마음을 깨치면 이 세 종류의 세간을 자유롭게 왕래한다. 깨친 이가 생각하는 죽음이란 이 삼종세간을 자유롭게 오가며 죽음에 구속되지 않고 영원히 사는 것이다.

굳이 분류하자면, 세상에는 마음을 깨친 이와 마음을 깨치지 못한 이, 두 부류의 사람이 있다. 우리가 나아가야 할 바를 보여준다.

괴로울 일은 없다

경허선사鏡虛禪師(1849~1912)와 화엄사의 대강백大講伯 진응-혜찬震應慧
燦(1873~1941) 스님의 일화이다.

"스님께서는 마음을 깨친 대선사大禪師이십니다. 그런데 곡차穀茶
는 어째서 여전하십니까?"
"돈오는 비록 부처와 동일하지만 다생의 습기는 깊어서, 바람은
고요해도 파도는 용솟음치고 이치는 훤히 드러났으나 생각은 여
전히 침노한다[頓悟雖同佛 多生習氣深 風靜波尙湧 理顯念猶侵]'라는 글도
있지 않소. 나야말로 그와 같소."

진응 스님은 경허 스님께서 드시는 곡차를 매일 마을까지 내려

가 구해드렸다고 한다. 대강백이신 진응 스님께서 직접 심부름을 하셨다니 경허 스님은 카리스마도 참 대단하셨던 모양이다. 경허 스님께서는 곡차를 드시는 이유로 업습業習이 남아 있기 때문이라고 하셨다. 이해가 된다. 그럼에도 왜 곡차를 끊지 못하시는 걸까 하는 의구심이 여전히 남는다.

이렇게 생각해볼 수 있다. 물론 마음을 단단히 먹고 의지를 세워 끊어버릴 수도 있지만, 마음을 깨친 분들의 특성으로 볼 때 굳이 그럴 필요가 없다. 곡차를 끊든지 끊지 않든지 분별심 자체가 없을 테니 이래도 그만 저래도 그만 아닌가. 좋다거나 싫다는 고락苦樂이 없으니 이렇게 하건 저렇게 하건 아무런 상관이 없는 일이다. 경허 스님의 경지를 알지 못하거나 고약한 성품을 가진 이들은 오직 파격적인 행위에만 집착해서 그분을 폄훼하는 사례가 종종 있는데, 사실 그렇게 판단한 것도 자신의 습기에서 나온 것이다.

"생멸멸이生滅滅已 적멸위락寂滅爲樂이라!"

『열반경』에 나오는 구절로 '나고 죽는 것이 모두 사라지면, 적멸이 남아서 즐거우리라'는 뜻이다. 마음을 깨쳐서 생사와 생멸을 모두 초월한 경허 스님은 현생을 적멸의 즐거움으로 머무신 분이다. 중도의 경지에 이르렀다는 이야기다. 부처님께서도 육신의 병으로 열반하셨다는 점을 상기해보자. 언뜻 부처님께서 육신에 병을 얻었다는 사실을 용납하지 않는 이들이 있는데, 마음을 깨치는 것과 몸에 남아 있는 업業의 습기習氣는 다른 개념이라고 이해해야 한다.

다만 몸이 아프다고 마음까지 아프거나 불편하지는 않다. 말도 안 되는 소리라며 의혹이 생길 법하다. 몸이 아픈데 어떻게 마음에 아무런 동요가 없을 수 있는가. 하지만 옛 조사들께서 강조하신 말씀이니 믿을 수밖에 없다. 몸이 아픈 것이 괴로움으로 이어지지 않는다는 말이다. 다시 말해 몸이 아프면 불편할 수는 있지만 괴로울 일은 아니라는 의미다. 마음을 깨치면 몸과 마음이 분명하게 구분된다.

일반인의 눈으로는 말을 함부로 하는 것 같기도 하고, 기이한 행동으로 주변을 놀라게 하기도 하며, 심지어는 몽둥이로 두들겨 패거나 갑작스럽게 고함을 치면서[棒喝] 제자들을 지도하는 방식이 낯설고 비상식적으로 여겨질 테지만, 깨친 이 자신은 마음이 전혀 불편하지 않다. 손해나 피해도 없고 스트레스를 전혀 받지 않는다. 사실 우리가 몸이라고 여기는 그것은 우리의 집착이 만들어 낸 허상일 뿐이다. 그러니 마음이 몸을 따라가지 않는 것이다.

신·구·의 삼업에 좋다 싫다 하는 고락의 분별을 얹지 않으니 어떤 행동이나 말이나 생각을 하건 자유자재하다. 좋은 것과 나쁜 것이 원래 없으며, 이렇게 하면 좋고 저렇게 하면 나쁘다는 것이 원래 나뉘지 않음을 체득해서 알고 있으니 걸릴 게 없다. 좋은 것과 나쁜 것을 느끼고 그렇게 생각하는 이유는 오로지 무엇이든 분별하려 하는 우리의 감정 때문이다.

좋다거나 싫다고 따질수록 인과에서 벗어나기 어렵다. 마음을 깨치려면 먼저 고락의 분별을 없애야 한다. 인과가 이러하다는 믿음이 뚜렷하면 중도의 마음으로 항상 깨어 있기에 마음이 불편하거나 괴로울 일이 없다. 근심과 걱정이 아예 생기지 않는다는 말이다. 중도, 무분별심, 피안彼岸. 이것을 깨친 마음을 제외한 나머지는 인과의 그림자일 뿐이니 절대로 현혹되어선 안 된다. 한마디로 마음을 깨치지 않으면 부처나 신이라고 해도 인과가 임시방편으로 세운 수단[假立]일 뿐이니 괴로움으로부터 우리를 구제할 수 없다는 이야기이다.

아직도 절대 행복과 절대 선善을 믿는 이들이 있다면 스스로 점검해봐야 한다. 세상에 '절대'는 없다. 더욱이 행복이나 선이란 개념도 실체가 없이 상대적으로만 있다. 실제로 우리는 불행 없는 행복을 생각할 수 없으며, 악이 없는 선을 상상할 수조차 없다. 많은 이들이 아직도 불교를 신비롭고 추상적인 종교라거나 난해하고 번쇄한 철학이라고 생각하지만, 석가모니 부처님께서는 대장장이 춘다가 올린 공양을 드시고 육신의 병을 얻어 열반하셨고, 경허선사는 마음의 이치를 훤히 깨쳤으면서도 습기가 여전히 남아 있음을 인정했다. 이런 사실을 통해 우리가 알 수 있는 건 무얼까? 불교란 곧 인간의 실존이다.

제2장

세상이 존재하는 이유

건망증

나이를 먹을수록 건망증이 심해진다. 치매에 걸린 건 아닐까 의심할 때가 한두 번이 아니다. 핸드폰으로 통화를 하고 있으면서도 핸드폰을 찾는다든가, 증세가 심해지면 칫솔질을 하면서도 칫솔을 찾는 경우가 있을 정도다.

우리 사회가 고령화로 접어들면서 치매는 심각한 난제로 떠올랐다. 2015년에는 전 세계적으로 약 4천6백만 명이 치매를 앓는다는 통계가 있었다. 지구에 거주하는 사람 중 대한민국 인구수만큼의 치매 환자가 발생한다니 실로 엄청난 수치이다. 공개된 자료가 이 정도라면 통계에 잡히지 않았거나 잠재된 환자의 수는 훨씬 더 많을 것이다. 무엇보다 치매는 기억력 장애, 인지력 장애, 판단력 장애 등의 증상으로 인해 환자 본인에게도 치명적이지만 가족과 주변인들에게도 견디기 힘든 고통을 준다는 데 더 큰 문제를 안고 있다.

하지만 현대인들은 이보다 더 위중한 문제를 가지고 있다. 인과 因果에 대한 건망증이 상당히 위태로운 수준에 다다른 듯하다. 산업사회에 들어서기 전의 세대보다 과학에 대한 의존도가 높은 세대일수록 이 증세가 더욱 두드러지는데, 심지어는 인과법因果法을 무슨 미신으로 취급하는 경우도 있다고 하니 안타깝기 그지없다. 결론을 말하자면, 인과란 숫자와 기호를 사용하지 않는 가장 정밀한 수학이고 실험이 필요 없을 정도로 명백한 과학이다.

그렇다고 과학 문명에 의존하는 사람들이 근본적인 부분까지 합리적이냐 하면 그것도 아니다. 마음먹은 대로 되지 않을 때는 운이 없다거나 재수가 없다고 투정을 부리면서 사주풀이나 점성술 같은 것에 적지 않은 시간과 비용을 낭비한다. 자신에게 벌어진 일임에도 남을 탓하고, 왜 이런 시련이 따르는지 불평불만을 쏟아내며 솟구치는 화를 이겨내지 못한다. 인터넷상에 떠도는 대중언론의 기사만 훑어보더라도 사소한 감정 때문에 발생한 사건 사고들이 비일비재하다.

마음먹은 대로 일이 되지 않거나 잘 풀리지 않아서 화가 나고 기분이 좋지 않은 것은 너무나 당연하다. 하지만 마음을 가라앉히고 실상을 정확하게 들여다볼 필요가 있다. 세상에 잘되는 일이란 없다. 그리고 거저 되는 일도 없다. 이 말은 세상에는 행운도 불운도 없다는 뜻이기도 하다. 이런 일이 있으면 저런 일이 있는 것이고, 좋은 일이 있으면 나쁜 일이 있게 마련이다. 여기까지만이라도 생각이 미치면 아무런 문제가 없을 텐데 항상 경험하면서도 이런 사실을 망각한다.

흔한 예를 하나 들어볼 수 있다. 밀물이 있으니 썰물이 있다. 반대로 밀물이 없으면 썰물도 없다. 이것은 필연이다. 모든 일은 하나가 있기에 반대의 다른 하나가 생기는 것이다. 지금 좋은 것을 얻어서 기분이 좋고 즐겁고 행복하다면 다음엔 그렇지 않은 것이 나타나 기분이 상하고 괴롭고 불쾌해진다. 이것을 있는 그대로 받아들이면 그만이다. 여기에 어떤 것은 좋고 어떤 것은 싫다는 시비분별是非分別을 하며 자신의 기분까지 얹어버리니 안타깝게도 괴로움이 배가 되는 것이다.

우리를 힘들게 했던 기억을 떠올려보자. 큰일이건 작은 일이건 많은 일이 닥쳐왔고 우리는 잘했건 잘못했건 그 일을 지나쳐 왔다. 예상과는 다르게 일이 술술 풀리는 경우도 있었고 아무리 용을 써도 실패하는 경우도 있었다. 그런데 그 일 자체가 우리를 괴롭힌 적이 있었던가. 분명히 아니다. 그 일을 대면하도록 부추긴 것은 나의 욕망이었고, 그 일을 하는 동안이나 그 일의 결과에 대해 괴로움을 느끼게 한 것은 '좋다'거나 '싫다'고 하는 나의 분별업식分別業識이었다. 그 일은 그저 내가 대면한 대상에 불과했고, 그 대상은 나에게 어떠한 감정도 불러일으킨 적이 없다.

시절인연時節因緣이라는 게 있다. 때가 되어야 인연이 규합한다는 말이다. 인연이란 원인만 뚜렷하다고 생기는 게 아니다. 조건이 있어야 현상이 드러난다. 물과 수증기가 같은 성분이라도 우연에 의해서 물이 수증기로 둔갑할 수는 없다. 섭씨 100도의 온도까지 열을 가했을 때 물이 수증기로 기화하는데, 이때 물이 수증기가 될 때까지 가하는 열을 조건이라고 한다. 이 조건이 없으면 물은 절대로 수증기로 변할 수 없다. 인과의 이치는 이처럼 단순하지만 너무도 명백하다.

곰곰이 생각해보면, 그동안 즐거웠던 일들도 많았고 괴로웠던 일들도 많았다. 이러한 일들이 아무런 원인과 조건도 없이 마구 돌출했던 걸까. 만약 그와 같은 우연의 세계에 살고 있다면 우리들은 모두 불행한 존재라고 할 수 있다. 어떠한 선善과 윤리도 쓸모가 없기 때문이다. 인간의 어떠한 노력도 투영되지 않는 우연이 지배하는 세계라면 그곳은 그야말로 무질서의 세계이고 지옥이라고 해야 하지 않을까. 모든 것이 스스로 만들고 스스로 얻는 자업자득自業自得이요, 스스로 짓고 스스로 받는 자작자수自作自受이다. 이렇게 분명한 사실을 우리는 잊고 산다. 단순히 작은 기억을 잊었다고 큰 문제가 생긴 것마냥 호들갑이지만 정작 인과因果에 대한 건망증에 대해서는 무딘 측면이 있다. 거꾸로 된 삶을 살고 있다.

건망증이란 어떤 사실을 기억해내는 속도가 느려지거나 일시적으로 기억에 장애가 생기는 현상이다. 그러나 치료법이 전혀 없지는 않을 것이다. 해가 뜨고 지는 하늘을 바라보며, 밀물이 들고 썰물이 나는 바다를 바라보며 자신의 인생에서 필연인 것들을 되새겨보는 것. 그것이 가장 좋은 치료법이다. 세상에는 행운도 없고 불행도 없다.

배려 없는 사랑

며칠 전 보았던 광경이다. 개를 무척 사랑하는 사람이었나 보다. 예쁜 유리컵에 우유를 담아 억지로 먹이려 하지만 개는 무엇이 마음에 안 들었는지 몸부림을 치면서 우유를 엎질러버렸다. 희한하게도 개는 그제야 다시 다가와 엎질러진 우유를 맛있게 핥아먹는다. 피식 웃음이 나오는 장면이었지만, 막연하게나마 평범하지 않은 여운 같은 걸 남기기도 했다.

내 방식대로 베푸는 사랑을 진정한 보시布施라고 할 수 있을까. 우리는 상대를 위해 베푼 선의善意였으나 상대가 잘 받아들이지 않아서 당혹스러웠던 기억이 있다. 이럴 때는 몹시 섭섭함을 느끼게 된다. 솔직히 섭섭한 정도를 넘어서 상대에게 적대감을 드러내는 경우도 종종 발생하는데, 이때부터는 상대의 모든 행동이 미워지기까지 한다. 가족이나 이웃, 동료들 사이에서도 이런 일들이 비일비재하게 일어난다. 그러나 상대가 원하지 않는 베풂은 사랑이 아니다. 사랑이라는 이름으로 포장할 수는 있지만 상대방을 배려하지 않는 사랑은 '폭력'이 될 수 있음을 잊어서는 안 된다.

살아가다 보면 더러는 상대가 원하지 않더라도 상대를 위한다는 명분 하나만으로 반강제적으로 상대에게 강요할 때가 있다. 일반적으로 자식의 미래를 위해서라든가 정상적이지 않다고 생각되는 사람들을 위해서라고 여겨질 때 그러한 강요는 극심해진다. 하지만 생각해야 할 점이 있다. 항상 우리의 판단이 옳다고 할 수는 없지 않은가. 아이보다 세상에 대한 경험이 훨씬 많다고 하지만 성인이라고 해서 실수를 하지 말라는 법도 없고, 지능적으로 다소 앞서 있다고는 하지만 윤리적 관점에서까지 완벽할 수는 없다. 특히 아이에 대해서는 집착에 가까운 강박관념을 갖고 아이의 미래를 재단하려한다. 지금 나의 삶을 보면 그것이 정답이 아닐 수 있고, 급변하는 미래에 대해 예견할 수 없는 것이 현실이다.

그러면 어떻게 해야 하나. 상대를 위한 배려와 관심을 멈추어야할까. 과연 어떤 것이 상대를 위한 행동인지 판단이 잘 서지 않는다. 이럴 땐 너무 고민하지 말고 어느 것이 되었든 빨리 선택해서 실행에 옮기도록 하는 편이 좋다. 물론 어떤 것에도 집착하지 않고 아무런 조건 없이 텅 빈 마음으로 행하는 것이 전제되어야 한다.

이것이 있으므로 저것이 있고	此有故彼有
이것이 생기므로 저것이 생긴다.	此生故彼生
이것이 없으므로 저것이 없고	此無故彼無
이것이 사라지므로 저것이 사라진다.	此滅故彼滅

『잡아함경』에 나오는 구절로 연기법緣起法을 설명하는 가장 유명한 게송이다. 연기법에는 독자적으로 발생하거나 존재하는 것이 없다. 어떤 것이 존재하기 위해서는 반드시 원인과 조건이 있어야 한다. 씨앗이 있었기 때문에 꽃이 피어난 것이고 꽃을 피우기 위해서는 적절한 토양과 기후 조건 등이 갖추어져야 한다. 세상일이라고 해서 이와 다르지 않다. 어떤 것을 선택하든 원인과 조건에 따라서 결과가 생긴다. 불교에서는 그것을 과보果報라고 한다.

어떤 선택을 하든 인과에 따른 과보는 피할 수 없다. 이렇게 하든 저렇게 하든 인과의 법칙은 과보를 불러오게 마련이고, 과보는 고苦와 낙樂이라는 현실 세계의 번뇌를 불러들인다. 이는 인종과 종족의 경계를 넘어서고 시대와 사회를 모두 아우르는 보편적인 진리이다. 그러니 답은 이미 정해져 있다. 상대방이 싫어하는 것이라면 굳이 강요하지 않는 게 옳은 판단일 수도 있고, 때에 따라 당장은 상대방이 싫어하더라도 강요를 선택하는 게 상대를 위해 옳은 판단일 수도 있다.

하지만 어떠한 경우라도 억지스럽게 집착하는 마음을 내거나 화가 난 상태에서 강요하는 행위는 삼가야 한다. 스스로 조급해지거나 무리하게 자신의 주장을 관철하려는 행위는 하지 않느니만 못한 결과를 가져올 수도 있다. 어떤 선택을 하든 마음의 부담을 갖지 않은 상태에서 인과의 법칙을 믿는 것이 중요하다. 선택의 갈림길에서 시간을 너무 오래 허비하거나 사적인 감정을 개입시키는 것 또한 인과의 고락에 빠지는 원인이 된다.

세계적 심리학자 웨인 다이어(Wayne Dyer, 1940~2015)는 오렌지를 짜면 오렌지 주스가 나온다는 말로 인간의 심리를 설명한다. 아무리 오렌지를 쥐어짜도 사과나 딸기주스 같은 건 나오지 않는다. 그의 말대로 "그 안에는 그것이 있으니까" 너무도 당연한 결과이다. 누군가 화를 냈다면 그의 안에는 분노 같은 것이 가득 차 있었기 때문이고, 외부의 압박을 받았을 때 그것이 자연스럽게 흘러나오게 된 것이다. 내면이 자비로 가득 차 있다면 누구도 그에게서 화를 끄집어낼 수 없다. 인과는 이처럼 명확하다.

따라서 화가 나거나 집착하는 마음으로 베푸는 사랑은 상대를 위한 것이 아님이 분명해진다. 그것은 단지 자신 안에 있던 성품이 어떤 조건에 의해서 외부에 드러난 것에 불과하다. 내 방식에 의한 일방통행의 사랑 또한 사랑이라고 할 수 없는 건 자명한 이치이다. 인간에게는 예쁜 유리컵이지만 개의 눈으로 볼 때 그것은 공포감을 불러일으키는 다른 어떤 것일 수도 있지 않을까. 바닥에 엎질러진 우유가 개에게는 훨씬 편안하게 먹을 수 있는 음식일지도 모른다.

기분에 대하여

사람의 기분이란 것이 참으로 묘하다. 분명히 존재하는 것 같으면서도 뚜렷한 형체가 없어서 눈앞에 드러나거나 손에 잡히지 않는다. 신기하게도 이것에는 일정한 리듬이 있어서 생각대로 일이 잘 풀릴 때는 기분이 좋아지다가 그렇지 않을 때는 기분이 상하기도 한다. 그러나 리듬의 패턴이 일정하게 유지된다고 볼 수도 없다. 일이 잘 풀려도 기분이 썩 좋지 않을 때가 있는가 하면 일이 잘 풀리지 않았는데 그렇게 기분 나쁘지 않을 때도 있으니 말이다.

일이 잘되어도 기분이 좋지 않을 때는 주로 더 큰 걱정거리가 있거나 정신과 신체의 바이오리듬이 좋지 않을 때이다. 무기력해진 나머지 세상만사가 귀찮아지는 경우는 누구에게나 흔히 경험되는 일상이다. 반면 인과因果에 대한 믿음이 강해서 웬만한 일에는 집착하지 않게 되면 일이 잘되지 않았음에도 별로 기분이 나빠지거나 하지 않는다. 솔직히 말해서 사람의 기분을 좋아지게 하거나 나빠지게 하는 경계는 명확하게 규정할 수 없다.

그렇다면 기분이란 도대체 무엇이고 어떤 이유로 생겨나서 사람을 이토록 고달프게 한다는 말인가. 형체나 소리도 없고 냄새나 촉감도 없지만, 그렇다고 전혀 없다고는 말할 수는 없는 것. 일정한 리듬에 의해 생성되지만, 그 반대의 경우도 얼마든지 일어날 수 있는 것. 그것이 우리가 평소에 경험적으로 알고 있는 기분이라는 것이다. 사전적으로는 대상이나 환경에 따라 마음에 절로 생기며 한동안 지속되는 즐겁거나 불쾌한 감정이라고 정의된다.

그렇다. 기분이란 사람의 감정을 일컫는다. 이러한 감정의 원천은 그 사람이 본래 가지고 있는 업성業性이며, 그 사람의 업성에 의해서 기분도 지배당하게 된다. 이 사실은 경전을 통해서도 확인할 수 있다. 『화엄경』의 「보살문명품」에는 문수보살이 업성에 관해 질문하는 대목이 나온다.

중생은 지地·수水·화火·풍風의 네 가지 요소로 되어 있어서 그 안에는 자아自我의 실체가 없고, 모든 존재의 본성은 선한 것도 아니고 악한 것도 아닙니다. 그런데 어째서 중생은 고苦와 낙樂을 받기도 하고 선하고 악한 짓을 하게도 됩니까? 또 어째서 잘생긴 사람도 있고 못생긴 사람도 있습니까?

질문의 핵심은 '나'라는 실체가 없으므로 무아無我라고 하는 것인데, 무엇 때문에 괴로움이라든지 즐거움이라는 감정의 기복이 생기고 인생의 여러 가지 과보를 받게 되는가이다. 이때 보수보살寶首菩薩은 다음과 같은 게송으로 답변한다.

그 행하는 업에 따라　　　　　　　　　　隨其所行業
이와 같은 과보가 생기는 것이지　　　　如是果報生
짓는 이가 있는 것은 아니다.　　　　　作者無所有
이는 모든 부처님께서 말씀하신 바이다.　諸佛之所說

이어서 업의 성품을 깨끗하고 밝은 거울에 비유하는데, 거울은 마주하고 있는 대상에 따라 형상을 각각 다르게 나타낸다고 풀이한다. 말 그대로 거울은 사물을 있는 그대로 보여주는 기능 이외에는 아무것도 할 수 없기에 사물이 그곳에 어떤 형상으로 비치더라도 거울의 문제라고 할 수는 없다. 이때의 거울은 '업을 짓는 이'를 상징한다. 사람 역시 이미 행해진 업이 불러온 과보를 있는 그대로 반영하는 거울과 다르지 않은 존재이다.

이처럼 기분이란 다른 외부적 요인에 의해서 발생하는 것이 아니라 마음 깊은 곳에 있던 업의 성질이 밖으로 드러난 것이다. 우리가 자주 입에 올리는 마음은 감정으로 이루어졌고 기분의 덩어리라고 할 수 있다. 즐거운 감정과 괴로운 감정, 기쁜 감정과 슬픈 감정, 행복한 감정과 불행한 감정. 이들은 성질이 다른 것 같지만 손등과 손바닥처럼 하나로 묶여 있으며 결국은 모두 고수苦受·낙수樂受·사수捨受라는 삼수작용三受作用의 다른 이름에 지나지 않는다. 쉽게 말해 괴로운 느낌, 즐거운 느낌, 괴롭지도 즐겁지도 않은 느낌이다. 이러한 감정들 때문에 윤회하는 것이다.

만약 우리에게 감정이 없다면 어떻게 될까. 무언가를 보아도 보지 않은 것처럼 될 것이고 무언가를 들어도 듣지 않은 것처럼 될 것이다. 무감각해지므로 좋다거나 나쁘다는 생각이 사라져 버릴 것이며, 이래도 그만이고 저래도 그만이다. 실신해서 의식을 잃어버렸거나 깊은 잠에 빠졌을 때를 상상해보면 쉽게 알 수 있다. 그런 상태에서는 기분이 개입하기 힘들다. 분노나 희열 같은 감정이 생기지도 않을뿐더러 표출할 수도 없다. 기분이나 감정 따위는 내려놓은 채 편안한 상태가 되는 것이다.

문제는 그 상태가 영원히 지속되지 않는다. 그래서 불교에서는 항상 마음을 깨쳐야 함을 강조한다. 마음을 깨친다는 건 마음의 괴로움에서 완전히 벗어나 괴로움이 전혀 없는 상태를 말한다. 괴로움에서 완전히 벗어난다니? 의심이 생길 수도 있다. 하지만 마음을 깨쳐버리면 감정이나 기분이 요동치지 않는다. 열반涅槃 또는 적멸寂滅이라 이르는 바로 그런 상태에서 우리는 영원히 평안함을 느낀다. 보리菩提라 할 수도 있고 성불成佛이라 할 수도 있다. 이 자리는 분별을 완전히 떠났기 때문에 감정이 완전히 사라진 자리이다.

감정이 사라진다는 건 유정有情이 사라졌다는 말이기도 하다. 유정은 중생의 다른 표현으로, 정확히는 마음을 가진 살아있는 중생을 가리킨다. 그러니까 감정이 남아 있다는 건 아직 중생의 경계에서 벗어나지 못했다는 뜻이고, '윤회한다'와 '감정이 생겨난다'는 결국 같은 말이다. 하지만 우리는 누구나 성불의 씨앗을 가지고 있으므로 언젠가는 그쪽으로 건너가야 한다. 『반야심경』의 마지막 구절, '아제아제 바라아제 바라승아제 모지 사바하'는 이러한 염원이 담긴 진언이다.

각유정覺有情이란 말을 들어본 적 있을 것이다. 깨달은 중생이라는 의미의 이 말은 보살菩薩(Bodhisattva)을 달리 이르는 용어이다. 글자 그대로, 감정이 생겨서 올라오는 것을 알아차릴 수 있다면, 곧 마음을 깨치게 되면 누구나 완전한 자유를 만끽하리라는 심오한 의미를 우회적으로 상기시키는 말이다.

기분에 집착 말라

'괴로움에서 어떻게 벗어날 수 있을까?'

우리 주변의 많은 사람들이 하는 질문이다. 그러나 그보다 앞서 더욱 진지하게 던져야 할 질문이 있다. 그것은 바로 '괴로움은 어디서 오는가?'이다. 우리는 가장 중요한 이 질문을 간과하며 살아간다. 괴로움의 근본 뿌리를 알아야 괴로움에서 벗어나든지 괴로움을 없애든지 할 텐데, 괴로움의 원인을 모르고서야 무엇인들 할 수 있으랴. 더욱이 그것을 알려고 하지도 않고 일시적인 기분에 따라 좋은 것만 찾다보니 괴로움은 영원히 사라지지 않는다.

결론부터 말하자. 괴로움에서 벗어나려면 먼저 자신의 기분을 다스릴 줄 알아야 한다. 기분이란 그 사람의 감정 상태이고, 사람의 기분도 인과因果의 영향을 강하게 받는다. 보통은 선한 일을 하면 선한 과보를 받고 악한 일을 하면 악한 과보를 받는다는 '선인선과善因善果 악인악과惡因惡果'만을 인과라고 생각한다. 이는 원인이 있으면 반드시 결과가 있다는 뜻으로 요약할 수 있는데, 『잡아함경』에는 "이것이 생기면 반드시 저것이 생기고 이것이 사라져야 저것도 사라진다[此生故彼生 此滅故彼滅]"라는 말씀으로 새겨져 있다.

인과에 관한 너무도 명쾌한 정의이다. 하지만 경전에서 소개하는 진리를 현대인들이 완전히 이해하기는 어렵다. 우리가 그만큼 복잡하고 분화된 세계에 살고 있기도 하겠거니와, 시간을 들여 숙성된 사유보다 신속하고 즉답적인 알고리즘이 제시하는 단순한 서술에 길들여 있기 때문이다. 중요한 점은 나와 나를 둘러싼 세계는 모두 나의 인과에 따라 생성되었고 나의 인과에 의해서 움직인다는 사실이다. 곧 우리가 경험하는 모든 것은 우리 내부에 잠재하고 있는 인과에 따라 드러난다.

'부처의 눈에는 부처만 보이고 돼지의 눈에는 돼지만 보인다'고 하지 않던가. 내 마음에 그러한 인과가 있으니 그렇게 보이는 것이다. 한마디로 우리에게 나타난 모든 건 그것이 사물이건 현상이건 생각이건, 그렇게 될 수밖에 없는 인과 때문에 그렇게 보인다. 나 밖의 외부에서 들어온 것은 하나도 있을 수 없다. 인생을 살다보면 좋은 일도 있고 나쁜 일도 있게 마련이지만, 좋은 일이 생겨서 좋은 감정이 생기는 게 아니고 나쁜 일이 생겨서 나쁜 감정이 생기는 게 아니다. 모든 게 인과의 작용이다.

인과를 제대로 알려면 그에 앞서 업業의 작용을 이해해야 한다. 우리는 이미 업을 가지고 있으며, 업식業識이라고 하는 그것이 우리에게 인과를 작동시킨다. 과보果報란 우리가 이미 가진 좋거나 나쁜 업식으로 인해 발생한 결과물에 지나지 않는다. 이를테면, 좋은 일이 있어서 행복한 것이 아니라 좋은 업식이 적당한 조건을 만나서 현상계에 좋은 일로 드러난 것이고 우리는 그것에 대한 반응으로 즐겁다거나 괴롭다는 감정을 갖게 된다. 우리의 감정이 발생하는 구조는 이처럼 단조롭다.

부처님처럼 인과를 해결하신 이들에게는 좋은 것이든 나쁜 것이든 분별이 없어서 좋거나 나쁘다는 분별된 일이 생기지 않는다. 혹여 그러한 일이 생기더라도 부처님 당신이 보시기에는 좋은 일과 나쁜 일이 아니라 그냥 당연한 하나의 사건일 뿐이다. 그러니 괴로움과 슬픔이 있을 수 없다. 태어났으니 죽어야 하고, 젊은 시절이 있었으니 늙어야 하며, 건강하던 시기가 지났으니 병이 드는 것이다. 너무나 당연한 이치이기에 괴롭거나 슬프지 않다. 마음을 깨친 이들에게 그러한 현상은 생주이멸生住異滅(인생의 변화 과정)과 성주괴공成住壞空(우주의 변화 과정)의 한 부분일 뿐이다.

그런데 우리는 그것 중 한쪽만을 취하기 위해 처절할 정도로 매달리며 애를 태운다. 무조건 건강하기를 바라고, 무조건 젊기만을 기대하며, 무조건 오래 살려고 든다. 그러면 어디 한번 자문해보자. 이런 것들이 가능하기나 한가. 생겨난 것은 반드시 사라지게 되어 있으며, 고정되지 않고 변화무쌍한 세상에서 '무조건'이란 존재하지 않는다. 건강하게 오래 살면서 부와 명예를 추구하려는 의지를 깎아내리려는 게 아니라 문제는 그런 집착으로 인해서 내가 괴롭다는 데 있다.

이렇게 이해하는 삶이 오히려 정확하고 살아가는 데도 마음 편하다. 해가 뜨는 시간이 있듯, 좋은 업이 나타날 때가 되었으니 즐거운 일이 생기고 나쁜 업이 나타날 때가 되었으니 괴로운 일이 생긴다. 이런 걸 시절인연時節因緣이라고 한다. 이것은 물리적인 세계에 나타날 수도 있고 정신적으로 마음속에서만 느낄 수도 있다. 가령, 아무런 인과 없이 교통사고가 나서 우리를 괴롭히는 게 아니라 이미 가지고 있던 나쁜 업이 어떤 조건에 의해 현실의 교통사고라는 현상을 끌어들였고 우리를 괴롭히는 것이다. 불교에서 업을 닦아 소멸할 것을 적극 권장하는 이유는 여기에 있다.

부처란 '좋다 나쁘다' '즐겁다 괴롭다'는 감정을 완전히 떠난 자리를 말한다. 이 자리에 오르면 그야말로 자비심慈悲心이 저절로 나오고, 행주좌와어묵동정行住坐臥語默動靜(걷고 머물고 앉고 눕고 말하고 침묵하고 움직이고 고요한 일상의 모든 순간)에 걸림 없이 마음이 편안한 상태가 된다. 언제 어디에 있어도 항상 마음이 편안한 자리이다. 이 자리를 '진공묘유眞空妙有'라 할 수도 있고, '아뇩다라삼먁삼보리阿耨多羅三藐三菩提'라 할 수도 있다. 이와 같은 부처의 자리는 태어나고 죽는다는 분별심조차 사라진 자리이다.

요즘에는 급변하는 환경과 과도한 스트레스로 기분 조절에 실패하는 사람이 많은데, 이것이 사회생활까지 피폐하게 만든다. 이는 곧 우리 사회의 정신건강에 심각한 적신호가 켜졌다는 의미이며, 실제로 위기론까지 대두되는 형편이다. 이 사실을 기억하도록 하자. 기분이 좋아지거나 나빠지는 현상은 생각하는 일이 잘되고 잘못됨에 따라 좌우되는 것 같지만 이미 마음속에 있는 업성이 시절인연을 만나 외부로 드러난 것이어서 윤회輪廻라는 숙명을 거스르지 못한다. 따라서 자신의 기분을 다스릴 수 있어야 한다.

　기분을 다스리려면 수행을 통해 자신의 업을 소멸하는 것이 가장 좋은 방법이긴 하지만, 불교 수행이 쉽지 않은 사람도 있다. 어쩔 수 없는 상황이라면 기분이 좋으면 좋은 대로, 기분이 나쁘면 나쁜 대로 인과에 따른 과보라는 마음으로 일희일비一喜一悲하지 말고 기분에 집착하지 않도록 하자. 개인이 가진 업의 크기에 따라 다르겠지만, 머지않아 기분을 나쁘게 하는 일이 점점 줄어들 것이다.

낙타의 잠재의식

중동의 유목인들은 밤에 낙타를 묶어둔다. 아침이 되면 묶어둔 끈을 풀어주는데 그래도 낙타는 도망가지 않는다고 한다. 왜 그럴까? 자신이 계속 묶여 있다는 잠재의식 때문이다. 이 얼마나 아찔하고 무서운 이야기인가. 하지만 부정할 수 없는 진실이다. 중생은 오랫동안 익힌 습기習氣로 살아간다. 이를 업業이라고 한다. 이 업의 원리가 낙타에게만 적용되면 다행일 텐데, 그렇지 않다.

좁게는 나로부터 넓게는 광대한 우주에 이르기까지가 모두 업의 작용이다. 먹고 자는 것도, 가지려는 욕망과 베풀려는 사랑도, 자존심과 명예도 모두 습習이고 업이다. 태어난 지 얼마 되지 않은 아기를 보면 알 수 있다. 습과 업이 크게 드러나지 않아서 욕망이나 사랑, 자존심이나 명예에 집착하지 않는다. 모든 생명체와 나아가 무생물들까지 우주 전체가 업에 따라 연기緣起한다. 인간은 이 법칙으로 인해 생로병사生老病死하고, 우주는 이 법칙으로 인해 성주괴공成住壞空한다. 이처럼 모든 습기는 유전流傳을 거듭하며 변화한다.

그것을 인간에게 적용하면 습관이라고 할 수 있다. 잠재의식에 깊이 뿌리내린 일종의 버릇이다. 이 버릇이라는 놈은 동서고금을 막론하고 크고 작음의 형태가 다를 뿐 근본적으로는 차이가 없다. 누구나 욕심이라는 버릇을 가지고 있으니 말이다. 차이가 있다면, 좋다거나 싫다고 분별하는 고락苦樂의 인과因果가 있느냐 없느냐, 그것이 얼마나 크냐 작으냐 정도이다. 이러한 차이가 우리를 중생의 세계에서 벗어나지 못하게 한다. 한마디로 우리가 이 세상에 인간(중생)의 몸으로 태어난 까닭은 습과 업을 가지고 있기 때문이다.

아직 습기習氣나 업식業識에 관해 아무런 감응이 일어나지 않는다면 현실적인 관점에서 생각해볼 수 있다. 공부를 잘하는 습기를 가졌더라도 업식에는 마음을 불편하게 하는 씨앗이 있고, 부지런히 일을 잘하는 습기를 가졌더라도 업식에는 마음을 괴롭게 하는 인과의 종자가 가득하다. 우리 주변에서 흔히 볼 수 있는 사례들이다. 정해진 목표를 향해 나아갈 때도 습기와 업식은 우리에게 커다란 영향을 미친다. 겉으로는 수행을 잘하고 참선도 잘하는 습기를 가졌더라도 마음에는 불이 일어나서 괴롭고 불편하다면 진정한 수행이라고 할 수도 없다.

습기란 불편하지 않고 안정되려는 마음 때문에 저절로 일어나도록 익힌 행위나 생각이며, 주로 반복을 통해 체화된다. 하지만 그것으로 인해 불편함과 괴로움의 인과가 따르기도 한다. 결국 우리가 가진 모든 습기 중에서 가장 무서운 건 좋다거나 싫다는 고락의 감정이다. 여기까지 이야기하고 나면 많은 사람이 고민에 빠진다. '고락의 감정에서 벗어나려면 무엇을 어떻게 해야 할까?' 그러나 핵심은 무엇을 어떻게 하느냐가 아니라 그것을 할 때 생기는 좋다거나 싫다는 감정을 분별하지 않는 데 있다. 고락의 감정을 갖지 않으려는 습기를 길러야 한다는 말이다.

원하는 것을 성취함으로써 느끼는 기쁨과 즐거움, 행복은 그것의 인과로 말미암아 슬픔과 괴로움, 불행을 가져올 수밖에 없다. 비유하자면 갈증을 없애기 위해 소금물을 마시는 것과 같다. 악순환에 빠지는 것이다. 따라서 모든 행동과 행위에 최선을 다하되 결과에 집착하지 않고 시절인연과 인과연기因果緣起에 모든 걸 맡겨야 한다. 바라던 결과를 통해 만족을 느끼려는 습기를 바꾸어서 좋다거나 싫다는 고락의 감정을 분별하지 않도록 해야 한다. 그 방법만이 모든 고락의 인과업因果業에서 벗어나는 유일한 길이다.

인간의 잠재의식을 설명하는데, 낙타까지 끌어올 이유가 어디에 있느냐고 불평할 수도 있다. 하지만 이 또한 업식과 습기의 작용이다. 그러면 다시 생각해보자. 생명을 가진 모든 중생이 평등하다는데, 나 자신과 낙타의 차이는 어디에 있는가. 경전에 기대어 다시 말하지만, 낙타와 나는 육도를 윤회하는 중생이라는 점에서 다르지 않다. 낙타는 낙타대로의 업식에 따라 현생에서 축생의 세계에 사는 것이고, 나는 나대로의 업식에 따라 현생에서 인간의 세계에서 산다. 그리고 지금의 자리는 현생에서 익힌 습기와 업식에 따라 언제든지 뒤바뀐다.

그래도 불쾌한 감정이 가라앉지 않는 이에게는 이런 질문을 던져볼 수 있다. 의사로부터 일주일 후에 죽는다는 선고를 받았다면 어떤 감정이 들까? 아무런 감정이 들지 않는다면 이미 마음을 깨친 사람이다. 어떤 감정이건 올라온다면 아직 멀었다. 아직 중생의 의식에서 벗어나지 못했다는 말이다.

원한의 매듭

까마귀 날자 배 떨어진다는 '오비이락烏飛梨落'의 고사를 모르는 사람은 별로 없다. 그러나 이 이야기가 전생과 인과에 관련된 내용이라는 사실을 아는 사람도 드물 것이다. 사전에서도 '오비이락'을 아무 관계도 없이 한 일이 공교롭게 의심을 받거나 궁지에 몰린 경우를 뜻하는 속담이라고 설명한다. 원래 이 고사는 천태지의天台智顗(538~597)대사의 '해원석결解冤釋結' 법문에서 유래한 것으로 '원한의 매듭을 푼다'는 의미가 있다.

어느 날 천태대사가 삼매에 들어 있을 때였다. 활을 든 사냥꾼이 산돼지 한 마리를 쫓고 있었다. 삼매에 든 천태대사는 사냥꾼의 전생前生을 살펴보더니, 한 수의 게송으로 법을 설하며 활을 내려놓으라고 타일렀다. 천태대사로부터 자신의 전생 이야기를 들은 사냥꾼은 자신이 저지른 죄업을 뉘우치며 즉시 활을 던져버리고 출가를 결심했다. 미처 알 수 없었던 사냥꾼과 산돼지의 악연惡緣은 삼생三生을 거슬러 올라간다.

까마귀 한 마리가 배나무에 앉아 배를 쪼고 있었다. 까마귀가 날아가자 나무가 흔들리는 밑에서 똬리를 틀고 있던 뱀의 머리로 배가 떨어져 죽고 말았다. 죽는 순간 뱀은 까마귀를 보며 원한을 품었다. 이렇게 죽게 된 뱀은 다음 생에 돼지의 몸으로 태어났고, 생을 마친 까마귀는 꿩으로 태어났다. 칡뿌리를 캐 먹던 돼지 때문에 굴러 내린 돌이 다시 알을 품고 있던 꿩을 죽음으로 내몰았고, 원한을 품은 채 죽은 꿩은 사람으로 태어나 사냥꾼이 되었다. 지금 돼지를 죽이기 위해 활을 겨누는 이가 바로 이 사냥꾼이다. 천태대사가 사냥꾼에게 읊은 게송이다.

까마귀 날자 배가 떨어져 뱀의 머리가 부서지니
뱀은 죽어서 산돼지가 되어 굴러온 돌에 꿩이 변을 당했네
꿩은 죽어서 포수가 되어 다시 산돼지를 쏘려 하니
천태대사의 설명을 듣고 맺힌 원결을 풀었다네
烏飛梨落破蛇頭　蛇變爲猪轉石雉
雉作獵人欲射猪　道師爲說解寃結

존재하는 모든 것은 전생이 있다. 풀 한 포기, 먼지 하나라도 전

생은 있다. 다만 모습이 달라질 뿐이다. 이렇게 계속 변하기 때문에 정해진 실체가 없다고 하며 공空이라고 한다. 무정물無情物인 물, 불, 나무, 돌 등은 감정이 없어서 전생에 무엇이었든 상관이 없을지 모른다. 그러나 유정중생有情衆生(마음과 감정을 가지고 살아있는 중생)에게는 고락苦樂의 감정이 이어져 오고, 이어져 가므로 공 가운데에서 허깨비 놀음이 계속된다.

하지만 전생이건 현생이건 생겨난 몸의 형체는 그리 중요하지 않다. 몸의 형체는 인연의 과보果報와 연기緣起에 의해 달라진 모습일 뿐이다. 문제는 좋다거나 싫다고 하는 고락의 감정이다. 이처럼 좋다거나 싫다고 하는 고락의 감정을 업식業識이라 한다. 이 업식에 의해 삼세三世(과거·현재·미래)라는 시간과 시방十方(동서남북의 사방과 동북·동남·서남·서북의 사유와 상하의 열 가지 방향)이라는 공간이 생기고, 고락의 인과가 서로 연기해서 생로병사生老病死와 성주괴공成住壞空의 윤회를 계속한다.

천상은 천상대로 좋다거나 싫다는 고락의 인과가 있고, 지옥은 지옥대로 좋다거나 싫다는 고락의 인과가 작동한다. 좋다고 생각한 것과 싫다고 생각한 것은 서로를 의지해 생겨나므로 더 좋은 것과 덜 좋은 것의 차이는 없고 더 싫은 것과 덜 싫은 것의 차이도 없다. 다만 좋은 것이 나타나는 시기와 나쁜 것이 나타나는 시기가 다를 뿐이다. 잘난 사람과 못난 사람의 차이도 없다. 잘난 사람은 잘난 대로 괴로움이 있고, 못난 사람은 못난 대로 즐거움이 있다. 상대적으로 기분이 좋거나 좋지 않을 뿐이다.

인과를 이해하면 희망이 되지만 이해하지 못하면 절망이 남는다. 총체적으로 더 좋지도 않고 더 나쁘지 않은 것이 인과의 인연이다. 그러니 언제라도 희망은 있다. 새벽이 되면 다시 해가 떠오르듯 영원히 잘못된 인생은 없기 때문이다. 이런 의미에서, 실패는 실패가 아니고 절망은 절망이 아니다. 하지만 인과를 믿지 않는 이들은 겁 없이 욕심을 부리기도 하는데, 그 욕심이 다시 고통의 과보를 불러들인다. 괴로움에서 벗어나려고 발버둥을 침으로써 절망의 늪으로 더욱 깊숙이 빠져드는 것이다.

힘든 시기가 찾아오면 이유 없이 힘든 게 아니라 힘들지 않았던 시기의 대가라는 것을 깨달아야 한다. 절망에 빠지거나 분노를 일으키지 말고 힘들지 않은 시기를 조용히 기다리는 것이다. 욕심을 부리거나 경솔하게 행동하지 말고 겸허하게 과거의 잘못을 참회해야 한다. 세상에 이유 없이 그냥 힘든 일은 없다. 까마귀 날자 배가 떨어졌다는 '오비이락'의 예처럼 반드시 원인이 있다. 인과를 피하는 최고의 방법은 좋다거나 싫다는 분별을 하지 않는 것이다. 그러면 조금씩 평안이 찾아온다.

천태대사는 중국 수나라 때의 스님으로 천태종의 개조開祖이며 호는 지자智者이다. 천태종은 『법화경』을 소의경전으로 하지만, 천태대사는 선·염불·참회 등 기존에 존재하던 여러 수행법을 수용하고 종합했다. 이론과 실천이 합치될 때 비로소 깨달음을 얻을 수 있다고 믿었기 때문이다. 지관수행止觀修行(번뇌 망상을 그치고 고요한 상태를 이루어 진리를 관찰하는 것)을 중시했으며, 일체 경전에서 다양하게 제시한 수행 방법을 네 가지로 정리해 사종삼매四種三昧라는 수행법을 후세에 남겼다.

염불선이 지극하면 지관止觀은 저절로 성취된다는 말이 있다. 업장이 두터워서 분별심을 놓기 어렵다면 인연 닿는 불보살님의 공덕을 생각하면서 염불수행을 하는 것도 좋은 방법이다. 마음으로 지극하게 불보살님의 명호를 부르다 보면 도무지 풀리지 않을 것 같던 원한뿐 아니라 먼지처럼 켜켜이 쌓여 있던 수많은 업장이 어느새 봄볕의 눈처럼 녹아 있을 것이다.

아름다운 인연

영국의 정치가 윈스턴 처칠(Winston Churchill, 1874~1965)과 미생물학자 알렉산더 플레밍(Alexander Fleming, 1881~1955)의 아름다운 인연에 관한 이야기이다.

소년 처칠은 부유한 귀족의 아들이었고 플레밍은 가난한 시골 농부의 아들이었다. 어린 시절 처칠은 호수에서 수영하다가 다리에 쥐가 나는 바람에 죽기 직전에 이른 적이 있었다. 살려달라고 소리치는 귀족 소년을 보자 농부의 아들이었던 플레밍이 죽음을 무릅쓰고 그를 구해준다. 이 인연으로 귀족의 아들과 농부의 아들은 친구가 되었다. 몇 년이 지난 후 처칠은 아버지를 졸라 의사가 되고 싶어 하는 플레밍을 런던으로 데려가 의과대학에 입학할 수 있도록 했다.

의과대학에 입학한 플레밍은 포도상구균인 세균을 연구해 '페니실린'이라는 기적의 약을 발명했고, 이로 인해 1945년 노벨의학상을 받았다. 26세의 젊은 나이에 국회의원이 된 처칠이 전쟁 중에 폐렴에 걸려 목숨이 위태로울 때였다. 당시만 해도 폐렴은 걸리면 반드시 죽는다고 할 만큼 무서운 질병이었지만, 플레밍이 만든 페니실린이 급송되어 생명을 건질 수 있었다.

이 이야기는 실제로 있었던 일이 아니라 어느 정도 첨삭되고 가공되었다는 설이 있다. 하지만 곱씹을수록 아름다운 인연이다. 물론 이 두 사람의 관계만 특별한 인연이라고 할 수는 없다. 모든 것이 연결되어 있기 때문이다. 인연은 지금 당장 나타날 수도 있지만 얼마간 시간이 지난 후 나타날 수도 있다. 상대방의 행동 때문에 생긴 감정 역시 금방 사라질 수도 있고 죽을 때까지 마음에 남아있을 수도 있다. 인과의 감정이 가장 오래 지속되는 관계는 부모와 가족이다. 정도의 차이는 있지만 타인이라고 해서 인과 관계가 전혀 없지는 않다.

불교에서는 사바세계의 우주를 '인드라망'이라는 그물에 비유한다. '인드라Indra'란 불법에 귀의하여 불법을 옹호하고 불자들을 보호하면서 아수라의 군대를 징벌하는 제석천帝釋天을 말한다. 제석천은 신들의 왕이라고 알려져 있으며 천둥 번개와 비를 관장하는 신이다. 이 제석천이 머무는 궁전에 끝없이 펼쳐져 있는 보배 그물이 바로 인드라망이다. 낱낱의 그물코마다 보배 구슬이 달려 있는데, 그 구슬들은 각각 하나의 구슬마다 다른 모든 구슬의 영상을 비추며 장엄을 이룬다. 화엄에서는 이 비유로 세계가 온통 무한하게 얽혀 있는 중중무진重重無盡의 관계임을 설명한다. 즉 풀잎 하나라도 나와 무관하지 않고 언젠가는 인연이 닿을 수밖에 없다는 말이다.

마음을 깨친 부처님과 조사들께서는 이처럼 중요한 인연들마저 놓으라고 하신다. 아무리 부처와 조사라지만 자비심은커녕 인정머리라고는 없어 보이는 이야기로 들린다. 그러나 생각해볼 여지가 있다. 지금 나에게 일어나는 현실은 좋은 일이든 나쁜 일이든 나의 고락업식苦樂業識에서 비롯된 것이다. 좋다느니 싫다느니 고락을 윤회하며 자꾸 분별하면 좋든 싫든 시절인연이 계속 생길 수밖에 없다. 탐·진·치 삼독심과 좋다거나 싫다는 고락의 감정이 있는 한 좋은 인연이든 나쁜 인연이든 현실로 나타나는 것은 필연적이다. 반대로 분별하는 마음을 내려놓으면 현실에서 일어나는 시절인연 또한 사라진다.

이 세상 모든 것은 연기緣起의 모습이다. 모든 것이 인드라망으로 연결되어 서로 영향을 주고받는다. 그러므로 무엇이 좋고 무엇이 싫다고 판단할 수 없다. 이를테면 태풍으로 마을 전체가 엄청난 피해를 봤다고 가정해보자. 사람들이 많이 다치고 죽었다. 집이 상해서 못쓰게 되었고 하루아침에 경작지가 사라졌다. 태풍의 잘못

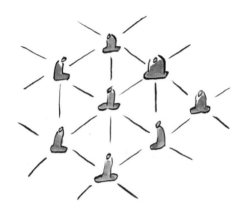

좋다느니 싫다느니
고락을 윤회하며 자꾸 분별하면
좋든 싫든 시절인연이
계속 생길 수밖에 없다.
이 세상 모든 것은
연기緣起의 모습이다.

이라고 비난할 수 있을까. 그렇지 않다. 태풍 또한 어떤 원인과 조건에 의해 형성되었고 그렇게 될 수밖에 없는 시절인연을 만나서 발생한 것이기에, 옳다거나 그르다고 판단할 수 없다. 다만 그동안 과도하게 자연을 훼손했던 우리 자신을 반성하고 대책을 마련할 수 있을 뿐이다.

사람 관계도 마찬가지다. 현실 생활에서 경험하는 대부분의 속상한 일은 사람 관계 때문이다. 정치나 경제, 사회도 모두 사람 관계에서 비롯된다. 사람 관계 역시 서로 영향을 주고받으며 연기하는 관계이므로 옳다거나 그르다는 시비로 재단하면 안 된다. 시비를 따지는 순간 나한테는 분별심이 생긴다. 나의 기분이 좋고 나쁨이 인과라는 밭에 씨앗을 뿌려서 그 과보를 고스란히 받게 된다. 서로가 더 힘들어지는 것은 당연하거니와 나에게는 업이 점점 쌓인다. 누군가 이유 없이 나를 비난하거나 심지어 참기 힘든 욕설을 하더라도 분별업을 짓지 않으려면 그냥 넘어가는 게 좋다.

아무렇지 않게 넘길 자신이 없다면 염불 기도를 통해 힘을 기를 것을 권장한다. 이 또한 정진력이다. 특히 현대사회에서는 어떤 사람, 어떤 환경에 처하더라도 폭발할 것 같은 감정을 잠재울 힘이 필요하다. 그런 힘이 없으니 있는 힘껏 성질을 부리고 싸우다가 결국 자신만 다친다. 이 말은 괴로움은 자신의 몫이라는 것이다. 문제는 이런 일이 한 번으로 끝나지 않는다는 데 있다. 업이 쌓여서 비슷한 상황이 오면 같은 일이 반복되고, 감정 조절을 못해서 분노를 폭발

하는 성격이 본인도 모르는 사이에 고착되고 만다.

　윈스턴 처칠과 알렉산더 플레밍의 관계는 세상에서 찾아보기 드문 아름다운 인연에 속한다. 모든 관계가 이런 미담으로 끝난다면 얼마나 좋으랴만, 인연은 현세에만 연결된 것이 아니라 무수겁의 과거세와도 이어져 있으므로 악연이 없을 수는 없다. 인연 이야기를 하니 남을 탓하거나 현실을 탓하는 이들이 의외로 많다. 조금은 주의하자. 그렇게 되면 나의 업식을 오염시켜서 오히려 탓할 수밖에 없는 현실을 다시 불러들인다. 탐·진·치 삼독심과 분별심을 없애려는 노력을 게을리하지 않는다면 우리도 여여如如한 모습으로 살 수 있다.

　이렇게 살거나 저렇게 살거나 산은 산이요, 물은 물이다.

어머니의 업

동산양개洞山良价(807~869)선사는 중국 당나라 때의 선승으로 조동종曹洞宗의 개조이다. 동산양개 스님과 어머니의 이야기이다.

출가한 아들에게 어머니는 절절한 편지를 썼다.
"자식이 어미를 버린다 해도 어미는 자식을 버릴 수 없으니, 아들아, 네가 돌아올 때까지 나는 기다리겠노라."
어머니의 편지를 받은 아들이 답장을 썼다.
"어머니, 저는 목숨이 다하더라도 깨닫지 못한다면 집에 돌아가지 않을 터이니 아들에 대한 애착을 버리시고 정반왕淨飯王과 마야부인摩耶夫人을 본받으십시오."
그럼에도 불구하고 어머니는 동구 밖에 나와서 눈도 깜빡이지 않고 매일 아들을 기다리다가 결국 눈이 멀게 되었다. 눈이 멀자 집을 절로 개조하여 지나는 객승을 묵게 하면서 발을 씻어주었다. 아들의 왼쪽 발 복숭아뼈 옆에 난 사마귀를 찾기 위해서였다. 깨달음을 얻은 후 양개선사는 어머니에 대한 이야기를 소상히 들었다. 집에 당도하여 오른쪽 발을 담가 씻은 다음 왼쪽 발을 담그는 대신 다시 씻었던 오른쪽 발을 담가서 어머니를 속였다. 그리고는 동구 밖을 빠져나오는데 마을 노인이 알아보고는 어머니에게 이 사실을 알렸다. 이 말을 들은 어머니는 아들을 부르며 뛰어오다가 강물 가운데 이른 아들을 보지 못하고 그만 강물에 빠져 죽는다.

이 광경을 지켜보던 양개선사는 조용히 삼매에 들어 어머니를 천도薦度하였다. 함께 간 도반이 이 모습을 보더니, 왜 어머니를 구하지 않았느냐고 물었다. 양개선사는 나지막이 대답했다.

"어머니의 한 생은 남의 집 머슴으로 지낼 업業이고, 다음 생은 눈먼 봉사로 지낼 업이며, 그다음 생은 물에 빠져 죽을 업이었습니다. 이제 이 업들을 한 생에서 끝냈으니 다음 생에는 천상으로 올라갈 것입니다."

업業이란 산스끄리뜨어 까르마Karma와 빨리어 깜마Kamma의 번역어로 '의도를 가진 행위'를 뜻한다. 몸으로 짓는 신업身業, 말로 짓는 구업口業, 생각으로 짓는 의업意業이 있으며 이를 일컬어 삼업三業이라고 한다. 우리는 숙명처럼 몸으로, 입으로, 생각으로 업을 짓고 살아간다. 미혹에서 헤어나지 못한 중생들이므로 어쩔 수 없다. 물론 모든 행위가 생각에서 비롯되듯 업의 근원도 생각[意業]이므로 과거의 업에 구속되지 않고 강력한 원력으로 악업을 선업으로 전환할 수도 있다.

세속에서 이상적이라고 생각하는 사람들의 표본은 정해져 있다. 남들보다 아름다운 외모를 가지고, 건강하게 오래 살며, 풍족한 재물과 함께 명예와 권세를 누리고 있다면 누구에게든 부러움의 대상이다. 나도 꼭 그렇게 되고 싶고, 그렇게 된다면 더 이상 바랄 것이 없다. 하지만 세상이 그리 호락호락한 게 아니다. 더욱이 현세의 내가 원한다고 한들 과거세에서 지은 바가 없다면 함부로 희망할 수조차 없다. 여기서 우리가 알아야 할 것은 아무리 잘 살았더라도 고락의 업이 크면 괴로움이 클 것이고, 아무리 어렵게 살았더라도 고락의 분별업이 작으면 괴로움도 작아진다는 점이다. 괴로움은 욕심의 크기와 정비례한다.

업의 모습은 자신의 고락분별苦樂分別에 따라 만들어진다. 이런 모습이건 저런 모습이건 지금 자신의 모습과 자신이 처한 상황은 모두 자신의 업에 의해서 만들어진 것이다. 어떤 상황이든지 어떤 환경이든지 그리 중요하지 않다. '좋다'거나 '싫다'고 하는 고락에 대한 분별이 얼마나 큰지가 절대적이다. 마음이 중요하다는 말이다. 빈부나 미추, 권력과 명예의 관계는 크게 영향을 미치지 않는다. 고락의 분별업이 클수록 불행이 다가올 확률이 높고, 고락의 분별업이 작을수록 행운이 다가올 가능성이 크다.

그러니 지금 자신도 모르게 다가온 행운을 만끽하며 즐거움에 도취해 있다면 자제력을 시험할 때가 온 것이다. 크게 노력하지 않았어도 오는 행운은 지나는 인연일 뿐인데, 이를 대가도 없이 덜컥 받아서 즐기는 것은 위태로운 일이 아닐 수 없다. 간혹 본인의 노력 없이 로또에 당첨되거나 부모의 인연만으로 재벌 2세의 풍요를 누리는 이들이 잘못되는 경우가 있는데, 이 또한 당장에 나타난 업보라고 할 수 있다. 그러니 억울하다고 화를 내거나 분을 삭이지 못해서 자신에게 해를 끼칠 필요가 없다. 부모와 조상 탓을 하거나 심지어는 남의 탓을 하는 경우도 있는데, 업의 성격을 안다면 부질없는 일이란 것을 깨닫게 된다.

업의 성격은 연쇄되는 인과 관계에 기인하기 때문에 단독적으로 작용하지 않는다. 현재의 행위는 과거의 행위를 원인으로 하고 있으며, 미래의 행위 또한 현재의 행위를 원인으로 한다. 깊은 무의식 속에 잠재된 이 힘은 현재와 미래의 행동에 결정적인 영향을 미친다. 따라서 이는 곧 윤회의 원인이 된다. 지금 나에게 벌어진 일은 나로부터 비롯된 것이지 타인에 의한 것이 아니다. 그럼에도 남의 탓을 일삼는다면 나의 악업만 쌓이는 결과를 낳는다. 그렇다면 과거세의 악업을 끊어 내거나 줄어들게 하는 방법은 없을까? 불교에서는 악업을 소멸시키는 방법으로 참회懺悔를 권한다.

176

참회라고 해서 회개와 속죄만을 떠올리는데, 불교에서 참회는 수행의 의미를 강하게 내포한다. 참회에는 이참理懺과 사참事懺이 있다. 말 그대로 이참이란 이치를 깊이 참구하여 참회하는 방식이다. 진리의 실상을 깨우쳐 죄의 자성이 공함을 깨닫는 것으로 이를 통해 악업의 종자가 완전히 소멸한다. 사참은 우리가 흔히 알고 있는 참회로 불보살님께 자신이 지은 죄를 낱낱이 고백하며 잘못을 뉘우치는 행위이다. 삼천 배와 같이 절을 하거나 염불이나 주문을 외우고 경經을 읽는 등의 행동이 뒤따르는데, 이는 몸으로, 입으로, 생각으로 참회하는 형식적인 측면이라고 할 수 있다. 이를 통해 악업이 줄어든다.

인연과

이라크 전쟁 때 동생을 위해 구걸을 하던 아이의 이야기로 실제로 있었던 일이라고 한다.

종군기자가 굶어 쓰러진 아이에게 빵을 건넸다. 아이는 겨우 일어나 멀리 떨어진 집으로 가더니 자기보다 더 어린 동생에게 그 빵을 먹이고 자신은 숨을 거두었다.

이 슬픈 이야기를 두고 누구나 같은 생각을 할 것이다. 이 아이에게 무슨 잘못이 있기에 어른들이 일으킨 전쟁에 희생되어야 하는가. 살아가는 동안 억울한 일이나 예기치 못한 사건들이 무수히 일어난다. 이 아이에게 있었던 불행처럼 직접적인 이해관계가 없어도 이익을 보거나 손해를 보는 일이 다반사.

듣는 이에 따라서는 불편한 감정이 생길 수도 있으나, 모든 일은 업業과 인과因果가 일어난 현상이다. 더 정확하게 표현해서 연기緣起의 모습이라고 할 수 있다. 요즘은 업이라거나 인과, 혹은 인연이라고 하면 거부감을 느끼는 이들이 많다. 모든 일을 업이니 인과니 인연으로 치부하는 것이 너무 추상적이고 무책임하다고 여기는 모양이다. 하지만 세상이 벌어진 것에 대한 대답이 그것 말고는 없는데 어찌하겠는가. 세상의 모든 것은 서로 영향을 미치며 생성 변화한다. 그것이 인간에게 관련되어 있으면 생로병사生老病死라 하고, 우주 전체를 설명하는 말로는 성주괴공成住壞空이라 한다. 이러한 변화가 끝없이 반복된다.

이런 가정을 해보자. 산불이 나서 산천을 다 태운다면 그곳에 있던 생명들은 모두 죽게 될 것이다. 그렇게 죽는다고 해서 생명을 가진 개체들이 완전히 사라지는 것일까. 그렇지 않다. 모든 생명과 물질은 인과와 연기의 법칙에 따라 다음 생에 다른 형태의 생명과 물질로 인연을 맺는다. 오지의 정글이나 미지의 바닷속, 오대양 육대주에 있는 모든 산천초목과 동물들, 하물며 전 우주가 이 범주에서 벗어나지 못한다. 혼돈과 무질서의 우주가 아니라 조화와 질서의 세상에서 우리가 살고 있는 것은 이 때문이다. 먼지 하나까지도 이 범주에서 벗어날 수 있는 존재는 없다.

세상의 일부인 인간도 이 법칙에 따라 살고 죽어간다. 인간 역시 현재의 모습 이전에 다른 생명이었고 다른 물질이었음을 부정할 수 없다. 인간이 살아가는 모습이나 세상에서 벌어지는 현상은 모두 인과와 연기에 의해 빚어진 필연들이다. 이런 관점에서 보면 억울할 것도, 아쉬울 것도, 서운해할 것도 없다. 이 사실을 받아들이지 못하거나 잘못 이해한다면 이 또한 본인의 업 때문이다. 진실을 받아들이는 게 편하지는 않지만, 외면하고 속인다고 달라지는 것이라면 애초에 진실이라는 이름으로 불리지도 않았을 것이다.

업의 진실에 대해 우리는 너무 무지하거나 쉽게 간과하는 편이다. 업이란 지난 생에 행했던 행위의 집적물로, 세 가지로 분류하여 삼업三業이라고 한다. 몸으로 짓는 업[身業], 말로 짓는 업[口業], 생각으로 짓는 업[意業]이 바로 그것이다. 업은 우리 내면의 식識에 저장되는데, 이것을 일러 업식業識이라고 한다. 우리가 몸으로 행했던 것, 말로 행했던 것, 생각으로 행했던 것들은 하나도 남김없이 업식에 저장되어 인연에 따라 다음 생애를 결정한다. 지금 좋다거나 나쁘다고 하는 감정도, 옳다거나 그르다고 하는 분별된 마음도 저장되어 있던 기억이 나타난 것이다.

먹고 싶고 자고 싶은 것도 이 기억 때문이고, 몸이 아픈 것도 세포 하나하나에 저장된 이 기억 때문이다. 오욕락五慾樂이라고 부르는 수면욕, 식욕, 재산욕, 성욕, 명예욕뿐 아니라 삼독심三毒心이라 일컫는 탐욕, 분노, 어리석음 또한 몸과 마음에 저장된 기억의 산물이다. 무언가를 간절히 바라고 있으나 의지대로 되지 않는 것도 업식에 저장된 기억이 강한 본능으로 나타나기 때문이다. 다이어트를 해야지 하는 의지와 먹고 싶다는 강렬한 욕망 사이에서 갈등해본 사람이라면 알 것이다. 웬만한 의지력으로는 본능적 욕망의 힘을 넘어서기 힘들다는 사실을.

만약 누군가로부터 욕을 먹었던 기억이 저장되어 있다면 지금도 누군가 나에게 욕을 한다는 것에 집착하기 때문에 기분이 매우 나빠진다. 이 사람의 업식에는 기분이 나쁘다는 기억이 그대로 저장되어 있다. 그러나 지금 나에게 기분이 좋다거나 기분이 나쁘다는 고락苦樂의 분별심이 없다면, 설사 어떤 이가 욕을 하더라도 기분은 나쁠지언정 괴로움으로 이어지지 않는다. 과거의 언젠가 기분이 나빴던 기억조차도 떠오르지 않으므로 욕을 한다는 사실만 인지할 뿐이다. 하지만 이와 같은 업장業障은 당장 없앨 수 있는 것이 아니다. 좋다거나 나쁘다고 하는, 옳다거나 그르다고 하는 분별된 마음에 머물지 않아야 바꿀 수 있다.

주의할 점은 나쁘다고 하는 업의 기억뿐 아니라 좋다고 하는 업의 기억도 놓아버려야 한다는 것이다. 이렇게 해서 결국에는 나고 죽는다는 업의 기억조차 사라지게 된다. 어떤 것에도 집착해서 머물지 않으려면 나에게 저장된 업業의 기억을 소멸해야 한다. 육근六根에 의해 저장된 육식六識의 습習을 중도中道의 마음으로 바꾸는 것으로 그렇게 할 수 있다. 그러려면 순간순간 깨어 있어야 하는데, 어떤 일을 대하더라도 탐·진·치의 삼독심이 일어나는 마음을 잘 살펴야 한다. 그래야 그것을 막을 수 있다. 동시에 인과因果를 생각하는 습習을 길러야 한다.

조금은 매정하게 들릴 수 있지만, 죽은 아이는 죽은 아이대로 동생에게 먹을 것을 주는 순간과 죽음을 맞이하는 최후의 순간까지 모두 자신의 업식에 따라 움직였고, 동생은 동생대로의 업식에 따라 굶주림으로 직면했던 죽음의 위기를 모면했던 것이다. 이후의 일들이 어떻게 전개되었는지도 우리는 '업식에 따라서'라고 대답할 수밖에 없다. 그러니 무기력한 동정과 책임질 수 없는 연민에 휩싸이지 말자. 자리이타自利利他라고 하지 않던가. 진정으로 그들을 도울 수 있는 길은 우리가 먼저 세상과 인간의 원리를 정확하게 이해하고, 그것을 바탕으로 그들에게도 따뜻한 손길을 내미는 것이다.

우리는 본래 누구나 불성佛性(부처의 마음)을 가지고 있어서 시절 인연에 따라 언젠가는 마음을 깨치게 되어 있다. 오늘도 보이지 않는 불단佛壇에 초와 향을 사르며 간절한 마음으로 축원한다. 우리가 하루속히 전쟁과 대립의 분별이 없는 세상에 살 수 있기를.

색즉시공

당송 8대가의 한 사람으로 칭송받았던 당나라의 명문장가 한유韓
愈(768~824)와 태전선사太顚禪師(732~824)의 인연 이야기이다.

축융봉鷲融峰 바위 아래서 수행하던 태전선사를 기생 홍련紅蓮이
유혹했다. 홍련은 백일기도를 올린다는 핑계로 암자에 함께 머물
며 태전선사를 파계시키기 위한 온갖 수단을 동원했다. 태전선
사는 수행에만 전념한 채 추호의 동요가 없었다. 오히려 태전선
사의 수행에 감화된 홍련은 100일이 지날 무렵, 자사 한퇴지韓退
之가 선사를 시험하려고 시킨 일이며 파계를 시키지 못한 자신에
게 커다란 화가 미칠 것이 두렵다고 자백했다. 태전선사는 홍련
의 치맛자락에 시를 적어주며 태수에게 보이도록 했다. 아래 시

는 태전선사가 홍련의 치맛자락에 적어준 것이다.

십 년을 축융봉에서 내려가지 않고	十年不下鷲融峰
색을 관하고 공을 관하니 색이 곧 공이네	觀色觀空卽色空
어떻게 조계의 한 방울 물을	如何一適曹溪水
붉은 연꽃 한 잎에 떨어뜨리리오	肯墮紅蓮一葉中

"조계曹溪"는 육조혜능六祖慧能으로부터 내려오는 절대 선禪의 경지를 이르고, "붉은 연꽃 한 잎"은 기생 홍련을 말하는 동시에 색욕色慾과 세속의 삼독심三毒心(탐냄, 성냄, 어리석음)을 의미한다. 삼독심은 분별심에서 나온다. 분별심은 좋고, 즐겁고, 기쁘고, 행복한 것을 분별하여 원하고 바라는 마음이다. 그러나 이러한 감정들은 엄청난 고통과 괴로움을 안겨주는 결과를 낳는다. 따라서 인과가 어떻게 발전하는지 아는 이상 분별심을 떠나려고 노력해야 한다.

분별하는 감정을 놓는 인욕과 정진을 거듭하다보면 분별하려는 업이 사라지고 조금씩 삼독심이 생기지 않게 된다. 수행의 완성이란 이런 상태이다. 색色이 공空함을 알게 되면, 실체 없는 공에 집착할 이유가 없어진다. 오욕五慾(식욕, 색욕, 재물욕, 명예욕, 수면욕)과 삼독의 유혹에 끄달리지 않게 되어 실로 자유로운 영혼이 된다. 불교에서는 이러한 상태를 '자유자재自由自在'라고 표현하는데, 어떠한 구속도 없이 마음대로 할 수 있는 경지를 말한다. 더 정확히 말하자면 마음대로 하더라도 도리에 어긋나지 않는 경지이다.

많은 사람이 여기에 의문을 가진다. 살아간다는 건 목적을 달성하기 위해 끊임없이 노력하는 것인데, 이것저것 다 놓아버리면 살아가는 의미가 없어지는 것이 아니냐고 말이다. 답은 간단하다. 얼마든지 인생의 목표를 세우고 의지를 다지며 노력해서 나아가라. 그래서 목적한 바를 이루라. 그러나 동시에 인과를 감당해야 함을 직시해야 한다. 좋은 것을 얻은 만큼 싫은 것을 받아들여야 하는 과보는 어쩔 수 없다.

우리가 무엇을 선택하든 반드시 대가를 치러야 한다. 아무런 대가 없이 좋은 것만 취하려 하는 것은 불가능하다. 어리석은 자는 편안함과 안락함을 얻기 위해 속박을 선택하고, 지혜로운 이는 자유를 얻기 위해 안락함을 선택하지 않는다. 무엇이 옳고 그른 것은 없다. 업력에 따르는 과보의 무서운 힘을 안다면 우리의 삶은 세속의 욕망에 함부로 물들지 않게 된다.

인과가 불러올 과보를 예상하고 그에 대비하는 마음이 있다면 다행이지만, 그렇지 못하다면 애초에 좋다거나 싫다는 고락의 분별을 하지 않고, 그런 감정들이 올라올 때마다 그것들을 놓는 중도中道의 마음을 갖는 편이 훨씬 낫다. 고락이라는 분별이 없다 보니 좋고 싫은 것이 따로 없기 때문이다. 분별하지 않는 상태에서는 하는 일마다 성취되지 않는 일이 없어서 오히려 더 좋은 선택이 된다. 앞서 언급한 자유자재하고 자유로운 영혼으로 살 수 있게 된다.

우리가 조금이라도 지혜롭다면
번뇌를 소멸해 열반으로
나아가는 길이 아니더라도
최소한 괴로움의 과보를 받는
어리석은 행위는 줄여나가야 할 것이다.

목표를 세우면 좋다거나 싫다는 고락의 감정이 생겨서 인과의 소용돌이에서 벗어날 수 없지만, 특별한 목적 없이 그때그때 올라오는 고락을 분별하지 않으면 예상치 않게도 목적을 이루는 경우가 있다. 아이러니하게 들릴 수 있으나 인과로 인해 벌어진 이 세상은 원인을 제거하지 않는 한 괴로움의 발생을 막을 수 없는 구조이다. 초기불교에서는 이를 역관逆觀이라는 표현으로 설명한다. 우선 연기緣起의 열두 가지 인과관계를 살펴보자.

무명無明—행行—식識—명색名色—육처六處—촉觸—수受—애愛—취取—유有—생生—노사老死

12연기설은 이처럼 중생이 집착을 통해 괴로움에 이르게 되는 과정을 무명無明에서부터 노사老死까지의 형태로 보여준다. 이 과정을 순관順觀이라고 한다. 이는 집착과 괴로움이 어떻게 전개되는지를 보여주는 일종의 도식으로, 무명에 덮인 중생은 윤회의 원인이 되는 갖가지 행을 일으키며 결국은 늙어 죽는 지경에 이른다. 이것에 역행하여 집착과 괴로움의 실마리를 풀어가는 과정을 역관이라고 한다. 무명이 사라지게 되면 인과에 얽매인 모든 행이 사라지게 된다는 논리이다.

석가모니 부처님께서는 깊은 선정에 든 상태에서 순관과 역관을 거듭하며 자신의 깨달음이 진리임을 확인하셨다. 우리가 조금이라도 지혜롭다면 번뇌를 소멸해 열반으로 나아가는 길이 아니더라도 최소한 괴로움의 과보를 받는 어리석은 행위는 줄여나가야 할 것이다. 사실 진정한 노력이란 이런 것이다. 만약 그때그때 올라오는 고락의 감정을 놓기 힘들다면 기도와 보시를 통해 꾸준히 정진하는 게 좋다. 그런 마음이 계속되다 보면 참선하는 마음과 같아져서 원하지 않아도 원하는 것 이상을 성취할 수도 있다.

퇴지退之는 당나라의 명문장가 한유韓愈의 자字이다. 문장이 뛰어나 당송 8대가의 한 사람으로 칭송받았고, 한림학사라는 벼슬에도 올랐다. 그러나 불심이 깊었던 헌종憲宗이 인도에서 부처님의 사리를 모셔오려 하자 이를 비방하는 불골표佛骨表를 상소하여 조주의 자사로 좌천되었다. 마침 근처 축융봉 아래 바위굴에 태전선사太顚禪師라는 도인이 산다는 소문을 듣고, 정말 이 도인이 세속의 색욕을 초월했는지 시험하기 위해 관기官妓 홍련을 시켜 계戒를 깨뜨리도록 유도했던 것이다.

홍련의 치마에 적힌 이 시를 읽은 한퇴지는 얼마 후 태전선사를 방문하게 된다. 선사로부터 감화를 받은 그는 그동안 불교를 비방하던 자신을 뉘우치고 불자로 귀의하는데, 후세에 삼보를 찬탄하고 불법을 드날리는 문장을 남겼다고 한다. 이 이야기는 현재 법보사찰 해인사에 벽화로 남아 있다.

지옥으로 간 스님

인과는 '좋다'거나 '싫다'는 고락에 대한 분별심 때문에 생긴다. 따라서 천당과 지옥은 고락을 분별하는 나의 업에 의해 만들어지는 인과의 세계이고, 내가 창조하는 세계이다. 삶에 있어서 모든 인연 현상은 나의 업이 만들어낸다. 현상세계에서 일어나는 모든 모습의 배후에는 나의 업식業識이 있다. 말하자면 업이 조종해서 세상이 만들어지고 '좋다'거나 '싫다'고 하는 나의 감정이 내가 경험하는 모든 세계의 주범이다.

인과에 대한 믿음이 확고한 스님의 이야기이다.

"스님은 나중에 입적하시면 어디로 가십니까?"
"당연히 지옥에 가지요."

"스님이 왜 지옥에 갑니까?"

"그럼, 중이 가지 않으면 누가 지옥 중생들을 구제한답니까?"

불교에서는 지옥과 천상을 육도六道에 포함시킨다. 육도는 무명에 싸인 채 해탈하지 못한 중생이 윤회전생하는 세계이다. 중생은 자신이 지은 업에 따라 천상도天上道, 인간도人間道, 아수라도阿修羅道, 축생도畜生道, 아귀도餓鬼道, 지옥도地獄道를 끊임없이 헤매게 된다. 나아간다는 의미의 취趣를 붙여서 육취라고도 하는데, 깨달음을 얻어서 윤회의 사슬을 끊지 못하면 사후에 업식과 인연에 따라 이 굴레 속에서만 길을 찾게 된다는 의미이다. 그런데 지옥은 그렇다고 쳐도 천국도 육도에 포함된다니.

천상도 중생이 윤회하는 동안 머무는 세계 가운데 하나다. 천상의 구조를 이해하고 나면 고개가 끄덕여진다. 천상은 욕계 6천, 색계 18천, 무색계 4천 모두 28개의 하늘나라로 구성된다. 물론 그중한 곳에 태어나는 것은 현생에서의 업력에 따르며, 선한 행위를 통해서 천상에 오를 수 있다. 이곳에서 복덕을 모두 소진하고 나면 다시 아래의 세계로 떨어지는 것은 당연하다. 욕계의 6천에 태어나려면 10선十善을 닦아야 하고, 색계와 무색계의 천에 태어나려면 선정을 닦아야 한다. 10선이란 10악을 행하지 않는 것으로, 몸[身]과 입[口]과 마음[意]으로 짓는 세 종류의 선한 행위를 말한다.

몸으로 짓는 선한 행위는 살생을 하지 않는 불살생不殺生, 남의 물건을 훔치지 않는 불투도不偸盜, 삿된 음행을 금하는 불사음不邪婬을 말한다. 입으로 짓는 선한 행위에는 거짓되고 허망한 말을 하지 않는 불망어不妄語, 이간질을 하지 않는 불양설不兩舌, 욕설 등 악한 말을 하지 않는 불악구不惡口, 진실 없이 번지르르한 말을 하지 않는 불기어不綺語가 있다. 마음으로 짓는 선한 행위에는 탐욕을 부리지 않는 불탐욕不貪慾, 성을 내지 않는 불진에不瞋恚, 그릇된 견해를 내지 않는 불사견不邪見이 포함된다. 이들도 업業이 되어 과보를 초래하기에 십선업도十善業道라고 불린다.

천상과 마찬가지로 지옥도 전생에 저지른 행위로 인해 과보를 받는 공간이다. 불교에서는 다른 종교와 달리 지옥에 관한 내용도 상당히 구체적이고 세부적으로 설명하는데, 이는 우리의 행위가 매우 다양하기 때문이며 타력이 아닌 자력에 의해 악한 행위를 규제하도록 바라기 때문이다. 크게 팔열지옥八熱地獄과 팔한지옥八寒地獄으로 나뉘는데, 크고 작은 지옥을 모두 합치면 136개나 된다고 한다. 팔열지옥이란 뜨거운 불길에 고통을 받게 되는 8가지 지옥으로 살생, 도둑질, 음란한 행위 등으로 가게 되는 세상이고, 팔한지옥은 극심한 추위로 고통 받는 8가지 지옥을 말한다. 이 중에서 무간지옥無間地獄의 고통이 가장 극심하다는데, 끊임없이[無間] 괴로움을 받는다고 해서 무간이란 이름이 붙었다.

그런데 왜 스님은 자청해서 저런 곳까지 가려는 걸까. 하지만 이 스님보다 먼저 지옥으로 들어가 중생을 구제하고 있는 보살이 있다.

아시다시피, 지장보살地藏菩薩이다. 지장보살은 석가모니 부처님이 열반하신 후 미륵부처님이 이 세상에 오실 때까지 육도의 중생을 구제하고 그들 모두가 성불한 연후에 자신도 성불하겠다는 서원을 세웠다. 스케일부터 어마어마하다. 미륵불은 석가모니 부처님이 열반한 후 56억 7천만 년이 지나서 이 세상에 출현하신다는 부처님이다. 현재 전 세계 인구가 70억이 넘는데, 저 긴 시간 동안 육도의 중생을 모두 성불시키겠다니.

저분들의 고충을 조금이라도 안다면, 우리는 우리의 일을 해야 한다. 10악업을 짓지 않고 지옥으로 떨어지지 않는 것이 우리 방식대로 저분들을 돕는 일이다. 자력에 의해서 지옥에 떨어지지 않는 가장 손쉬운 방법은 무명無明에서 벗어나는 길이다. 우리는 업의 장애[業障]에 가려 있어서 배후에서 조종하는 업식의 존재를 알아채지 못한다.

무명이란 무지無知를 뜻하는 것으로, 일반적으로는 일체 사물에 대한 도리를 밝게 알지 못한다는 뜻 또는 진리에 대한 무지를 말한다. 일종의 어리석음이라고 할 수 있으며, 이 어리석음은 업의 장애 때문에 생긴다.

우리는 사업이 잘 되어서 기분이 좋다거나 좋은 사람을 만나서 기분이 좋다고 여긴다. 이것부터가 착각이다. 우리의 잠재의식인 아뢰야식阿賴耶識에 숨어 있던 분별업식分別業識이 드러나면서 좋거나 싫은 일이 생긴다. 이 업식이란 놈이 세상에 드러나면 좋은 일 나쁜 일을 부르게 마련이다. 좋은 업식이 드러날 시기이면 사업이 잘되고 좋은 사람을 만나게 되며, 반대로 나쁜 업식이 드러날 시기이면 어떤 형태로든 그에 상응하는 나쁜 일이 꼬인다.

살아 있을 때의 지옥은 바로 잠재되어 있던 나의 업식이 드러나면서 끌어들인 것이다. 부처님과 보살, 아라한은 인과로 이루어진 업식에 영향을 받지 않는다. 이런 중도의 경지를 '생사를 해탈했다'고 한다. 좋다거나 싫다는 분별심이 없으니 좋은 일이건 나쁜 일이건 생기지 않는다. 거꾸로 말하면 어떤 일이 일어나더라도 좋다 싫다 하는 분별심이 없다. 고락의 감정이 사라지면 업식이 사라지고 인과가 사라진다. 인과가 사라지면 생사가 사라지고 윤회가 사라진다. 좋다거나 싫다는 분별을 하지 않는 습쩰을 길러야 하는 이유는 이 때문이다. 어떤 상황을 접하든 어떤 인연을 만나든 옳다 그르다, 혹은 좋다 싫다 하는 분별을 하지 않도록 항상 자신의 업식을 살펴야 한다.

중생을 구제하기 위해 지옥으로 들어간 스님이나 지장보살을 돕는 길은 바로 우리 마음을 살피는 것이다.

좋은 친구

〈만종〉과 〈이삭 줍는 여인들〉로 알려진 프랑스 화가 장 프랑수아 밀레(Jean François Millet, 1814~1875)는 길고도 험난한 무명 시절을 겪었다. 지금은 프랑스의 농민을 가장 사실적으로 그린 화가라는 칭송을 받지만 그는 항상 가난에 허덕이며 궁핍한 생활을 연명해야 했다. 1860년대 후반에 이르러서야 겨우 명성을 얻었으나 평생 농사를 짓고 가난에 쪼들리며 쇠약해진 몸 때문에 그에게는 가까스로 얻게 된 영광을 누릴 기회마저 짧았다. 반면 테오도르 루소(Théodore Rousseau, 1812~1867)는 초기 작품에서부터 찬사를 이끌며 바르비 종파(Ecole de Barbizon)의 구심점으로 자연주의 화풍을 선도했다고 한다.

식량도 떨어지고 땔감을 구할 형편도 안 되는 밀레의 집에서는 모든 식구가 추위와 굶주림에 떨고 있었다. 마침 밀레를 방문한 루소가 말했다.

"밀레, 기뻐하게. 드디어 자네 그림을 살 사람이 나타났어."

"그게 정말인가?"

루소는 300프랑을 꺼내주면서 말을 이었다.

"그림을 사려는 사람이 그림 선택을 나에게 일임했다네. 지금 그리고 있는 〈접목하고 있는 농부〉를 팔면 어떨까?"

"암, 좋고말고. 자네가 심부름까지 해주니 정말 고맙네."

그날 막막하기만 하던 밀레의 집안은 행복으로 가득 찼다. 그로부터 몇 년이 지난 뒤 밀레가 루소의 집을 방문했다. 그제야 밀레는 우정 어린 루소의 마음을 알아차릴 수 있었다. 자신의 그림들이 루소의 집에 걸려 있었기 때문이다.

정말 가슴을 훈훈하게 하는 우정이 아닌가. 친구의 자존심을 건드리지 않으려는 루소가 자신이 구매자임을 밝히지 않은 채 어려움에 처한 친구 밀레의 그림을 사갔던 것이다.

평생을 걸쳐 진정한 친구 하나만 있어도 인생을 잘 살았다고 할 수 있다. 알다시피 이런 친구 하나 만들기가 매우 어렵다. 현대사회로 접어들면서 좋은 친구라는 정의 자체가 변한 듯하다. 물질만능주의와 개인주의 풍토가 정신적 가치와 인본주의의 온기를 앗아간 지 오래다. 좋은 친구의 기준도 이러한 시대적 분위기 속에서 형성되었다. 오죽하면 인류지대사라는 부부의 인연에도 '결혼 시장'이란 단어가 끼어들었을까. 결혼이면 그냥 결혼이지 왜 시장이란 말을 붙이면서까지 신성한 혼사를 저급한 상품으로 탈바꿈시키는 건지. 하지만 이런 친구도 내가 만든 인연이란 것을 알아야 한다.

인과因果의 도리를 깨치지 못한 대부분의 사람들은 인연이 되는 사람이나 대상, 일체의 현상에 끄달리며 살아간다. 가령, 짚신 장수와 우산 장수를 아들로 둔 늙은 어머니는 걱정되지 않는 날이 하루도 없다. 날이 맑으면 우산을 파는 아들이 걱정되고 날이 궂으면 짚신을 파는 아들이 걱정된다. 하지만 이 모자들의 삶을 살펴보자. 아들은 아들대로 그들만의 고락苦樂으로 분별된 업業에 의해 살아가고, 아들을 걱정하는 어머니는 어머니대로 자신이 가진 고락의 업에 의해 살아간다. 그럼에도 업에 의해 벌어진 일임을 알지 못한 채 인연 맺은 사람들에 대한 걱정을 떨쳐버리지 못한다.

우리들은 맑고 궂은 날씨에 대해서도 좋다거나 싫다는 감정을 갖는다. 맑거나 궂은 날씨는 날씨대로 인연과 연기에 의해 그렇게 된 것인데, 애꿎은 날씨를 향해서도 화풀이를 한다. 옆에서 보면 가로등을 상대로 씨름을 하는 사람처럼 황당하기에 그지없다. 이게 전부가 아니다. 누군가 잘못을 했다면 십중팔구 화를 낸다. 기분이 나쁘다는 것인데, 나에게 잘못했으니 화를 내는 것은 당연하다고 생각한다. 하지만 상대의 인과로 인한 잘잘못으로 인정하고 초연하다면 집착하는 마음이 생기지 않아서 화를 낼 이유가 없다. 자신의 분별업에 따라 기분을 움직이면서도 이를 간과하며 살아간다는 말이다.

알아야 할 것이 있다. 싫고 나쁘다는 분별된 생각이 많은 사람은 좋은 것을 취하려는 욕심이 강하기 때문에 그 인과의 업으로 말미암아 싫고 나쁜 일들이 많이 생긴다. 대체로 이런 사람은 자신이 남을 해하거나 욕심을 부리지 않는데도 운이 없어서 자꾸 험한 일을 당한다고 불만을 토로하는 경향이 있다. 하지만 인과의 차원에서 볼 때 이런 생각을 하는 사람들에게 불만스러운 일들이 생겨나는 것은 당연하다. 이와 반대로 어려운 일을 당하더라도 정작 자신은 어렵고 힘들다는 생각을 하지 않는 사람이 있다. 이런 사람은 어떤 일이 닥치더라도 스스로 힘들지 않다고 여기겠지만 아예 힘든 일이 생기지 않게 되는데, 이러한 이치가 바로 인과의 섭리다.

그러므로 지금 당장 힘들고 괴로운 상황에 처해 있다면 외부로 시선을 돌릴 것이 아니라 자신의 업을 돌아보아야 한다. 나에게 오는 모든 것은 내 탓이라고 생각하고 스스로 참회하는 마음을 갖는 것이 우선이다. 모든 것은 자업자득이다. 그러니 험한 일을 당하더라도 상대방의 잘못만을 따져서는 안 된다. 상대의 잘못만을 주장하는 것은 자신의 잘못된 업에 대해 자신의 감정과 시비를 다투는 것과 같다. 대상을 향해 시비를 가리려는 것과 나의 고락 감정은 엄격히 구분해서 관조할 수 있어야 한다. 다시 말해 자신의 괴로움으로 이어지지 않도록 해야 한다.

닥쳐오는 어려운 일을 스스로 참아내려거든 내공이 필요하다. 험난한 파도와 모진 역경을 함께 헤치고 나갈 친구를 구하는 것도 다르지 않다. 자신이 먼저 좋은 친구가 되어야 하고, 자신을 먼저 돌아보아야 한다.

업장소멸

수십 년이나 열심히 절에 다니던 할머니가 교회에 나가기 시작했다. 자식의 강요 때문이었다. 그런데 할머니의 기도가 끝날 때마다 교회에 있던 사람들은 배꼽을 잡고 웃었다. '아멘'이라고 끝을 맺어야 하는데, 이 할머니의 간절한 기도는 언제나 "관세음보살"로 마무리된다.

종교를 떠나서 누가 들어도 웃음을 참을 수 없게 만드는 이야기이다. 만들어진 이야기가 아니라 실화를 소개한 것이다. 지금도 있을지 모르겠으나 유튜브에서 볼 수 있다. 제목이 '관세음보살 아멘'이었던 것으로 기억한다.

요즘 절에 다니는 분들 대부분은 이미 중년을 넘어선 노년층이다. 법당 안을 들여다보면 젊은 사람들이 매우 적다. 아예 없다고 하는 게 맞을 것이다. 인생을 오래 살아봐야 불교의 진면목을 알 수 있다고 좋은 쪽으로 해석하지만 안타까운 마음은 어쩔 수 없다. 여러 가지 요인이 있겠지만, 우선 스님들이 좀 더 노력해야 한다. 그럼에도 불구하고 한 가지 지적하자면, 절에 다니는 신도들 대부분은 부처님 법을 제대로 알지 못하고 기복祈福에 가까운 믿음을 가지고 있어서 자녀들에게 불법을 전할 능력이 없다는 점을 들 수 있다. 불교에 종사하는 이들이 한층 더 노력해야 한다.

종교는 보다 나은 삶을 추구한다. 현세에 잘 먹고 잘 사는 것을 보다 나은 삶이라고 생각하는 사람이 많지만, 세상이 이처럼 단순하지 않다. 세상에는 상대적인 현상들로 가득 차 있다. 이것이 있으면 이것으로 말미암아 반대편의 저것이 공존한다. 낮과 밤처럼 대립되는 한 쌍이 같은 개념 안에 존재한다. 그러니 잘 먹고 잘 살 수만은 없다. 잘 먹지 못하고 잘 살지 못하는 대립된 인과因果가 한 쌍으로 존재하기 때문이다. 이 대립된 개념은 하나의 인과로 묶여서 시절인연을 만나 과보로 나타난다. 지금 잘 사는 것은 과거 언젠가 그렇지 못했던 시기에 대한 과보이고, 미래 언젠가 잘 살지 못하게 되는 과보를 불러온다.

세속의 쾌락이 영원했으면 하는 바람과 그러한 착각의 틀을 깨지 못하는 사람일수록 쉽게 속는다. 미신이나 사이비 종교가 사라지지 않는 이유이다. 불교는 이것과 저것이 공존한다는 인과의 법칙을 가르치고 이를 깨닫게 하는 종교다. 그렇게 함으로써 자신을 돌아보고 마음을 추스를 수 있게 한다. 외부의 어떤 능력이 아니라 자신의 결정과 실행을 통해서 편안함을 얻을 수 있기에 불교를 자력신앙이라고 한다. 고도로 발달한 종교일수록 타력신앙에서 탈피해 자력신앙 쪽으로 기울게 마련이다.

앞서 기복으로 흐르는 경향에 대해 지적했는데, 대립된 인과의 한 쌍을 보지 못하고 좋은 것은 취하려 하고 싫은 것은 버리려 하기 때문이다. 다시 말해 좋은 것과 싫은 것은 한 쌍으로 오기 때문에 어떤 것을 선택하든 대가를 치러야 하는데, 그 대가를 치르지 않고 한쪽만 선택하려는 것을 기복이라 할 수 있다.

누구에게나 자신을 들여다볼 기회와 미래를 창조해나갈 가능성은 공평하다. 그것은 현실을 있는 그대로 보는 것에서 출발한다. 좋은 것과 좋은 일, 좋은 사람이 있는 한 나쁜 것과 나쁜 일, 나쁜 사람이 있다. 이를 인정하지 않으면 나쁜 것, 나쁜 일, 나쁜 사람에게서 영원히 벗어나지 못한다. 여기서 벗어나려면 좋다거나 나쁘다고 분별하는 마음을 없애야 한다. 이것을 업장소멸業障消滅이라고 한다. 업장이 소멸되면 집착이 사라지므로 무엇에도 걸림이 없다. 하는 일마다 장애가 생기지 않는다. 이런 연고로 나쁜 것, 나쁜 일, 나쁜 사람이 나타나지 않는다. 괴로움이 사라지는 것이다.

괴로움이 사라진다니 얼마나 축복 받은 인생인가. 무수한 과거 세로부터 쌓여온 업장을 소멸한다고 하니 어쩐지 두렵고 무언가 대단한 고행을 해야 할 것 같은 느낌이 들 수도 있다. 선불교에서는 수행을 행주좌와行住坐臥 어묵동정語默動靜이라고 했다. 일상생활을 떠나지 말고 일상생활을 수행으로 옮기라는 말이다. 우선 내 앞에 벌어지는 일에 대해 화내지 말고, 짜증내지 말고, 남 탓하지 말자. 한마디로, 벌어지는 일에 감정을 얹지 말라는 것이다. 그렇게 한다면 일은 저절로 풀린다. 하지만 어떤 일이 벌어지더라도, 어떤 상황이 전개되더라도 마음이 흔들리거나 감정을 일으키지 않는 게 가능할까.

무조건 인과를 믿는 것이다. 인과 자체가 부처님의 현현顯現이라고 생각하고 믿음을 놓지 않아야 한다. 이렇게 하는 것이 조금 힘들다면 기도와 참선, 보시와 정진으로 내공을 기르는 것이 좋다. 마음이 평온해지면서 일체의 모든 것이 잘될 것이다. 앞서 말했듯, 불교는 자력신앙이다. 외부 대상에 울고불고 매달린다고 해서 안 될 일이 되거나 될 일이 안 되는 경우는 없다. 부처님께서는 당신이 떠나신 후 남겨진 이들은 어떻게 해야 하는지를 묻는 질문에 이렇게 대답하셨다. "자등명自燈明 법등명法燈明하라." 너 자신을 등불로 삼고, 법을 등불로 의지하라는 말씀이다.

숨겨둔 재산

『탈무드』에 나오는 이야기를 각색해 보았다. 살다 보면 언제 어디서 예기치 않은 일들이 일어날지 모른다.

이름난 부자들이 유토피아를 찾아 배에 올랐다. 배는 이들이 가져온 재물로 가득 찼다. 그러나 그들 중에서 유독 눈에 띄는 사람이 있었다. 그는 어쩐지 좀 초라해 보이기까지 했다. 엄청난 재물을 실은 부자 중 한 사람이 그에게 물었다.

"당신의 재산은 무엇이며 모두 얼마나 됩니까?"

그가 대답했다.

"재산이 너무 많아서 지금은 보여드릴 수가 없군요."

그렇게 말했으나 용모나 차림새로 보아 그의 재력이 어느 정도인지는 누구나 알 수 있었다. 이 일이 있고 난 뒤로도 항해는 계속 되었다.

그러던 어느 날 갑자기 해적들이 나타나서 배 안에 있던 모든 재물을 빼앗아 갔다. 속수무책이었다. 바다 한가운데 떠 있는 배 위에서는 어떤 도움도 요청할 수 없었다. 며칠이 지나서 가까스로 뭍에 오르기는 했으나 상황이 나아진 것은 아니었다. 가진 것이라곤 아무것도 없는 그들에게 도움의 손길은 다가오지 않았다. 배에 오를 때는 천하를 호령할 것 같은 부자였으나 배에서 내릴 때는 그야말로 알거지 신세였다. 울부짖다가 정신을 잃는 이들도 있었다. 그렇게 괴로운 나날이 시작되었다.

그러나 단 한 사람, 예외가 있었다. 배 위에서 가장 초라해 보이던 그 사람은 마을 사람들의 스승이 되어 존경을 받았다. 그제야 부자들은 그가 숨겨놓은 재산을 알아보게 되었다.

하루아침에 모든 재산을 잃을 수도 있고, 갑작스럽게 사고가 발생하거나 사건에 휘말리기도 한다. 아침에는 웃었지만 저녁에는 울게 되는 경우도 있고, 어제까지만 해도 보던 얼굴을 오늘은 보지 못하는 경우도 생긴다. 이처럼 앞일은 도무지 알 수 없고, 예상하기도 힘든 게 인생이다. 그럼에도 불구하고 대개의 사람은 지금보다는 좋아질 것이라는 기대와 희망을 품고 살아간다.

물질적인 것은 길거나 짧아서 모두 다르지만, 인연과 연기에 따라 오고 가는 것이어서 사람들의 기대를 빗나가기 일쑤다. 그것을 바라는 욕심과 실제로 나타나는 인연의 괴리 때문이다. 변할 수밖에 없는 재산에 집착하거나 바뀔 수밖에 없는 인연에 정을 주고 믿으면 낭패를 보는 줄 뻔히 알면서도 우리는 자주 이 사실을 망각한다.

역설적으로 말해서, 마음의 재산을 비축하는 편이 우리에게는 훨씬 낫다. 마음의 재산이란 인과에 대한 믿음을 말하는 것이지 재물에 대한 믿음이 아니다. 오히려 재물에 대한 믿음을 지워버리는 게 바람직하다.

모든 존재는 고정불변의 자성自性이 없다. 이것이 있으므로 저것이 있고 저것이 있으므로 이것이 있다. 이러한 진리를 깨닫게 되면 마음이 안전해진다. 세상은 이렇게도 변하고 저렇게도 변한다. 변하지 않는 것이 없다는 제행무상諸行無常의 원리를 체득하면 우리를 찾아오는 변화에 놀라거나 불편을 느끼지 않는다. 변화를 짐작하고 알기에 오히려 편안해지는 것이다. 모든 존재는 상호의존적이어서 좋은 것이 곧 나쁜 것이고 나쁜 것이 곧 좋은 것이다. 좋은 것과 나쁜 것은 서로 의존함으로써 존재하는 것이지 그중 하나만 따로 존재할 수는 없다. 우리가 그토록 마주치기 싫어하는 나쁜 것, 나쁜 일, 나쁜 사람이 없다면, 결국 우리가 고대하는 좋은 것, 좋은 일, 좋은 사람도 없다.

무상과 연기를 보면 법을 보는 것이고 법을 보면 여래를 본다고 하지 않던가. 변하는 것이 진리요 인과의 모습이라면, 구태여 좋다거나 싫다고 분별할 필요가 없다. 분별하지 않는다면 좋은 것도 싫은 것도 사라진다. 이러한 마음의 모양을 중도심中道心이라고 한다. '무엇이 좋더라' 하는 마음이 생기면 벌써 인과의 덫에 걸리게 된다. 싫거나 나쁜 과보가 뒤따른다. 그러니 좋은 것이라고 해서 함부로 찾아 나설 일이 아니다. 인생에 대해 조금이라도 진지하게 고민해본 사람이라면 그런 것들이 불러온 과보가 어떠했는지는 어렵지 않게 기억할 수 있다.

인과를 믿지 않으면 고통과 괴로움의 지옥에 떨어진다는 말은 이런 이유에서 생겼다. 부자들이 찾던 유토피아는 재산을 모두 잃자 물거품이 되었다. 그러나 가난한 이가 숨겨놓은 재산은 제아무리 험악한 도적이라도 훔쳐갈 수 없었다. 그가 가진 재산은 진리에 대한 믿음에서 쌓아 올린 선업善業이었기 때문이다.

명당

구전으로 내려오는 이야기이다. 요즘 같은 세상에서는 찾아보기 힘든 참으로 효성이 지극한 청년의 이야기이다.

옛날에 한 효자가 있었다. 효자는 돌아가신 어머니를 업고 묘 터를 찾아 나섰다. 멀리서는 명당처럼 보이던 곳도 당도해보면 명당이 아니었다. 며칠에 걸쳐 수십 군데를 찾아보았건만 허사였다. 온 산을 헤맸으나 명당 터는 나타나지 않았고, 더 이상 걸을 기운도 없어서 그만 가시덩굴에 쓰러지고 말았다. 이제는 도저히 명당을 찾을 수 없겠다고 판단한 효자는 하는 수 없이 인근의 양지바른 땅에 어머니를 모시고 산을 내려왔다. 그리고 얼마 후, 눈물을 흘리며 어머니 모신 곳을 바라보다가 깜짝 놀랐다. 이게 웬일인가. 세상에서 더 없는 명당자리가 아닌가. 그 후로 이 효자는 과거에 응시해 장원급제를 했다고 한다.

청년의 효심은 갸륵하기 그지없으나, 어머니를 모시려고 명당을 찾아 나선 것은 인과의 관점에서 볼 때 부질없는 행동으로 비치기도 한다. 솔직히 말해서 불교 신자들에게는 추천하고 싶지 않은 행동이다. 더욱이 못자리를 잘 써서 장원급제를 했다는 말은 어쩐지 의심스럽기까지 하다. 불교는 석가모니 부처님께서 열반에 드셨을 때부터 매장보다 화장 문화를 선호했다. 만약 진리에 어긋나지 않고 교법에도 맞았더라면 불교에서도 매장을 군이 꺼릴 이유가 없었다. 해서 명당을 찾는 행동이 왜 부질없어 보이는지 몇 마디 얹어보려 한다.

먼저 명당을 찾는 까닭이다. 돌아가신 어머니를 편안히 모시기 위해서라지만 사실 살아 있는 본인과 가족, 후손이 잘되었으면 하는 바람이 더 크다. 단순히 생각하더라도 명당에 조상을 모신다고 정말 후손이 잘 풀린다면, 이는 우주의 질서를 무너뜨리는 일이기도 하다. 정당한 노력 없이 명당에 조상을 매장하는 일만으로 후손이 혜택을 받는다는 논리는 이치에도 맞지 않고, 그런 사람의 심리도 올바르다고 할 수 없다. 명당이라는 게 없다는 말이 아니다. 방의 구들에도 윗목과 아랫목이 있듯이 풍수적으로 좋은 자리는 분명히 있다. 그러나 명당이라서 좋은 일이 생긴다고 할 수는 없다. 이는 전혀 다른 문제이다.

　두 번째로 시절인연을 알아야 한다. 좋은 일이 생겼다면 과거의 어느 시기에 지은 업이 인과의 법칙에 따라 무르익어서 좋은 일이 생길 때가 되었기에 현행된 것이다. 좋은 과보를 받을 때가 되어서 명당자리를 만나게 되었다고 보는 게 오히려 설득력이 있다. 간혹 신도님들 중에는 『주역』에 나오는 사주팔자가 과학적으로 어느 정도의 신빙성은 있는 게 아니냐며 묻는 분들이 있다. 아니라고 단정할 수는 없지만, 인과의 논리에서 볼 때 그리 권장할 일은 아니다. 업을 두텁게 하는 악한 요소가 들어있기 때문이다. 좋은 때는 현생의 업만으로 오는 것이 아니다. 부모로부터 물려받은 몸도 DNA를 벗어나지 않듯이 복도 전생부터 이어지는 경우가 많다.

　세 번째로 명당에도 인연과보가 작용한다는 점이다. 명당에 조상을 모셔서 좋은 일이 생겼다고 하더라도 이를 마냥 좋게만 받아들일 수는 없다. 명당이건 명당이 아니건 인과에 따라 과보를 받는 건 똑같다. 좋은 일이 생긴 것만큼 싫고 나쁜 일이 생긴다는 인과의 법칙은 장소를 불문하고 언제나 공평하다. 그러니 좋은 일이 생겼다고 흥청망청하다가는 더 위태로울 수 있다. 좋은 일이 생길수록 좋으니 싫으니 분별하는 마음을 내지 말고 인연에 따라 조신하게 순리대로 행동하는 것이 최선이다.

　황금을 얻었다가 잃게 되면 차라리 얻지 않은 것만 못하다. 좋은 일이라고 해서 허영에 들떠 있다가 나쁜 과보를 받느니보다 애초에 욕심을 내지 않고 나쁜 과보를 피하는 게 더 나을지도 모른다. 물론 선택은 자유다. 한번 태어난 인생 화려하게 살다 가야지 하는 사람도 있고, 제자리에서 드러나지 않고 조용히 사는 걸 인생 제일의 낙으로 여기는 사람도 있다. 그러나 그들 모두에게 인과의 법칙은 동일하게 작용한다. 인연법에 따르면 올 것은 어떻게든 오고 갈 것은 어떻게든 간다. 오는 것을 억지로 막거나 가는 것을 억지로 잡는다면, 오는 것도 고통이고 가는 것도 고통이 된다. 애만 쓰다가 사람만 축나고 만다.

전생에 대한 생각

요즘에도 전생을 믿는 사람이 적지 않다. 출판물이나 온라인을 통해 동서양의 다양한 지식을 접할 기회가 늘어났기 때문이다. 사실 전생을 믿거나 믿지 않는 것은 그리 중요하지 않다. 적어도 전생을 믿는 사람이라면 내세를 염두에 두고 있기에 현재의 행동을 조심하게 된다. 현재의 행동을 조심하는 것, 즉 삼업三業인 몸의 행위, 입의 행위, 생각의 행위를 조심하는 것은 나를 위해서도 타인을 위해서도 무척 중요하다.

물리적인 신체는 일정한 시간이 지나면 흔적도 없이 사라진다. 이를 두고 세간에서는 죽는다고 하는데, 불가에서는 '사대四大로 돌아간다'는 표현을 쓴다. 사대란 지수화풍地水火風을 가리킨다. 인간을 형성하는 색色·수受·상想·행行·식識의 오온五蘊에서 색온色蘊을 구성하는 요소이다. 좀 더 정확하게 짚고 넘어가자면, 사대란 지대地大의 견고한 성질, 수대水大의 습한 성질, 화대火大의 따뜻한 성질, 풍대風大의 움직이는 성질을 가리킨다. 이 네 가지 요소가 심장이 멈추는 시간을 기점으로 원래대로 다시 흩어지는 것을 죽음이라고 보는 것이다.

우리는 다른 생명체로 태어나는 것이 물리적으로 불가능하다고 생각한다. 사대가 다시 모여 하나의 생명체를 이루려면 헤아릴 수 없는 억겁의 시간이 소요된다고 생각하기 때문이다. 이 요소들이 하나하나의 성질로 분해되는 시간을 생각해보면 그럴 수도 있다. 물이 물이 아니라 습한 성질로 분해되는 데에 걸리는 시간은 상상할 수도 없을 만큼, 정말 수만 겁이 걸릴 것이다. 반대로 눈 깜짝할 사이의 짧은 시간일지도 모른다. 잠이 들거나 기절했을 때, 혹은 마취 주사를 맞은 경우 우리는 시간의 경과를 전혀 느끼지 못한다. 『화엄경』에서는 한 찰나에 헤아릴 수 없는 시간이 들어있다[一念卽是無量劫]고 하지 않던가.

어떤 형태로 태어날지는 본인의 업에 따라 결정된다. 미혹한 중생은 자신의 전생과 내세를 모르지만, 불보살과 아라한, 조사들께서는 훤히 아신다고 한다. 마음을 깨쳐 신통을 얻으면 그것이 보인다는데, 당신 자신의 전생을 보는 것은 물론 주변인들이 무수 겁을 통해서 지은 인과因果와 인연因緣을 보는 것이다. 숙명통宿命通과 천안통天眼通이 터졌기 때문이다. 우리나라 스님 중에도 몇몇 분들은 간혹 법문하시는 도중에 당신의 전생을 말씀하시곤 한다. 시간이 지날수록 우리는 바깥을 보고 바깥을 공부하는 습성에 길드는 듯하다. 그러나 진짜 공부는 마음을 깨치는 공부이다.

따지고 보면 현세에 어떤 모습인지에 집착할 필요가 없다. '좋다'거나 '싫다'고 하는 고락의 업을 가지고 있는 한 천국에서 행복을 누리는 천인이나 한낱 축생에 지나지 않는 생명이나 매한가지 윤회를 벗어나지 못하기 때문이다. 어떠한 모습으로 현세에 살든 좋은 것을 추구하는 습성을 버리지 못하는 한 딱 그만큼의 과보를 받는다. '좋다'거나 '싫다'는 감정에서 벗어나지 못한다면 천상에 태어난다고 좋아할 일도 아니고, 지옥에 태어난다고 싫어할 일이 아니다. 인과에서 벗어나지 못하니 고락에서 벗어나지 못하는 것이고, 고락에서 벗어나지 못하니 다시 인과를 벗어나지 못하는 것이다.

정이 깊은 만큼 헤어짐의 아픔도 크지 않던가. 이를 애별리고愛別離苦라 한다. 가족을 예로 들어보자. 가족이어서 정이 깊은 게 아니라 정으로 뭉친 업이 원인이 되어 가족이라는 인연으로 모인 것이다. 업을 진하게 물들인 정은 어떤 몸으로 태어나든 다시 업으로 작동하기 때문에 천상의 천인이거나 축생과 미물일지라도 거기에서도 가족의 인연을 맺고, 거기서도 인간일 때와 마찬가지로 가족의 정을 주고받는다. 허무맹랑한 이야기라고 치부하는 사람이 있을지 모르겠다. 하지만 실상의 일이며 존재하는 모든 것의 일이다. 자연에 존재하는 만물의 인연 모습도 다르지 않다.

빡빡한 삶의 굴레에서 자신을 돌아볼 여유가 없을지라도 가능하면 멀리 내다보고 사색하는 시간을 갖도록 하자. 욕망과 탐욕의 감정에 이끌려 정신없이 살기보다는 좀 더 현명한 지혜를 갖출 필요가 있다. 좋으니 싫으니 하는 감정의 기복을 줄이는 게 현대인의 정신 건강에도 좋다. 당장 눈앞의 일에 일희일비하는 스트레스도 확연히 줄어들 뿐더러 이로 인해 생기는 인과의 업장도 조금씩 소멸할 수 있다. 어차피 나에게 일어난 일은 나의 인과이기에 피할 수 있는 게 아니다. 무슨 일이건 넉넉하고 편안한 마음으로 받아들이기 시작하면 바꿀 수 없을 것 같던 전생도 어느새 나에게 좋은 인연으로 다가오기 시작할 것이다.

설상가상

『경덕전등록』에 나오는 일화로 여산廬山 서현회우栖賢懷佑선사 조에
실려 있다.

어떤 스님이 물었다.
"멀리서 찾아왔으니, 스님께서 깨우쳐 주십시오."
"때에 맞지 않는구나."
"스님께서 때를 맞추어 주십시오."
"나 또한 바꿀 수 없다."
"어떠한 법이 법에 차별이 없는 것입니까?"
"눈 위에 서리를 더하는구나."

여기에 나오는 '설상가상雪上加霜'이라는 고사는 '흰 눈 위에 다시 흰 서리를 더한다'는 뜻으로 원래 쓸데없는 참견이나 중복이라는 의미였으나, 점점 의미가 확대되어 '계속해서 좋지 않은 일이 일어난다'는 비유로 쓰이게 되었다. 흔히 '엎친 데 덮친 격'이라는 말과도 상응해서 사용된다.

세상의 모든 것은 인과因果에 따라 움직인다. 현재 자신이 행동하고, 말하고, 생각하는 신·구·의 삼업三業이 그대로 인과의 모습이고, 여기에 다시 행동하고, 말하고, 생각하는 것이 더해지면서 인과를 움직인다. 생각하고, 말하고, 행동하는 순간 우리의 모든 행위는 아뢰야식이라는 심층의식 속에 저장된다. 아뢰야식은 그 이전부터 저장하고 있던 것과 끊임없이 새롭게 입력되는 것들을 혼합하고 무르익게 해서 다시 생각과 말과 행동으로 끄집어낸다. 지금 나의 행위는 아뢰야식에 의해 무르익은 후 시절인연을 만나 드러난 것이다. 우리가 윤회하는 모습을 표현하고 나니 정말 설상가상이다.

인과의 움직임이 그대로 드러난 상태를 자연自然이라고 한다. 우리는 사람의 손이 닿지 않은 순수한 모습을 최고의 자연으로 친다. 어느 것이든 인위적인 행위가 닿으면 자연스럽지 않다고 여긴다. 자연이라는 말이 '스스로 저절로 움직이는 것'이라는 의미의 한자어이다 보니 그럴 만도 하다. 그러나 이 또한 인과의 범주에서 이루어지는 일이고 큰 틀에서의 자연이다. 사람의 손이 닿으면 닿는 대로, 닿지 않으면 닿지 않는 대로 인과이기 때문이다. 그렇지 않다고 생각한다면, 곰곰이 생각해보자. 그런 생각은 어디서 나온 것인가. 우리가 사는 세상은 연기緣起하는 세상이고, 우리가 경험하는 현상은 인과에 의한 현상이다.

지금 즐거움과 기쁨을 찾고 행복과 만족을 찾고 있다면, 이것을 알아야 한다. 그것도 인과의 현상이다. 인과로 말미암아 곧 괴로움과 슬픔, 불행과 불만족이 나타난다. 찾지 않아도 될 것을 억지로 찾는 바람에 과보를 받는 것이다. 움직여도 인과에 걸리고 가만히 있어도 인과에 걸린다. 옳으니 그르니 시비를 해도 인과가 나타나고 좋으니 싫으니 분별을 해도 인과가 나타난다. 어떤 행동을 하든, 어떤 말을 하든, 어떤 생각을 하든 인과에서 벗어날 수 없고 하염없이 윤회의 과보를 받아야 한다. 그야말로 엎친 데 덮친 격이다.

이러한 인과의 업식業識을 조금이라도 녹이려면 분별망상을 멈추어야 한다. 좋다거나 싫다는 생각이 올라올 때, 분별하려는 그 찰나, 올라오는 그 생각을 단박에 끊는 것이다. 세상은 저절로 스스로 그렇게 움직인다. 여기에 옳으니 그르니 시비를 분별할 일도 없고 좋으니 싫으니 감정을 섞을 필요가 없다. 아무런 의미가 없다. 어떤 시비 분별에도 세상은 저 스스로 흘러간다. 우리는 유독 선불교에만 언어도단言語道斷이니, 교외별전教外別傳이니, 불립문자不立文字니 하는 수식어를 붙이는 경향이 있는데, 실제로 인과와 연기의 모습도 그렇다. 말이 끊어진 상태이고, 가르침 외에 전하는 것이며, 문자로는 표현할 수 없는 것이다.

『벽암록』 제28칙에는 백장열반百丈涅槃화상과 그를 찾아온 남전 보원南泉普願(748~834)선사의 선문답이 펼쳐진다. 백장열반은 백장회 해百丈懷海(720~814)선사의 제자 백장유정百丈惟政 스님이다. 백장 스 님이 "예로부터 성인이 설하지 않은 법法이 있습니까?" 하며 문답이 시작된다. 문답의 말미에 백장 스님은 이렇게 말한다. "내가 스님에 게 너무 많은 말을 한 것 같소."

이 대목에 원오극근圓悟克勤(1063~1135) 스님은 간단한 해설을 붙 여놓았다.

"눈 위에 서리를 더한 격이다. 용두사미로 무얼 하려는가?"

백장야호

중국 남송의 선승 무문혜개無門慧開(1183~1260)가 지은 선어록『무문
관』의 제2칙 백장야호百丈野狐 공안에 대한 이야기이다. 백장회해百
丈懷海(749~814)는 당나라의 선승으로, 〈백장청규〉를 제정하여 그동
안 율종 사원에 더부살이를 하던 선종 사원을 독립시켜 선종 총림
을 수립하였다.

백장회해선사가 설법할 때마다 한 노인이 와서 늘 대중 뒤에서
듣고 있다가 대중이 물러가면 함께 물러가곤 하더니 어느 날은
설법이 끝나 대중이 물러갔는데도 그 노인은 조용히 눈을 감고
앉아 있었다. 백장선사가 물었다.
"그대는 누구인가?"

"저는 옛날 이 절에서 주지 소임을 살던 자입니다. 어느 날 학인 하나가 오더니 수행을 마친 사람도 인과因果에 떨어지는지 묻기에, 떨어지지 않는다고 대답했다가 여우의 몸으로 500년을 살았습니다. 이제 이 질문을 선사께 여쭙고 싶습니다."

백장선사는 말이 떨어지기 무섭게 대답했다.

"불매인과不昧因果"

그제야 깨달은 노인은 감사의 마음을 전하며 이렇게 말했다.

"저는 이제야 겨우 여우의 몸을 면하게 되었습니다. 부디 날이 밝는 대로 뒷산에서 저의 색신色身을 찾아 망승亡僧의 예로 화장해 주시길 바랍니다."

노인은 '수행을 마친 사람은 인과에 떨어지지 않는다[不落因果]'고 알고 있었고, 백장선사는 '인과는 속일 수 없다'고 가르쳐주었다. 야호선野狐禪이라는 말이 여기서 나왔다.

불락인과不落因果와 불매인과不昧因果의 '낙落'과 '매昧' 한 글자 차이가 노인을 오랜 시간 동안 여우의 몸으로 살게 했다. 이 차이가 뭐 그리 대수여서 그토록 커다란 과보를 감당해야 하느냐고 되물을 수 있다. 그러나 진리의 관점에서는 하늘과 땅 차이다. 삼조승찬三祖僧璨대사의 『신심명』에는 '호리유차毫釐有差 천지현격天地懸隔'이라는 말이 나온다. 터럭만한 차이라도 하늘과 땅만큼 벌어진다는 뜻이다. 현대사회에서도 이런 일은 쉽게 볼 수 있다. 비슷한 조건으로 태어난 쌍생아도 완전히 다른 인생을 사는가 하면, 단 한 번의 기회나 실수로 인생의 방향이 완전히 달라지는 예도 있다.

　노인이 인과의 뜻을 전혀 모른다고 할 수는 없다. 그도 알고 있었다. 알고 있었으나, 그의 업식業識에는 아직 좋다거나 싫다는 고락의 감정이 남아 있어서 인과를 피해 갈 수 없었던 것이다. 그래서 백장선사는 인과를 속일 수 없다고 단호하게 말씀하셨다. 아무리 지식이 많고 권력과 재력이 넘치더라도 좋고 싫다는 고락의 감정을 지니고 있는 한 인연 과보를 피할 수 없다. 깨달은 부처님이나 아라한의 경우도 전생에 지은 업에 대한 과보는 받는다. 그러나 그것에 미혹되지 않으며, 마음을 깨친 이후에는 더 이상의 업을 짓지 않는다.

　우리는 습관적으로 생각을 한다. 그런데 생각은 왜 하는 걸까? 조금이라도 더 유리하고 좋은 쪽을 선택하기 위해서이다. 더 좋은 것을 찾는다는 건 더 나쁜 것이 있기 때문이고, 나쁘다고 생각하는 것이 있으니 좋다고 생각하는 것이 생겨난다. 우리에게는 나쁜 것을 피하고 좋은 것을 취하려는 습성이 있다. 그러나 이 둘은 전혀 다른 것이 아니다. 동전의 다른 양쪽 면이어서 애초에 하나만 택할 수가 없다. 동전의 어떤 면이건 선택함으로써 우리는 그 동전의 다른 면도 함께 손에 쥐는 것이다. 그런 것이 인과이다.

　잘난 사람이나 못난 사람이나, 선한 사람이나 악한 사람이나 자신에게 유리하고 좋은 것을 선택하려는 마음은 다르지 않다. 차이는 각자 얼마나 더 큰 고락의 업을 가졌는가 하는 것이다. 욕망이

아무리 지식이 많고
권력과 재력이 넘치더라도
좋고 싫다는 고락의 감정을
지니고 있는 한
인연 과보를 피할 수 없다.

커서 더 좋은 것을 추구하는 사람은 성취감이 클 수도 있지만, 그가 가진 고락의 크기만큼 인과의 업도 작용하기 때문에 나쁜 과보를 불러올 가능성도 크다. 좋다거나 싫다고 고락을 분별하는 업은 탐·진·치 삼독심의 크기와 비례한다. 삼독심이란 우리의 선근善根을 해치고 괴로움의 원인이 되는 번뇌를 불러온다. 따라서 세속 논리로 가려지는 시비와 세속 윤리로 분별되는 감성은 어쩔 수 없이 번뇌를 일으켜서 과보를 부르게 된다.

좋다거나 싫다고 끊임없이 분별하거나, 싫은 것을 피해서 좋은 것만 탐하거나, 마음대로 안 된다고 화를 내는 것은 고락의 인과를 다스리는 데에는 전혀 도움이 안 된다. 간혹 무엇에도 얽매이지 않고 자유를 추구하는 이들은 사회적 통합과 조화를 부정하면서 개인주의적인 삶을 선호하는데, 이러한 생각 역시 자신이 업식이 드러난 것임을 알아야 한다. 진정한 자유는 인과의 덫에서 벗어나 어디에도 끄달리지 않는 것이다. 윤회에서 완전하게 해탈하는 것을 말한다. 적어도 업과 인과가 얼마나 철두철미한지 알고 있다면 아무리 어려운 상황에 직면하더라도 감정 분별을 자제해야 한다.

되찾은 시력

어려운 상황을 극복한 이야기는 우리에게 감동을 준다. 어려운 환경이 아니라면 감동도 없을 것이다. 달리 말해서, 어려움이 클수록 감동도 큰 법이며 어려움이라는 조건은 그 어려움에서 벗어나는 방법과 희망을 동시에 내포한다. 마치 겨울이 봄을 위해 존재하는 것처럼 말이다.

야구를 무척 좋아하는 소년이 있었다. 어느 날부터인지 소년의 시력이 점점 떨어지더니 결국 앞을 볼 수 없게 되었다. 수술을 받아야 하지만 겁이 난 소년은 계속 거부했다. 부모님의 걱정이 여간 아니게 되자, 소년은 그제야 자기가 좋아하는 야구선수가 홈런을 치면 수술을 받겠다고 약속했다. 이 소식은 널리 알려졌고,

급기야 그 선수도 홈런을 치겠다고 선언했다. 그러나 홈런을 치지 못했고 삼진아웃을 당하고 말았다.

그러다 기적이 일어났다. '땅' 하는 소리와 함께 잠시 정적이 흘렀고 포물선을 그리던 공이 담장을 넘어갔다. 잠시 후 아나운서와 해설자는 장내가 떠나갈 듯 큰 소리로 외쳤다.

"홈런입니다, 호옴러언! 하늘에 떠 있는 달이라도 맞출 것 같은 초대형 홈런입니다."

소년과 가족들은 기쁨에 젖은 채 서로를 꼬옥 끌어안았다. 그들은 뜨거운 눈물을 흘리고 있었다.

영화처럼 감동적이다. 세상에는 영원한 어려움도 없거니와 영원히 손쉬운 일도 없다. 어려움과 손쉬움은 일란성 쌍둥이 같아서 이것에 의해 저것이 나타나고 저것에 의해 이것이 생긴다. 우리는 흔히 우리 내면에 있다고 여겨지는 감정과 우리 외부에서 벌어지는 사건들은 서로 관계가 없으며 각자 다른 원인에 의해서 발생했다가 사라진다고 생각한다. 그렇지 않다. 우리 감정이 인과에 따라 변하듯이 우리가 맞닥뜨리고 있는 고난도 인과에 따라서 생겼다가 사라진다. 고난과 난관만이 아니라 모든 것이 그렇다. 많은 성인들이 우리 바깥에서 벌어지는 일에 관여하느니 내면에 집중하라고 가르쳤던 건 이 때문이다.

누군가 지금 기분이 나쁘다면 언젠가 그에게 기분이 좋았던 시기가 있었음을 의미한다. 우리는 자신이 지은 업과 인과에 따라 기분의 다른 측면을 경험하지만, 같은 기분을 동시에 경험할 수는 없다. 그래서 시간차라는 게 존재한다. 그것을 시절인연이라고 한다. 지금 기분이 좋다면 기분을 좋아지게 하는 업이 나타나고 있다는 뜻이고, 시기적으로 그것이 나타날 때가 되었다는 신호이다. 그렇다고 기분을 나쁘게 하는 업이 완전히 사라졌다거나 작동이 중지된 것이 아니다. 그것 역시 제 나름의 시절인연에 순응하면서 기분을 좋아지게 하는 업의 세력이 사그라지기를 기다린다.

좋은 기분과 나쁜 기분은 이처럼 반복한다. 이러한 반복을 윤회라고 한다. 좋은 기분과 나쁜 기분이 따로 있는 것이 아니다. 좋은 일과 나쁜 일은 본래 없으며, 옳은 일과 그른 일도 마찬가지다. 기분이 있을 뿐이고, 일이 있을 뿐이다. 업력業力이 작용해서 좋은 기분과 나쁜 기분을 분별하고, 좋은 일과 나쁜 일을 분별하는 것이다. 분별을 일삼는 업을 소멸하면 그뿐이다. 조금 더 깊이 들어가자면, 기분이나 일이란 것도 사실은 없다. 편의를 위해서 그런 이름을 붙이고 개념화했던 것인데 우리는 오히려 그것으로 인해 고통스러워한다.

우리 외부에서 벌어지는 이슈나 세상을 떠들썩하게 하는 전쟁도 연기緣起의 현상이다. 우리와는 무관하고 단순한 자연재해라 생각되는 화산 폭발이나 태풍, 해일 등도 연기의 현상에 지나지 않는다. 이러한 사실을 인정하는 것이 불편하겠지만, 어쩔 수 없는 사실이다. 불편하다고 여겼다면 업이 작용해서 분별을 부추긴 것이다. 마음을 가라앉히고 분별하는 그놈이 누구인지를 바로 보자. 아무런 목적도 기대도 없이 그냥 보는 것이다. 그러면 분별하는 마음이 조금씩 사라진다. 일단 분별이 시작되면 인과의 시스템을 거쳐서 어떤 식으로든 과보를 불러온다. 우리를 극락으로도, 지옥으로도 인도하는 것이 과보이다.

우리를 위기로 내모는 것은 언제나 이 분별업이다. 분별하게 되면 극락에서도 좋다거나 싫다는 감정이 드러나고, 분별하지 않으면 지옥에서도 좋으니 싫으니 하는 감정 자체가 없다. 따지고 보면 극락이니 지옥이니 하는 것도 분별업의 소산이다. 분별하지 않는데 극락이 어디 있고, 지옥이 어디 있으랴. 본래 옳고 그름, 좋고 나쁨은 없다. 분별업이 나타나서 세상을 어지럽게 만든 것이다. '남을 탓하지 말라'는 조언은 이런 뜻에서 비롯된다. 내면에서 올라오는 감정도 분별업이 만들어내고, 외부에서 벌어지는 현상도 분별업이 만들어낸다. 아이러니하지만 내 안의 세상이나 나 밖의 세상은 모두 내가 만든 것들이다.

야구공이 담장을 넘어가면서 소년은 너무 기쁜 나머지 분별심을 놓아버렸다. 날아오는 공을 배트로 정확히 때려내면서 타석에만 집중하던 선수는 분별심을 놓아버렸다. 현세에서 피 한 방울 섞이지 않은 이 두 사람은 분별심을 놓아버림으로써 잃어버렸던 시력을 되찾는 기적을 만들어 냈다. 우리는 기적이라거나 가피라고 하면 비현실적이고 초현실적인 신비를 전제하는 경향이 있는데, 기적이나 가피는 그런 것이 아니다. 아주 당연하게, 그리고 아주 자연스럽게 우리를 찾아와 인생을 안정적으로 변화시킨다. 만약 신비로 포장된 불가사의한 무엇이 우리 앞에 나타났다면, 마술이나 마법이라는 이름으로 불렸을 것이다.

좋은 것과 싫은 것, 옳은 것과 그른 것을 자기 밖에서 찾으려 한다면 영원히 인과의 세계에서 벗어날 수 없거니와 윤회를 계속하며 고해苦海를 건너지 못한다. 항상 인과를 기억하고 분별심이 올라올 때마다 그것을 내려놓으라. 아니, 인과를 안다면 분별하는 마음이 사라지기 시작할 것이다. 어떤 일을 겪든 어떤 사람을 만나든 분별심과 인과로 인해 생긴 업의 그림자이다.

사형수의 딸

나라는 존재는 누구인가? 나는 왜 태어났을까? 어떤 인연 때문에 이번 생에 이런 부모를 만났을까? 나는 왜 이렇게 생겼을까? 나는 왜 이곳에 있는가? 요즘 세상에 이런 질문을 던지는 사람은 매우 드물다. 수행자가 아니라면, 이 질문의 답을 찾으려고 노력하는 사람은 더욱 희박할 것이다.

사형수의 딸이 있었다. 마지막 면회 시간이 끝나갈 즈음 아버지가 입을 열었다.

"사랑하는 내 딸. 이렇게 예쁜 딸을 혼자 두고 떠나려니 마음이 찢어진다. 다음 생에는 우리 꼭 오래오래 같이 있자."

간수들에게 끌려가는 아버지를 보며 딸은 애처롭게 울었다. 이

튼날 새벽 종소리가 울리면 아버지는 교수형을 당할 것이다. 이 사실을 알고 있는 딸이 종지기를 찾아갔다.

"할아버지, 내일 새벽에는 제발 종을 치지 말아 주세요."

아무런 대답 없이 소녀의 이야기를 듣고 있던 종지기의 눈에도 어느새 눈물이 고였다. 밤이 지나고 새벽이 밝아왔다. 종탑 밑으로 무거운 발걸음을 옮긴 종지기가 줄을 잡아당겼다. 그런데 이게 웬일인가? 아무리 힘껏 줄을 당겨도 종이 울리지 않았다. 얼마간의 시간이 흐르고 사형집행관이 뛰어왔다. 이번에는 둘이 같이 줄을 당겼다. 수십 번이나 반복해도 여전히 종은 울리지 않았다.

"종탑으로 올라가봅시다."

종탑에 올라간 두 사람은 소스라치게 놀랐다. 종의 추에는 피투성이가 된 소녀가 매달려 있었다. 소리가 나지 않도록 몸으로 버티고 있었던 것이다. 이 감동적인 이야기에 사람들의 눈물 어린 호소가 이어졌고, 당국은 마침내 사형을 면제해주었다.

우리는 태어난 이유와 목적에는 전혀 관심을 두지 않은 채 살면서 별의별 일을 겪는다. 뛸 듯이 기쁜 일이 오는구나 싶었는데 감당하기 힘든 일을 경험한다. 자신도 모르는 사이 횡재를 만나는 행운에 들떴다가 갑작스러운 불행으로 인생이 곤두박질치기도 한다. 사소해 보이지만 고민이란 걸 할 때도 있다. 어떤 것이 유리하고 어떤 것이 불리한지를 일일이 따져가며, 당장 느껴지는 좋은 감정을 위해 최선을 다한다. 대부분 시간을 이해하지 못하는 일들로 허둥지둥하지만, 그럭저럭 해결책을 찾으며 오늘까지 왔다. 그러나 매번 같은 실수를 반복하는 까닭은 그것이 근본적인 원인이 아니기 때문이다.

우리는 인과의 법칙에 따라 태어났다. 인과의 법칙은 내가 누구인지, 나는 왜 이렇게 살아가는지를 설명하는 근본적인 대답이다. 물론 앞으로 살아갈 미래도 그 안에서 해답을 찾을 수 있다. 원인과 결과를 명확히 이해하면 우리는 지금보다 훨씬 성숙한 자세로 세상을 대면하게 된다. 모든 결과가 어떻게 정해지는지는 비교와 경험을 통해 유추할 수 있다. 자연계의 변화는 우리에게 특별한 통찰력을 준다. 씨앗이 나무로 자라나고 나무는 다시 씨앗을 파종하며 세계를 형성한다. 원인으로 인해서 결과가 생기고, 결과는 다시 원인이 되어 다른 결과를 발생시킨다. 부처님께서는 이런 순환 고리를 연기緣起라 하셨고, 연기의 이치에 따라 인연과 과보가 윤회한다.

나의 출생, 나와 관계된 타인, 타인과 타인의 관계, 세상에서 벌어지는 모든 현상. 여기서 인과의 모습이 아닌 건 하나도 없다. 인과의 세계는 우연처럼 보여도 필연을 벗어나지 않는다. 우리는 나와 타인을 분별하면서 별개의 존재로 여기지만 멀쩡하던 도로가 갑자기 막힌 것도 나의 업이고, 의도치 않게 뉴스를 통해 알게 된 사건과 사고들도 나의 업이다. 나와는 무관해 보여도 사실은 인과로 연결되어 있다. 그러니 세상에는 시비를 따지고 고락을 분별하며 억울해하고 속상해할 일이 없다. 좋으니 싫으니 하면서 고락의 감정을 분별했던 것이 인과적으로 윤회했으니 하나씩 따지고 들어가보면 원인은 나에게 있다.

이 이야기를 잘못 이해하거나 받아들이면 "그러면 차가 막힌 것이 나의 잘못인가?" "사건 사고가 일어난 것이 나의 잘못이란 말인가"라고 할 수 있다. 차가 막히고 사건 사고가 일어난 것이 내 책임이라는 것이 아니라 그것을 시비분별하며 고락의 업을 일으켰다면 괴로움은 자신의 몫이라는 말이다.

처음의 이야기로 돌아가 보자. 어린 딸의 행동이 참으로 감동적이다. 누군가는 아버지를 살리려는 딸의 행동에 가슴이 미어지는 느낌을 받을 것이고, 누군가는 도대체 무슨 짓을 저질렀기에 어린 딸을 두고 사형수가 되었는지 딱한 심정으로 바라볼 것이다. 하지만 우리는 이야기의 표면적 감동에만 머무를 수 없다. 사형수의 딸로 태어난 소녀와 애틋한 딸을 둔 사형수, 눈시울을 적실만큼 마음이 흔들려도 자기 일을 할 수밖에 없었던 종지기, 그리고 그 외에도 형집행의 면제를 위해 관련된 드러나지 않은 많은 사람들. 이들이 모두 인연과보因緣果報에 의해 얽혀 있다. 이 이야기를 읽고 감동한 사람들도 마찬가지다.

이것을 불교에서는 '동업同業'이라고 한다. 하나의 업에 여럿이 얽혀 있다는 뜻이다. 『아함경』에 따르면, 부처님께서는 한때 3개월씩이나 말이나 소가 먹는 보리를 드신 일이 있다. 세상에서 가장 높은 지혜와 복덕을 두루 갖춘 부처님께 설마 그런 일이 있었을까 싶지만, 경전에는 그렇게 기록되어 있다. 당시 부처님을 모시던 제자들도 똑같은 음식으로 공양할 수밖에 없었다고 한다. 너무 궁금한 나머지 제자 하나가 까닭을 여쭈었다. 아주 오랜 옛날 석가모니 부처님께서는 전생에 타인을 비방한 적이 있었는데, 그 인연으로 과보를 받았다는 것이다. 똑같은 음식으로 공양한 제자들 모두 그때의 일과 관련되어 있다.

부처님께서는 그때의 일을 떠올리며 이렇게 말씀하셨다. 우리에게 많은 생각을 하게 하는 말씀이다.

"선과 악은 그것을 지은 사람이 죽어서 다시 태어나더라도 없어지지 않는다."

공덕

양무제梁武帝(464~549)는 불심천자佛心天子로 불릴 정도로 불교에 진심이었다. 황제 자신이 동태사同泰寺를 짓고 막대한 재물을 보시했으며, 불교 경전에 대한 주석서를 집필하기도 했다. 일설에는 불교의 계율을 지키며 소식蔬食을 했다는 이야기도 있는데, 이런 양무제와 달마대사達磨大師가 만난 이야기이다.

달마대사가 중국에 도착했다는 소식을 들은 양무제가 마중을 나왔다. 달마대사의 명성이 이미 중국에 전해졌기 때문이겠지만, 불교 전법에 공헌한 자신의 업적을 과시하려는 양무제의 욕망은 몹시 컸다. 달마대사에게 양무제가 물었다.

"나는 그동안 수천 개의 절을 짓고, 수만 명의 스님에게 시주를 하고, 불경을 편찬했습니다. 나의 공덕이 얼마나 많겠습니까?"

"전혀 없습니다."

이처럼 불법을 전하는 일에 헌신하고도 공덕이 전혀 없다는 대답을 들은 양무제는 기가 찼다. 다시 물었지만, 달마대사로부터 돌아오는 대답은 이러했다.

"그것은 인천人天이나 받는 유루有漏의 복입니다. 형상을 따르는 그림자와 같습니다."

달마대사의 대답을 이해하지 못한 양무제가 다시 물었다.

"그럼, 어떤 것이 진실한 공덕입니까?"

"세상의 법으로는 구할 수 없습니다."

"어떤 것이 성스러운 진리입니까?"

"성스러움은 존재하지 않습니다."

"내 앞에 있는 그대는 누구입니까?"

"모릅니다."

양무제에게 달마대사는 공덕이 전혀 없다고 했으니 은근히 약이 오를 법도 하다. 인천의 복이란 인간과 천인天人들이 지은 복으로 과보를 불러오는 복을 말한다. 우리가 흔히 '선인낙과善因樂果 악인고과惡因苦果'라고 할 때의 복으로, 선한 행위는 즐거움의 과보로 이어지고, 악한 행위는 괴로움의 과보로 이어진다는 의미이다. 그래서 이를 유루복有漏福이라고 한다. 여기서 루漏는 '누설되다' '새어나가다'라는 뜻으로 번뇌를 의미한다. 눈물이 흐르는 모습을 떠올리면 이 글자의 의미를 쉽게 이해할 수 있다. 하지만 어쩐지 찜찜하다. 선한 행위로 즐거움의 과보를 받는 것까지 유루복이라고 치부해버리면 좀 심한 거 아닌가.

인간 세상과 하늘 세상은 상대적인 세계이고, 좋으니 싫으니 하는 고락苦樂을 분별하는 인과因果의 세계다. 그러니 이때의 복은 먹고 싶고, 자고 싶고, 가지고 싶고, 사랑하고 싶고, 명예롭고 싶은 오욕五慾을 만족시키는 부귀영화 등을 말한다. 충족되더라도 새어나가기 때문에 번뇌를 더욱 키우는 복이어서 언제나 괴로움을 동반한다. 지금 당장은 즐겁고 기쁘고 편안하고 행복한 듯해도 인과에 따라 복이 새어나가고 나면 괴롭고 슬프고 불편하고 불행한 과보가 붙는다. 진실한 복이 아니다. 전혀 공덕이 없다는 달마대사의 말은 이런 뜻이다.

진실한 공덕은 세상의 인과법因果法으로는 구할 수 없다. 객관적인 세계니, 물질적인 세상이니 따지는 순간 사라진다. 진실한 공덕은 중도中道의 마음으로만 얻을 수 있다. 말이나 문자로 달리 표현할 길이 없으니 공덕이라거나 복이라는 말을 붙인 것이지, 중도에는 무어라고 특별히 이름 붙일 만한 게 없다. 이름에 속아버리면 중도는 나에게서 영영 멀어진다. 그러므로 당연히 '성스러움'조차 없다. 성스러움에는 가까이할 수 없을 만큼 거룩하고 고결하다는 의미가 붙게 되고, 인과에 따라 반대의 의미인 '속됨'과 같은 단어가 자연스럽게 따라온다.

이처럼 인과에는 대립한 한 쌍의 반대 개념이 존재한다. 일종의 풍선 효과(ballon effect)를 떠올려보면 이해하기 쉽다. 풍선의 가운데를 손으로 쥐고 한 쪽을 누르면 다른 쪽이 부푸는 것처럼 어떤 문제를 해결하면 다른 문제가 새롭게 발생하는 현상을 풍선 효과라고 한다. 즐거움이 사라지면 괴로움이 오고, 만족감이 다하고 나면 불만감이 시작되는 것이라고 설명할 수 있을까. 인과의 구조가 이렇다면, 양무제의 "내 앞에 있는 그대는 누구입니까?"라는 질문에 "모릅니다"라는 대답은 너무나 타당하다. 찬찬히 살펴보라. '나'라는 것은 말로는 설명하기 힘든 무언가이다.

가끔 복덕을 쌓아서 천상의 세계에 태어나면 좋은 게 아니냐고 묻는 분들이 있다. 불교 경전에는 천상 세계에 관한 설명이 나온다. 인간과 마찬가지로 우주도 성주괴공成住壞空을 통해 윤회한다. 우주가 괴멸하여 공겁의 상태가 되면 모든 중생이 색계의 제2선천 이상의 천상에 태어난다고 한다. 제2선천의 중생 가운데 선업을 가장 먼저 소진한 중생은 초선천에 태어나는데, 이 중생이 바로 우리가 알고 있는 창조주인 대범천大梵天이다. 경전에서는 대범천을 포함해서 완전한 열반을 얻지 못한 모든 중생은 윤회에서 자유롭지 못함을 설명하고 있다.

인간이나 천상의 세계나 고락에 따른 인과가 반복되는 인생이다. 그래서 부처님께서는 좋다거나 싫다는 분별된 감정을 놓으라고 하셨다. 적어도 괴로움의 과보는 면하라는 조언이다. 헛된 이름만 있을 뿐, 윤회하는 세계에 바탕을 둔 인과법에는 복도 공덕도 성스러움도 없다.

무념무상

어떤 생명이든 소중하다. 어떤 것보다 생명은 소중하며, 우리가 불교를 공부하는 이유도 여기에 있다.

어떤 사람이 어린 아들과 함께 절에 와서는 눈물을 쏟아내기 시작했다. 왜 우느냐고 다독여도 울음을 그치지 않았다. 달래가며 겨우 듣게 된 사연의 핵심은 이렇다. 지나던 스님이 집에 들렀는데, 아이의 수명이 짧아서 곧 죽을 목숨이니 빨리 절에 보내서 아이의 명을 연장하라고 했다는 것이다. 울음을 그친 그 사람은 이제 내 아들이 아니니 스님의 제자로 잘 길러서 큰스님을 만들어 달라는 부탁을 하고 돌아갔다.

하루 이틀이 지난 후 스님은 아이의 얼굴을 찬찬히 살펴보았다.

이상하게도 정말 앞으로 7일을 버티기 힘든 관상으로 변해 있었다. 아무리 생각해도 구제할 방법이 없었다. 운명을 다하더라도 집에서 하는 게 낫겠다는 생각이 들어서 하는 수 없이 집으로 돌려보냈다. 집에서 7일만 있다가 오라고 했다. 그런데 8일째 되는 날 아이가 돌아온 것이다. 집에서 잘 지내다 왔다는 인사도 하는 게 아닌가. 집에서 무슨 일이 있었는지 자세히 말해보라고 했지만, 아이는 아무 일도 없었다고 대답했다.

며칠 후 아이에게 계율을 가르쳤다. 불살생不殺生에 관해 설명하면서 모든 생명이 소중하니 어떤 경우라도 죽이지 말라고 했다. 아이는 갑자기 생각난 듯 천진스럽게 떠들어댔다.

"집으로 돌아갈 때 개울을 건너려고 하는데, 나무껍질 위에 개미들이 수북이 쌓여서 떠내려오고 있었습니다. 조금 더 흘러가면 폭포를 만나게 될 텐데…. 개미들이 다 죽을 것 같다는 생각에 얼른 나무껍질을 건져서 마른 땅에 올려주고 집으로 갔습니다."

스님은 그제야 무릎을 치며 아이를 쓰다듬어주었다. 그리고 이렇게 말했다.

"수많은 생명을 방생함으로써 네 생명을 네가 건졌다. 넌 앞으로 오래 살겠구나!"

하찮은 개미의 생명을 구한 일인데, 별일 아니라고 여긴다면 잘 못된 생각이다. 이 이야기에서 눈여겨볼 것이 하나 더 있다면 아이의 무심함이다. 아직 세상에 대해 눈을 뜨지 않은 어린 나이여서 그렇다고 아이의 행동을 예사롭게 보아 넘겨서는 안 된다. 아이처럼 무심코 하는 행동들은 큰 사고를 면하게 하고, 운명까지 바꾸는 힘이 있다. 이 점을 잊어서는 안 된다.

좋은 일이더라도 머릿속으로 헤아리며 이래저래 계산적으로 한 행위들은, 물론 하지 않은 것보다는 낫겠지만, 커다란 화복禍福의 흐름을 바꾸는 힘이 없다. 요령이나 피우고 재주나 부리며 이익을 취하려 한다면, 혹은 손해를 보지 않으려고 한다면, 아무리 용을 써도 결과적으로는 이익될 만한 게 없다. 인과의 과보를 면치 못하기 때문이다. 이미 어느 정도 나이가 들어 삶을 돌아볼 계기가 있었던 사람들은 안다. 자신이 후회하는 일들의 대부분은 하나라도 더 가지려고 아등바등하며 살았던 시간이라는 것을 말이다.

성장하면서 잘못 배운 것들이 우리를 혼란스럽게 한다. 남들보다 유능해야 하고, 일 처리는 똑 부러져야 하며, 사리 분별이 명확해야 한다고 배웠다. 조금이라도 긴장의 끈을 놓고 있으면, 그렇게 어리숙해서는 세상 사람들에게 만만하게 보여서 이용만 당할 거라며 야단을 맞았다. 소위 '있는' 집 자식들이 더 심하다. 오늘도 마마보이, 파파걸들은 가정과 학교에서 심지어는 학원에서도 세뇌당한다. 오죽하면 공정해야 할 대학입시에까지 '아빠 찬스'나 '엄마 찬스'를 이용할까. 솔직히 말해서, 이들은 '공정'을 모른다. 이미 출발선이 다른데, 찬스까지 남발하며 없이 사는 이들에게서 배움의 기회까지 박탈한다.

그런데 이런 논리는 도대체 어디서 생긴 걸까? 모르긴 몰라도 다른 종교나 철학에서도 이런 걸 가르칠 리는 만무한데 말이다. 정답은 이렇다. 이들에게도 인과는 공정하게 작용한다. 인과의 정교함은 말로 설명할 수 없을 정도다. 그러니 손해를 좀 본다고 해서 애태울 일이 아니고 이익을 좀 본다고 해서 좋아할 일도 아니다. 내 것을 빼앗기거나 잃는다고 염려할 필요도 없다. 사리 분별이 명확하지 않고 어리숙해도 괜찮다. 그건 인간의 두뇌로 헤아리고 계산할 일이 아니다. 인과가 알아서 처리해준다.

세상의 인연은 우리의 생각이나 의지와는 상관없이 인과의 원리 원칙에 따라 움직인다. 일상에서 힘든 일이 자주 생기는 까닭은 인과의 작용을 제대로 몰라서라고 할 수 있다. 좋으니 싫으니 하는 감정 분출이 필요 이상인 데다 좋은 것과 싫은 것에 대한 집착이 과도하기 때문이다. 감정이 격하다보면 인과가 불러오는 과보를 급격하게 받아야 하기에 당연히 매사가 고달프다. 가능하면 좋다거나 싫다는 고락의 분별을 하지 말고 무념무상無念無想으로 지내는 것이 좋다. 나에게 주어진 일을 무심하게 해 나간다면 복이 따라온다.

아이는 어떤 보상을 바라고 개미를 방생한 게 아니다. 그저 조금 더 흘러가면 폭포를 만난다는 생각에, 그러면 개미들이 다 죽을 것 같다는 생각에 무심히 건져주고 집으로 갔다. 이 별것 아닌 일에도 인과는 아이의 생명을 연장해주며 더없이 값진 보답을 한다. 이 아이가 성장해서 사회생활을 할 때도 이 마음이 변치 않았으면 좋겠다. 이런 마음들이 사는 세상이 바로 불국정토佛國淨土이다. 이 정토에는 걱정과 근심이라는 마구니가 들어설 틈이 없다.

개미의 발소리

자은규기慈恩窺基(632~682) 스님은 7세기를 전후해서 동아시아의 가장 위대한 불교 주석가였다. 그는 스승인 현장법사玄奘法師(602~664)와 함께 인도의 여러 유식학설唯識學說을 한데 모아 『성유식론』을 집대성했으며 이를 직접 주석하여 『성유식론술기』를 펴내기도 하였다. 중국에서는 이 논서와 주석서로부터 중국 유식학의 새로운 학설인 법상종法相宗이 시작되었는데, 규기 스님이 바로 법상종의 초조初祖이다.

규기 스님이 도선율사道宣律師(596~668)를 찾아갔다. 도선율사는 좁은 방에서 혼자 기거하고 있었는데, 날이 저물자 함께 잠을 청하기로 했다. 다른 방이 없었기 때문이다. 그런데 초저녁부터 규기 스님이 코를 고는 바람에 도선율사는 통 잠을 잘 수가 없었다. 마침 개미 한 마리가 나타나서 온 방을 돌아다니기까지 했다. 도선율사는 개미를 잘못 건드렸다간 죽일 수도 있겠다 싶어서 밤새도록 보고만 있었다.

이튿날 날이 밝자 도선율사가 규기 스님에게 말했다.

"스님께서는 밤새도록 천둥 번개를 치는 묘술을 부리는데, 재주가 아주 타고났소이다."

규기 스님이 대꾸했다.

"개미 한 마리가 밤새도록 온 방 안을 돌아다니는데, 발소리 때문에 한잠도 자지 못했습니다."

이 말을 들은 도선율사는 놀라움을 감추지 못했다.

규기 스님은 외모가 무척 수려했을 뿐만 아니라 예리한 지성의 소유자였다고 전해진다. 출가를 권유하는 현장법사에게 이렇게 대답했다고 한다. "세간의 욕정을 끊지 않고 술과 고기를 먹게 해주고 오후에도 음식을 먹게 해준다면 출가하겠습니다." 출가승이 보기에는 대책이 없어도 너무 대책 없는 조건이다. 그가 어떤 성격의 소유자였는지는 이 한마디에서 유추할 수 있다. 현장법사도 참 대단하신 분이다. 이처럼 당돌한 요구를 승낙하고 그를 받아들인다. 이걸인재를 알아보는 안목이라고 해야 할지, 어쨌든 규기는 현장 스님의 밑에서 삭발하고 출가를 감행한다.

출가한 규기는 한동안 '삼거법사三車法師'라고 불렸다고 한다. 외출할 때면 세 대의 수레가 동행했는데, 자신이 타고 있던 수레 옆에는 경론을 실은 수레와 기녀, 종, 음식을 실은 수레가 있었다는 우스갯소리가 있다. 우리나라 고승 중에도 파격적인 분들이 꽤 많은데, 이분 역시 상당히 호기심을 자극하는 승려였던 것 같다. 어린 시절 읽었던 『서유기』를 기억해보자. 삼장법사를 중심으로 손오공과 저팔계, 사오정이 등장해서 요괴를 무찌르며 불법을 전파하는 이야기였는데, 현장법사, 원측법사, 규기법사를 모델로 등장인물의 성격이 구축되었다 한다.

물론 정설에는 자은 스님의 별명이 삼거법사였던 것은 맞지만, 불경을 많이 읽어서 세 개나 되는 수레에 책을 싣고 다녔기 때문이라고 전한다. 삼거란 원래 부처님의 법을 실은 세 개의 수레라는 뜻으로 우거牛車, 양거羊車, 녹거鹿車를 가리킨다. 소가 끄는 수레, 양이 끄는 수레, 사슴이 끄는 수레로 각각 대승, 성문승, 연각승을 의미한다. 아무튼 현장법사의 가르침에 감화된 규기 스님은 결국 출가자 본연의 모습으로 돌아가 경전 연구에 몰두하게 된다.

17년에 걸친 현장법사의 경이로운 구법求法 활동으로 7세기 무렵에는 엄청난 양의 불교 서적들이 인도에서 중국으로 들어왔다. 현장법사가 장안으로 들여온 수많은 책은 당나라 태종의 전폭적인 지지 아래 한문으로 번역되기 시작했는데, 이때 당의 국가적 지원이 없었더라면 지금의 동아시아 불교는 존재하지 않았을 것이다. 당

'이렇게 되어야 하는데'라거나
'저렇게 되면 안 되는데' 하는 마음은
이미 고락의 분별이 시작된 마음이므로
인과를 만들기 시작한다.

시 현장법사의 문하에는 출중한 인재들이 모여들었다. 그 가운데 현장법사의 절대적인 신임을 얻으며 번역 작업에 열중했던 이가 바로 자은규기였으니, 시대를 초월할 만큼 비범한 인물이었음은 틀림없다.

개미의 발소리 때문에 잠을 설친 두 스님의 일화는 우리에게 신비롭고 오묘한 여운을 남긴다. 개미의 발소리를 듣다니. 분명 인간이 가진 육근六根의 능력을 훨씬 넘어선 예사롭지 않은 도력이다. 규기 스님이나 도선율사는 모두 마음을 깨친 분들이라고 할 수 있다. 그러니 코를 골든 개미가 온 방 안을 돌아다니든 잠을 청하는데 장애가 되지 않는다. 따로 고락을 분별하지 않으니 마음이 불편하거나 기분이 상하는 일도 없다. 두 분의 유난스러운 행동은 세속을 초월해 무심의 세상을 살아가는 도인들의 우정 어린 장난기라고 보면 된다. 마음을 터득해서 분별이 사라지면 이처럼 매사가 소일거리처럼 즐겁다.

말과 행동, 생각 중 어느 것이라도 좋으니 싫으니 하며 기분에 머무르며 집착하면 불편한 마음이 생기게 마련이다. 끊임없이 감정이 요동치다보면 기분이 상하는 것은 당연하다. 이런 모습이 바로 고락의 인과因果이다. '이렇게 되어야 하는데'라거나 '저렇게 되면 안 되는데' 하는 마음은 이미 고락의 분별이 시작된 마음이므로 인과를 만들기 시작한다. 자신이 힘들어지는 건 마음 바깥에 있지 않다. 목적을 향해서 열심히 노력하되 목적에 부합하지 않는 일이 일어나더라도 좋다거나 싫다고 하는 감정에 집착해서는 안 된다.

세상 모든 일은 인연의 질서에 의해서 이루어진다. 억지로 끼워 맞추려는 마음 자체가 인연의 질서에 어긋나므로, 스스로 애를 써서 과보를 불러온다고 하는 것이다. 주변에서 무슨 일이 일어나든 묵묵히 제 할 일을 하자. 옆에서 누군가 천둥처럼 코를 골든 개미가 온 방 안을 활보하며 수선을 떨든 편안하게 잠들면 된다. 인과에 어긋나지 않는다면 아무 일도 일어나지 않는다.

육바라밀행

현대 한국불교의 고승 퇴옹성철退翁性徹(1912~1993) 스님은 제자들에게 무슨 일을 시키건 언제나 확인하셨다고 한다.

"내가 시키는 대로 했느냐?"
"바빠서 미처 못 했습니다만 마음으로는 했습니다."
"보시는 했느냐?"
"형편이 안 되어서 마음으로만 했습니다."
"108배는 매일 하느냐?"
"가끔 못하는 날이 있는데, 마음으로는 매일 합니다."
"그래? 오늘부터는 마음으로 밥을 먹어라. 그럼 마음으로는 배가 부를 거다."

성철 스님은 자신이 시킨 일에 대해 꼭 세 번은 물으셨다고 한다. 세 번씩이나 확인하는 성품이라면 요즘 젊은 층에선 '꼰대' 소리를 듣기 쉽다. 그러나 무슨 일이든 실천행을 중시하셨기에 하나하나 철저했던 것이다.

'백기불여일성百技不如一誠 천사불여일행千思不如一行'이라는 말이 있다. 백 가지 재주가 있어도 한 번 성실한 것만 못하고, 천 번 생각하더라도 한 번 실천하는 것만 못하다는 뜻이다. '백문이불여일견百聞而不如一見 백견이불여일행百見而不如一行'이라는 문장을 응용한 것으로, 이 구절은 백 번 듣는 것이 한 번 보는 것만 못하고, 백 번 보는 것이 한 번 실행하는 것만 못하다는 뜻이다. 두 구절의 의미가 얼추 비슷하다. 마음을 탐구하고 마음을 체득하는 것을 목표로 삼고 있어서 추상적인 느낌을 갖게 하지만, 불교에서는 무엇보다 구체적인 실천을 중요하게 여긴다.

사실 마음으로 행할 수 있는 일은 한 가지밖에 없다. 분별하지 않는 중도의 마음을 갖는 것. 그러나 이 또한 생각만으로는 불가능하다. 육바라밀六波羅蜜을 행해야 한다. 보시布施·지계持戒·인욕忍辱·정진精進·선정禪定·반야般若의 육바라밀은 조건 없이 주고, 계율을 지키며, 인내하고, 계속 노력해야 하며, 마음을 고요히 하고, 지혜를 갖추라는 것이 그 내용이다. 계행戒行에는 생명을 함부로 죽이지 말라는 불살생不殺生, 도둑질하지 말라는 불투도不偸盜, 음욕의 마음을 내지 말라는 불사음不邪淫, 말을 함부로 하지 말라는 불망어不

妄語, 술을 먹지 말라는 불음주不飮酒 등 오계가 있다. 마음을 닦으려는 이들에게는 선택 사항이 아니라 반드시 행해야 할 필수 요소이다.

누군가는 이런 질문을 한다. "이런 것들도 분별하지 말아야 하지 않습니까?" 맞다. 바라밀행도 분별하지 말아야 한다. 그러나 진정으로 분별을 하지 않는다면 바라밀행은 저절로 나오게 된다. 이를 역순수행逆順修行이라고 한다. 처음부터 행할 수 있다면 구태여 설명이 필요 없겠지만 현실이 그렇지 않으니 거꾸로 수행을 통해 행을 다잡아가는 것이다. 나고 죽는 생사生死의 관념이 없었다면 생로병사生老病死에 관한 설명과 그것에서 비롯되는 수행 방법이 필요 없었겠지만, 생로병사 속에서 살아가면서 문제를 해결해야 하는 상황이다 보니 육바라밀행을 추천하는 것이다.

육바라밀행을 철저히 지키고 진심으로 실행해간다면 좋으니 싫으니 하는 분별심이 사라지게 된다. 지금 당장 고락苦樂을 분별하는 마음을 내려놓기 힘들다면 육바라밀행을 실천하는 것이 좋다. 불교 수행에 대해 호감을 가지고 있으면서도 선뜻 자신의 생활 방식으로 수용하지 못하는 경우도 있다. 이런 사람들은 대개 본능적인 욕망을 내려놓으면 어느 정도의 손해를 감수해야 하고 타인과 사회를 위해 희생할 수밖에 없을 것이라고 생각한다.

그렇지 않다. 바라밀행을 실천한다고 해서 손해를 보는 일은 없다. 모든 것을 내려놓았다고 해서 여건이 불리해지거나 희생되지도 않는다. 마음과 세상은 온통 인과에 의해 이루어져 있다. 이익을 보는 일이건 손해를 보는 일이건 집착을 내려놓았기 때문에 생긴 게 아니라 지난 생부터 쌓아온 업業이 그동안의 인연을 만나서 드러나게 된 과보이다. 실제로 바라밀행에 철저하다면 오히려 선업이 쌓여서 차츰 걱정할 일이 사라지는 선한 과보를 받는다.

선사의 장난기

당나라 때의 등은봉鄧隱峰 스님은 마조도일馬祖道一(709~788)선사의 법을 이은 고승으로 언제나 기행奇行으로 많은 사람을 깨우쳤다. 여러 신이神異한 이적을 보였지만 대중들이 의혹할까 염려해 오대산으로 들어가 금강굴金剛窟에서 거꾸로 서서 입적했다.

은봉 스님이 제자에게 물었다.
"누워서 죽거나 앉아서 죽은 이들은 많으나 서서 죽은 이가 있더냐?"
"예, 있습니다."
"그럼 거꾸로 서서 죽은 이를 보았느냐?"
"들어 보지 못하였습니다."

"그럼 나는 거꾸로 물구나무를 선 채로 죽어야겠다."

은봉 스님은 이렇게 거꾸로 선 자세로 열반에 들었다. 그런데 제자들에게는 이만저만 곤란한 일이 아니었다. 시신을 바닥에 눕혀야 입관을 해서 다비장으로 옮길 수 있는데, 물구나무선 채로 꼼짝하지 않으니 속수무책이었다. 그러던 중 여동생인 비구니스님이 도착했다.

"오라버니는 살아생전에도 괴팍한 행동으로 사람들을 귀찮게 하더니 죽어서도 속을 썩이는구려. 더 이상 장난치면 내가 가만두지 않겠소!"

이렇게 핀잔을 주고는 시신을 툭 건드렸다. 그러자 운봉 스님의 법체가 바닥에 쓰러지더니 똑바로 눕는 게 아닌가.

선禪의 경지를 유감없이 보여주는 장면이다. 선의 경지란 선의 세계를 이해하는 사람들에게는 경이롭지만, 세속 사람들 관점에서는 인간미가 느껴지지 않을뿐더러 감동이라고는 눈곱만큼도 찾을 수 없다. 그리고 대를 거치며 전승된 선의 세계에서는 어떤 시대와 장소의 이야기에서도 고락苦樂의 분별심分別心을 찾을 수 없다. 이 세계에 들어서면 세속에서 일어나는 어떤 문제에도 흔들리지 않고, 그물처럼 얽혀 있는 어떤 장애에도 걸리지 않는다. 그저 평안하다.

우리들은 정情에 이끌려서 살아간다. 불교 경전에서 중생을 유정有情이라고 표현한 데에는 그만한 이유가 있다. 물론 경전에서 언급하는 정이란 시시때때로 변하는 우리의 감정을 가리킨다. 정에는 좋은 감정과 나쁜 감정이 모두 포함된다. 우리가 정의로운 일에 감동을 느끼는 것도 정 때문이다. 불의를 보고 분노를 일으키는 것도 마찬가지다. 만약에 그렇지 않다면 우리 사회에서 정의와 불의는 구별되지 않을 것이다.

그러나 정의건 불의건 좋다거나 싫다는 고락의 감정으로 귀결된다. 이를테면, 정의란 좋은 기분을 느끼게 하는 것이라고 믿는다. 정의를 실현하는 데 긍지와 자부심을 느껴서 좋은 감정이 들었다면, 불의는 생각만 해도 몸서리가 쳐진다. 아우슈비츠 수용소에서 있었던 학살을 떠올려보라. 전혀 경험한 적 없는 일이었음에도 화가 나서 괴롭고 가슴 깊은 곳에서 슬픔이 밀려온다. 이런 것을 고락의 감정이라고 하지 않을 수 있을까. 우리가 그토록 부르짖어 왔던 사회정의도 결국은 개인 감정과 떨어질 수 없는 관계에 있다.

문제는 고락을 분별하는 것에서 인과의 씨앗이 뿌리를 내리듯 인간의 감정과는 다른 성질이라고 여겼던 객관 세계의 현상들도 인과의 작용 안에서 생겨났다가 사라진다는 점이다. 그것이 정의라 할지라도 분별에 의해서 개념화되고 완성된 현상이기 때문이다. 즐겁고 좋은 감정이 있는 한 우리에게서 괴롭고 나쁜 감정이 사라지지 않는 것처럼 정의가 있는 동안 우리가 사는 세상에서 악의를 몰아낼 방법은 없다. 인간의 삶에서 고苦와 낙樂이 끊임없이 반복되듯 분별심을 소멸시키지 않는 한 정의와 악의도 형태만 달리할 뿐 우리가 속한 세상에서 계속 반복된다.

정의는 반드시 지키고 보전해야 할 미덕이라고 생각하지만 객관 세계에서 일어나는 일에도 중도中道의 마음을 갖는 게 현명하다. 정의를 실현하는 일에도 조급하게 굴지 말고 불의를 제거하는 일에도 근심 걱정 없이 편안한 마음으로 대처하는 것이다. 그래야 악업이 붙지 않아서 제대로 된다. 이와 같은 무분별심을 갖기 위해서는 탐·진·치 삼독심을 버리고 육바라밀을 행하는 게 가장 좋다. 선업을 쌓으며 그것이 무르익기를 기다리라는 말이다.

물구나무를 선 채 입적하신 등은봉 스님이나 입적하신 오라버니를 다그치는 여동생이나 선의 세계를 접해보지 못한 일반인이라면 별다른 감응을 느끼지 못할 수도 있다. 하지만 스님 남매를 생사의 분별 없는 중도의 마음으로 바라보자. 열반에 들었다고 하지만 열반에 든 이는 누구이며, 다비식을 한다지만 다비장 위에 오를 이는 누구인가? 부처님께서도 열반에 드신 후 늦게 도착한 가섭존자에게 관 밖으로 두 발을 내보임으로써 마음을 전했다는 고사가 있다. 이를 '곽시쌍부槨示雙趺'라고 한다. 오랜만에 찾아온 여동생이 장난기가 심한 오라버니의 버릇을 고쳐주려고 따지고 덤비는 건 예나 지금이나 흔한 장면 아닌가.

마음의 눈높이

근대 선禪의 중흥조이신 경허선사鏡虛禪師(1849~1912)에게는 '삼월三月'
이라 불리는 세 명의 수제자가 있었다. 수월음관水月音觀(1855~1928),
혜월혜명慧月慧明(1861~1937), 월면만공月面滿空(1871~1946)이 바로 그들
이다. 경허 스님께서는 평소 "정진력으로는 수월을 따를 자가 없고,
지혜로는 혜월을 따를 자가 없으며, 만공은 복이 많아서 대중들이
잘 따른다"고 말씀하셨다. 이 가운데 수월 스님이 맏상좌이다.

하루는 수월 스님이 큰방에 앉아서 조용히 선열禪悅에 드셨는데,
후원에서 갑자기 벼락치는 소리가 들렸다. 공양 준비를 하던 행
자가 가마솥 뚜껑이 너무 무거워서 놓쳐버렸던 것이다. 소리가
얼마나 날카롭던지 정진력이 뛰어난 수월 스님도 살짝 움찔하였

다. 그 틈을 놓치지 않고 나타난 도량신장道場神將과 호법선신護法
善神이 스님께 넙죽 절을 했다.

"큰스님께서 오신 지 10년이 지나도록 한 번도 만나 뵙지 못하고
음성만 들었는데, 오늘에야 큰스님의 법안法顏을 뵙습니다. 큰 영
광이옵니다."

수월 스님은 잠시나마 마음을 놓친 것이 어찌나 민망스러웠던지
다시 선정에 들어 모습을 감추었다.

호법신장은 사람들보다 뛰어난 지혜와 힘을 갖추었기에 사천왕
천四天王天이라는 하늘에 머물며 사람들의 업業을 살펴 지혜를 끌어
낸다고 한다. 그들도 마음수행을 위해 계속 정진한다. 마음을 깨달
아 견성見性을 하면 신통력이 생기는데, 수월 스님은 이미 견성을 해
서 그들보다 더 높은 경지에 있기 때문에 호법신장의 능력으로는
스님의 모습을 볼 수 없었던 것이다. 수월 스님께서 가마솥 뚜껑이
떨어지는 소리에 놀라서 잠시 방심하던 찰나에 신장의 눈에 포착되
었을 것이다.

모든 중생에게는 마음의 눈높이란 게 있다. 마음수행이 어느 정
도 경지에 이르렀느냐에 따라 눈높이가 만들어진다. 대상에 대한
싫은 마음이 생기는 것도 '싫다고 보는 업'이 자신의 마음에 있기 때
문이다. 누군가를 미워하는 것도 마찬가지로 그런 마음을 품을 수
밖에 없는 자신의 업 때문이다. 수월 스님이 사람의 눈에는 보이는

데 신장의 눈에는 보이지 않았던 것이 이상하게 여겨질 수 있다. 사람의 눈에 보이는 것은 수월 스님의 마음이 아니라 육체이다. 신장의 몸이어야 신장에게 보이는데 수월 스님이 현생에 가지고 나온 업이 인간의 몸이었기 때문에 보이지 않았던 것이다.

애석하게도 마음을 깨치지 못한 중생은 보이는 것만 볼 수 있다. 업이 형성한 마음의 눈높이에 따라 대상을 본다. "부처 눈에는 부처만 보이고 돼지 눈에는 돼지만 보인다"라는 무학대사無學大師의 말은 가벼이 넘길 만한 격언이 아니라, 깨친 이의 눈으로 바라본 이 세상의 실제 모습이다. 아무리 아니라고 우겨봐야 중생이라면 어쩔 수 없는 노릇이다. 지금 내 눈에 보이고 내 머릿속에 떠오르는 생각들은 다른 사람도 아니고 바로 내 마음이 드러난 결과이다. 바깥으로 눈을 돌릴 필요가 없다.

이 말을 듣고 마음이 불편해지거나 화가 난다면, 자기 마음을 잘 살펴야 한다. 이 또한 자신의 업이 드러난 현상이기 때문이다. 같은 대상을 두고도 짜증을 내는 사람이 있고 흥미를 갖는 사람이 있다. 말도 안 되는 상황인 것 같지만 심지어는 감동을 받는 사람도 있다. 이중 누구에게 당신의 판단이 잘못되었다고 말할 수 있을까. 어느 누구에게도 그렇게 말할 수 없다. 각자의 업력이 작용하는 대로 인지하고 느꼈을 뿐인데 어디에 옳고 그름이 존재한단 말인가. 다만 이런 상황이 반복되어 악한 과보를 받지 않으려면 청정한 마음을 유지하는 것이 필요하다.

맑고 깨끗한 마음을 유지하기 위해서는 좋다거나 싫다고 분별하는 마음을 내려놓아야 한다. 이는 2,600년의 오랜 역사를 전승해온 비결이기도 하지만, 수행을 통해 스스로 체험해서 얻은 결론이기도 하다. "소리에 놀라지 않는 사자처럼 그물에 걸리지 않는 바람처럼 무소의 뿔처럼 혼자서 가라." 현대인들에게 자주 애송되는 불경의 이런 구절도 결국 중생이 가지고 있는 분별심이 사라졌을 때의 상태를 말한다. 모든 업연業緣에서 벗어나 정신적으로도 육체적으로도 홀가분해지는 것이다. 좋다거나 싫다는 고락과 옳다거나 그르다는 시비의 분별은 인과의 원인이 되어 갖가지 악연惡緣을 만들어낸다.

부처님께서는 일찍이 인도의 카스트제도를 비판하셨다. 인간의 귀천은 출생 신분이 아니라 그들의 행위에 따라 정해진다는 것이 골자이다. 이를테면, 어떤 행위를 했느냐에 따라 업력이 작용하게 되고, 그 업력에 따라 귀하거나 천한 과보를 받는다는 것이다. 이것이 의미하는 바를 찬찬히 곱씹어보면 아주 단순한 결론에 이르게 된다. 우리도 "소리에 놀라지 않는 사자처럼 그물에 걸리지 않는 바람처럼" 살아야 하지 않을까?

달마대사의 눈꺼풀

달마대사의 이야기이다. 부리부리한 눈으로 강렬하게 각인된 달마대사의 이미지는 그가 인도인이라서 다른 동양인보다 큰 눈을 가졌기 때문이기도 하지만, 이때 잘라버린 눈꺼풀 때문이라고도 한다.

빛이 잘 들지 않는 어두컴컴한 동굴에 한 수행자가 앉아 있다. 천천히 몸을 일으킨 그는 졸음을 쫓기 위해 눈꺼풀을 도려내더니 핏물이 떨어지는 그것을 아무렇지도 않게 동굴 밖으로 던져버렸다. 그리고 다시 앉아 수도에 매진하였다.

눈꺼풀이 썩은 자리에서는 나무가 자랐는데, 우리가 평소에 애용하는 차나무다. 신기하게도 그 잎을 따서 우려먹으면 잠이 달아나는 것을 경험할 수 있다.

사실이냐 아니냐 하는 문제보다 마음을 깨치기 위한 수행이 얼마나 치열해야 하는지 엿볼 수 있는 대목이다. 하나의 몸으로 동시에 두 마리 토끼를 잡을 수는 없다. 도를 이루기 위해서는 욕망을 거두어야 한다는 말이다. 그것들이 상반된 방향을 가리키고 있기 때문이다. 세간에서는 큰 대가 없이 작은 노력으로 욕심을 채우려 하지만, 수행자들은 욕심의 대가가 괴로움임을 알기에 이를 버리려 한다. 욕심은 무언가를 비교하여 조금이라도 더 좋은 것을 차지하려는 분별심이다.

수행을 방해하는 것 중 하나가 잠이다. 오죽하면 수마睡魔라는 표현을 쓸까. 불교에서는 진리를 더럽히는 인간의 다섯 가지 욕망으로 식욕, 색욕, 수면욕, 재욕, 명예욕을 든다. 이들 욕망은 구태여 경전을 들추지 않아도 될 만큼 보편적으로 알려진 인생의 장애물이다. 잠의 유혹에 빠져들면 분별심을 일으키는 에너지가 축적되어 무분별심의 장애가 된다. 수행자들은 잠을 자는 것도 업業이라고 본다. 잠에서 오는 분별망상을 원천적으로 봉쇄하기 위해서는 잠이라는 업을 소멸해야 한다는 논리이다.

하지만 신체를 가진 인간이 잠을 자지 않는 것은 불가능에 가깝다. 잠을 자지 않으면서도 신체에는 이상이 없는 업을 만들어야 하는데, 그래서 치열한 수행이 필요하다. 선불교에서는 몽중일여夢中一如를 통해 수행의 경지를 가늠하기도 한다. 이는 꿈에서도 화두를 놓치지 않는 성성한 상태이다. 중생의 잠은 꿈을 꾸거나 꿈도 없는 깊은 잠에 빠지거나 둘 중 하나로 번뇌와 무기無記를 반복한다. 깨어 있을 때와 같다는 말이다. 잠을 잘 때에도 깨어 있을 때처럼 수행할 수 있어야 한다는 의미에서 꿈에서도 화두를 참구하고 있는지를 확인하는 것이다.

세상이 움직이는 모습은 너무 간단하고 인간은 지극히 평범하다. 육근六根(눈, 귀, 코, 혀, 몸, 뜻)을 통해 대상에 집착하고 원하는 것에 대한 욕망을 일으킨다. 즐거움을 얻는 만큼 괴로움이 생긴다는 인과의 법칙도 누구나 가진 업식業識이다. 더 행복하게 타고난 사람도 없고 더 불행하게 태어난 사람도 없다. 요즘 젊은 층에서는 부러워하거나 슬퍼하면 지는 거라는 말이 유행하던데, 정말 그럴 이유가 없다. 사람마다 차이가 있다고 생각한다면 착각이다. 전생에서부터 내생까지를 통틀어 보았을 때 누구도 차이가 없으며, 만약 그렇지 않다면 인간의 자율 의지와 존엄성은 의미를 잃게 된다.

다만 즐거움과 괴로움이 나타나는 시기가 다를 뿐이다. 생각지도 못한 엉뚱한 사건이 벌어진다거나 불의의 사고를 당한다거나 천재지변으로 인해 큰 낭패를 보는 등 우리에게 일어난 모든 현상은 좋으니 싫으니 고락을 분별함으로써 인과를 작동하게 했기에 발생한 일들이다. 이렇게 저장된 업식은 시절인연을 만나면서 정확한 시기에 모습을 드러낸다. 괴로움은 즐겁고 행복한 때의 대가이자 과보이다. 우선 우리가 경험하는 세계와 이 세계를 바라보는 마음이 이미 고락의 업으로 생겨났다는 것을 받아들여야 한다.

　모든 것은 마음으로 귀결된다. 세계의 많은 명상가들이 한결같이 '일체유심조—切唯心造'이 한 구절에 의지하는 이유는 느낌이나 감정 등 개인의 차원을 넘어 우리가 속한 세계도 역시 마음으로 이루어져 있음을 자각했기 때문이다. 내가 보고 듣고 느끼는 모든 것은 내 마음이 나타난 그림자요 현상들이다. 마음 밖에서 무언가를 얻으려 하고 무언가를 바꾸려 한다면 그림자를 실체로 착각하는 것에 불과하다. 그림자를 상대로 투쟁하는 일이라고 비유할 수 있다.

　마음에 도사리고 있는 고락의 업을 멸해야 좋지 않은 일을 억제할 수 있을 뿐 아니라 어떤 어려운 일이라도 극복할 힘이 생긴다. 이 방법 말고는 크고 작은 인생의 괴로움을 해결할 길이 없다. 명상이나 수행의 초보자들은 본인들도 달마처럼 눈꺼풀을 도려내고 잠도 자지 않으며 몽중일여의 경지에 이르도록 고행해야 하느냐며 두려운 심기를 내비친다. 사실 우리가 흔히 대면하는 달마대사의 그림은 일반인들에게 그리 친근감을 주는 이미지는 아니다. 아니 흉측하게 보이기도 한다. 하지만 이 또한 고락의 감정이 고개를 쳐들기 시작했다는 신호이다.

　현대인들이 사회생활을 하면서 마음을 내려놓을 수 있는 수행은 많다. 어떤 일이 생기더라도 좋다거나 싫다는 고락의 감정과 옳다거나 그르다는 시비의 판단을 자제할 것, 어떤 선택이든 빠르게 판단하고 결단하되 선택한 다음에는 더 이상 집착하지 말 것, 그래도 힘에 부칠 때는 보시를 하면서 꾸준히 기도와 참선에 정진할 것. 이 세 가지만 지속하더라도 머지않아 차츰 마음이 편안해짐을 느끼게 된다. 인과의 업이 가벼워지면서 식識이 맑아지기 때문이다.

제3장

어디에도 치우치지 않고

축구선수 지단

프랑스의 세계적인 축구선수 지네딘 지단(Zinedine Zidane)은 어릴 때 축구화가 없어서 매일 부모님을 원망하며 울었다고 한다. 그러나 성인이 되어 발과 다리가 없는 사람을 보고 어릴 때의 철없던 생각을 부끄러워했다. 지단은 특출한 신체적 능력과 기술을 가지고 있어서 월드컵과 같은 국제 대회뿐 아니라 자신이 소속된 클럽에서도 믿을 수 없을 정도의 활약을 이어갔다. 이러한 그의 업적은 외형적으로 보이는 신체적 능력과 기술 외에도 경기를 읽는 탁월한 감각과 시야가 있었기 때문에 가능했다.

불교를 공부했다는 사람 중에도 중도中道의 뜻을 잘못 이해하는 이가 더러 있다. 이 생각도 하지 말고 저 생각도 하지 말라고 하면, 도대체 어떤 생각을 해야 하느냐며 의문을 품다가 나중에 항변까지

하는 이들도 있다. 중도는 선한 것도 분별하지 말고, 남을 돕는 행동도 부질없으며, 일을 성취하는 것에도 관심을 두지 말라는 것으로 오해하는 이들도 있다. 그들은 중도를 사리 분별 못하고 이도 저도 하지 않는 상태라고 이해한다. 그러나 이는 무기공無記空에 떨어진 것과 다르지 않다. 무기공이란 공空에 집착해서 생기는 혼미한 정신 상태를 일컫는다.

물론 이것과 저것을 분별하지 않으면 가장 이상적이다. 하지만 인간의 삶은 언제나 이렇게 할 것인가 저렇게 할 것인가 하며 어느 하나를 선택해야 하는 기로에 놓여 있기 때문에 완전한 무분별심을 갖기란 절대 쉽지 않다. 이런 상황에서 가장 정의로운 선택을 하는 것이 당연한 행동일 테지만, 당장 나에게 유리한 쪽을 선택하는 경우가 대부분이다. 이때야말로 중도를 발휘해야 할 시기이다. 유리하다거나 불리하다는 것도 분별심이다. 이러한 분별심을 내지 않고 정의를 택하는 것이 중도행이다.

마음을 깨친 이들은 생각하기 이전에 행동이 먼저 나온다. 마음을 깨친 상태에서 하는 행동이야말로 가장 완벽한 행동이므로, 완전한 중도행이라 할 수 있다. 그런데 우리는 여기서 커다란 문제에 봉착하게 된다. 마음을 깨친 이후에나 중도행이 가능하다니. 그렇다면 큰일 아닌가. 우리 같은 중생들에게는 처음부터 중도행의 가능성 자체가 막혀 있으니 말이다. 하지만 걱정할 필요가 없다. 마음을 깨친 각자覺者가 걸림 없이 무애자재無碍自在하게 행동하는 내용을 적시해놓은 것이 계율과 율장, 그리고 육바라밀행과 팔정도이다.

원론적으로 말해서 중생은 업을 가지고 있다. 업이 없으면 중생이 아니고 부처다. 업이란 간단하게 괴로움의 근원이라고 할 수 있다. 괴로운 마음, 힘든 마음, 고통스러운 마음을 가지고 있으면 삶이 어렵다. 업장을 소멸해야 괴로움에서 벗어난다. 업장을 소멸하는 방법은 여러 가지가 있는데, 우선 간화선이 대표적이다. 간화선 수행은 이고득락離苦得樂(괴로움에서 벗어나 즐거움을 얻는다)하는 지름길이지만, 수행하기가 워낙 힘들다. 전생부터 이어진 인연이 있어야 이런 수행도 할 수 있다. 그렇다고 길이 완전히 막혀 있는 것은 아니다. 앞서 이야기했듯 육바라밀과 팔정도를 통해서도 업장이 소멸한다.

육바라밀과 팔정도를 철저히 행하다보면 저절로 깨침의 길로 나아가게 된다. 육바라밀은 보시布施·지계持戒·인욕忍辱·정진精進·선정禪定·반야바라밀般若波羅蜜을 말하고, 팔정도에는 정견正見, 정사유正思惟, 정어正語, 정업正業, 정명正命, 정정진正精進, 정념正念, 정정正定이 있다. 이런 행을 하는 가운데에도 가장 중심이 되는 것은 고락의 분별심을 갖지 않는 것이다. 업장소멸을 위해 우리가 할 수 있는 방편은 이렇게 정리된다. 첫째는 육바라밀행을 실천하는 것이고, 둘째는 어떤 행동이나 선택을 할 때 미련과 집착을 갖지 않으며, 어떤 경우에도 '좋다' '싫다' 하는 분별심을 갖지 않는 것이다. 그리고 세 번째로 참회해야 한다.

육바라밀행 중에도 보시가 중요하다. 특히 법보시가 강조된다.

보시를 중요시하는 이유는 복덕과 관계되기 때문이다. 나와 인연 맺은 모든 중생이 구제되면 그 영향이 나에게 돌아온다. 그것이 바로 복덕이다. 예를 들어, 우란분절 목건련 존자가 아귀로 태어난 어머니를 구제하기 위해 갖가지 음식으로 스님들을 공양하고 재를 올린 것을 떠올리면 된다. 복덕을 갖추면 자연스럽게 내가 가진 좋지 않은 업장이나 탐·진·치 삼독심이 사라지고 삼업三業이 청정해진다. 내 몸과 마음이 청정해지면 가정과 이웃, 나아가 사회와 세계가 편안해진다는 건 너무도 당연하다.

지네딘 지단이 느꼈던 부끄러움은 참회와 중도를 동시에 행하고 있기에 가질 수 있는 감정이다. 진심 어린 참회와 집착하지 않는 중도를 행하는 것은 쉬운 일이 아니다. 지단은 우아한 드리블과 순식간에 경기의 판도를 바꾸는 능력을 가졌다. 이런 능력으로 프랑스의 축구 국가대표팀에 예술성의 옷을 입혔고, 아트사커를 완성했다. 아무리 힘들고 어려운 경기에 임하더라도 감정을 컨트롤하고 마음을 편안하게 하는 방법을 익혔기에 가능한 일이다.

중도란 그런 것이다. 극단적인 고苦와 낙樂의 양면에 치우치지 않고, 심신을 조화롭고 평정하게 하는 길. 지단뿐 아니라 지구상의 많은 성공자가 이 길 위에서 자신만의 성공을 시작했다.

엄마의 눈

엄마의 사랑에 관한 이야기는 언제 들어도 가슴을 찌릿하다.

어릴 때 친구들로부터 놀림을 받은 아들은 결혼하면서도 한쪽 눈이 없는 엄마를 부끄러워했다. 먼 훗날 운명을 다한 늙은 엄마의 손에 한 통의 편지가 쥐어져 있었다.

"아들아, 미안하다. 네가 어릴 때 사고로 눈을 잃어서 내가 한쪽 눈을 너에게 주었단다."

엄마는 왜 죽을 때까지 이 사실을 아들에게 말하지 않았을까. 세간의 여러 가지 해석이 따라붙을 수 있지만, 엄마의 마음을 누가 알 수 있으랴. 분명한 것은 그러한 일이 실제로 있었다는 사실이다.

엄마의 마음을 굳이 불교식으로 해석하자면 중도심中道心이 아니었을까. 대가를 바라지도 않았을 테고, 아들이니까 무조건 그렇게 해야 한다는 법도 없지 않은가.

중도의 마음은 미리 계산해서 행동하지 않는다. 여러 가지 생각을 하기 전에 행동이 먼저 나온다. 생각한 후에 하는 행동에는 좋다거나 싫다는 고락苦樂의 감정이 따르고, 이는 다시 인과因果에 의해 과보果報를 불러들인다. 생각대로 된다고 해도 좋다 싫다 하는 고락의 감정이 붙는다면, 인과가 작용해서 과보가 따라붙기 때문에 완전한 성취가 아니다. 아마 엄마는 아무런 생각 없이 행동에 옮겼을 것이다. 그래서 자신은 한쪽 눈이 없어도 불편할 수는 있지만 괴롭지는 않았을 것이다. 좋다거나 싫다는 계산이 없으면 인과의 과보 또한 없으며, 마음의 불편함이 사라진다.

분별하지 않는 중도의 마음은 행동을 시작할 때도 좋다거나 싫다는 계산이 없다. 그냥 그대로 행동한다. 행동에 따른 결과에도 좋으니 싫으니 분별하는 마음이 없어서 이렇게 되든 저렇게 되든 아무런 상관이 없다. 마음의 불편함, 즉 괴로움이 없는 건 이 때문이다. 어떤 행동을 하든, 하물며 죽음이 걸린 문제일지라도 좋다 싫다 하는 분별을 하지 않으면 자연스럽고 걸림 없는 행동이 된다. 가장 이상적이고 올바른 행동이라고 할 수 있다.

어떤 행동을 하든지 걱정할 필요가 전혀 없다. 핵심은 행동을 시작할 때도 좋다거나 싫다는 분별을 하지 말아야 하고, 행동의 결과에 대해서도 좋다거나 싫다는 분별이 없어야 한다는 점이다. 무슨 행동이든 고락의 생각과 감정을 얹게 되면 인과에 따라 과보를 받는다. 여기서 중요한 점은 어떻게 행동하든 결과적으로는 차이가 없다는 사실이다. 솔직히 그동안 우리는 결과에 대한 불안감 때문에 애초부터 자신의 행동을 제한했다. 인과의 작용을 분명하게 이해했다면, 이제 그럴 필요가 없다. 이렇게 하든 저렇게 하든 결과는 같다.

이런 행동이건 저런 행동이건 모두 좋다 싫다 하는 고락의 감정을 얹지 않으면 결과에 있어서도 좋다 싫다 하는 고락의 과보가 없다. 이것이 바로 시작도 끝도 마음이 한결같이 편안해지는 원리이다.

뒤끝

욕심이 생긴다는 것은 아직 가지고 싶은 것이 더 남았다는 말이다. 그래서 마음의 여유가 없다는 말이기도 하다. 조급한 마음이 드는 이유는 채워지지 않는 것들 때문에 마음이 급해졌다는 방증이다. 화를 내는 것은 더 말할 것도 없다. 원하는 대로 되지 않았음을 드러내는 강렬한 자기표현이다. 욕심이 생기고 조급한 마음이 들며 화가 나는 등의 심리 상태는 공통적으로 원하는 것이 충족되지 않았음을 표출하고 있으며, 감정 때문에 흔들리는 자신을 제어해야 할 때임을 알리는 일종의 경고음이기도 하다.

마음의 움직임과 세상의 움직임은 다르지 않다. 좋은 것이 생긴 과보果報로 나쁜 것의 인과因果가 생기게 마련인데, 이때 좋은 일과 나쁜 일은 그것의 과보가 나타나는 시차가 다를 뿐 항상 동반하는 관계이다. 좋은 것은 좋은 것으로 끝나지 않고 나쁜 것은 나쁜 것으로 끝나지 않는다. 달리 말하자면 좋은 일 끝에는 나쁜 일이 있고 나쁜 일 끝에는 좋은 일이 있다. 이것이 인과의 법칙이다. 그러므로 행여 지금의 상황이 좋지 않다고 해서 절망할 필요가 없고, 지금의 상황이 좋다고 해서 들떠서는 안 된다. 인과는 리드미컬하게 반전되는 특성이 있다.

우리 주위에는 소위 뒤끝이 심한 사람들이 있다. 이들은 대부분 집착이 강한 유형이라서 마음속에 발생하는 소용돌이가 일반 사람들보다 훨씬 클 수밖에 없다. 생각에다 굳이 감정까지 얹기 때문에 생각하면 할수록 속이 상하고 기분이 나빠지는 심리구조를 가졌다. 이들은 자신도 모르는 사이에 스스로 고락의 인과를 만들고 인과의 늪 속에 빠져든다. 고락의 인과는 연속될 수밖에 없기 때문이다. 이들에게 가장 큰 문제는 그러한 인과의 속성을 전혀 모른다는 사실이다.

세상에는 욕심이 많은 사람도 있지만, 욕심이 없는 사람도 있다. 재미있는 건 욕심을 부린다고 해서 더 잘살지 않고 욕심이 없다고 해서 더 불행하지 않다는 점이다. 조급하게 서두른다고 해서 일이 더 잘 풀린다거나 조급하지 않다고 해서 일을 잘못한다고 할 수도 없다. 그리고 화를 낸다고 해서 원하는 것이 더 빨리 이루어진다거나 화를 내지 않는다고 해서 원하는 것을 이루지 못하는 것도 아니다. 이처럼 균형을 잃어버린 마음들은 자신의 감정을 흔들어서 결국 기분만 더 상하게 한다.

이러한 심리 상태를 극복하는 가장 좋은 방법은 그런 생각이 올라올 때마다 즉시 마음을 쉬는 것이다. 말을 할 때나 생각을 할 때 모두 그렇게 해야 하는데, 특히 생각할 때에도 좋고 싫다는 고락의 감정을 얹지 말아야 한다. 매 순간 그렇게 하다보면 어떤 일을 하든 어떤 상황을 만나든 좋고 나쁘다는 고락의 업이 사라져 분별하려는 마음이 약해지게 된다. 차차 우리를 옥죄던 괴로움이 수그러드는 것이다. 지금 우리에게 가장 시급한 것은 인과에 의해 나타난 현실과 현재 자신의 모습에 불만을 갖고 의심하거나 저항하고 거부하는 마음을 없애는 것이다.

인과와 인과가 만나서 나타나는 지금의 모든 인연 모습은 진리 그 자체이다. 마음에 들고 들지 않고는 자신의 업業일 뿐이다. 그러므로 있는 그대로 보고, 있는 그대로 받아들이는 습習을 길러야 한다. 좋다거나 싫다는 분별심을 일으키면 또 다른 인과가 생겨서 끊임없는 고락의 과보를 받아야 한다. 오늘부터 분별심을 일으키지 않는 습관을 기르도록 하자. 억울한 일이 생기더라도 괴롭다는 분별심을 갖지 않으며, 어렵고 힘든 일이 생기더라도 있는 그대로 받아들이는 습관을 기르는 것이다.

억울한 일

불교 수행자들은 대단한 무기를 지니고 있다. 자신을 절제하고 감정을 통제할 수 있는 힘이 있으니 말이다. 물론 모든 불자들이 그러하다면 오죽이야 좋으련만, 그렇지 않은 경우도 적지 않음을 이해한다. 하지만 적어도 부처님 말씀에 대한 굳건한 믿음을 가지고 있다는 전제하에서는 명백하게 그렇다. 최소한 인과因果에 대한 이해와 믿음을 굳게 가지고 있다면 어려운 일이 생기더라도 스스로를 방어할 수 있는 힘이 생긴다. 무슨 이야기를 하려는지 귀가 솔깃해지는 사람이 있을지 모르겠다.

결론을 좀 당겨서 말해보자. 인과에 대해 분별하지 않는 힘을 가진 이에게는 어려운 일이 생기지도 않을뿐더러, 본래 어려움 자체가 없다. 옆에서 볼 때는 대단히 힘든 일로 보일 수 있을지 모르나 정작 본인에게는 어려운 일이 아니다. 쉽다거나 어렵다고 하는 분별된 마음이 없기 때문이다. 힘들고 어려운 것처럼 생각되는 일이 생길지라도, 그런 일은 힘들지 않고 쉬운 일을 이미 경험했기에 찾아온 과보果報라는 것을 너무나 잘 알고 있으므로 당연한 일로 받아들인다. 쉽게 말해 어떠한 상황에서도 괴롭지는 않다는 뜻이다.

가령 이런 예를 들 수 있다. 몸에 병이 나서 아프고 힘들다고 할 때, 인과를 알지 못하는 이들은 '나에게 왜 이런 시련이 오는가'라고 생각하며 고통과 괴로움을 해소하지 못하고 자신을 더욱 큰 어려움에 빠뜨린다. 하지만 부처님 법과 인과를 철저하게 믿고 이해하는 이들은 너무나 당연한 과보임을 인정함으로써 마음의 고통이 더 이상 생기지 않는다. 이를테면 두 번째 화살을 맞지 않는 지혜를 발휘하는 것이다. 여기서 첫 번째 화살이란 현실 생활에서 겪게 되는 사건이나 사고 등을 의미하고, 두 번째 화살이란 그러한 사실로 인해 만들어진 심리적인 고통을 비유한다.

우리가 제대로 알지 못해서 착각하는 일 가운데에는 이런 것들이 있다. 억울한 일을 당하거나 말도 안 되는 경우에 처했을 때, 우리는 '나에게 왜 이런 일이 벌어지는가'라며 상대방이나 대상을 찾아 원망하는 마음을 품고 시비를 가리려 한다. 그러나 나를 괴롭게 만든 대상은 밖에 있는 것이 아니라 나의 화신임을 알아야 한다. 이런 존재를 나의 아바타라고 할 수도 있겠다. 현재 나에게 벌어진 일은 언젠가 기쁘고 즐거웠던 때의 과보로 오게 된 것이고, 상대 역시 자신의 업력業力에 의해 그 사건에 휘말린 것이다. 인과의 힘이 만들어낸 사건일 뿐 거기에 순수한 의미에서의 피해자와 가해자란 있을 수 없다.

어떤 일에서건 원인 없는 결과는 없다. 태어남이라는 원인은 죽음이라는 결과로 맺어지고, 젊음이라는 원인은 늙음이라는 결과로 맺어지며, 건강이라는 원인은 병이라는 결과로 맺어진다. 춘하추동의 인과와 음양의 인과 모두 이를 통해 충분히 유추된다. 이것의 원인으로 저것의 결과가 생긴다. 항상 공존하고 있는 상대적인 것들도 인과에 의해서 묶여 있으니, 조금만 더 생각해보면 즐거움 이후에는 괴로움이 있음을 알 수 있다.

인간의 감정도 이와 같은 이치에 어긋나지 않게 생성 변화한다. 지금 즐거운 일이 생긴 것은 지난 시절 괴로운 일에 대한 결과이고, 지금 괴로운 일이 생긴 것은 지난 시절 즐거운 일에 대한 인과이다. 좋은 것과 나쁜 것, 즐거운 일과 괴로운 일, 기쁜 것과 슬픈 것, 행복과 불행은 자칫 서로 대립적인 개념으로 보이지만 하나의 동전을 바라보는 다른 측면에 지나지 않는다. 항상 공존하지만, 시절인연에 따라 시차를 두고 우리 앞에 나타나는 것이다. 그러니 지금 눈앞에 보이는 것만 따지고 시비하며 이러쿵저러쿵한다는 것은 소아적小我的 발상이라고 할 수밖에 없다.

무엇보다 더 이상 인과로 인해 마음 상할 필요가 없음을 명심하

자. 좋다느니 싫다느니 하는 고락의 분별을 어서 벗어버림으로써 두 번째, 세 번째 화살을 맞지 않아야 한다는 게 중요하다. 부처님께서도 『아함경』에서 "고통은 첫 번째 화살만으로 충분하다"고 말씀하셨다. 그러려면 우선 인과를 일으키는 업業을 짓지 말아야 하지만, 그에 앞서 도저히 받아들이지 못할 것 같은 일이 생기더라도 '언젠가 내가 저지른 일이 이런 인과로 나타나는구나'라고 겸허하게 수긍하며 받아들여야 한다. 그렇게 되면 최소한 야생마처럼 치달으며 마음 상하는 일은 없을 것이다.

　인과를 이해하고 굳게 믿는다면 지금 일어나는 일에 대해 시비를 따지고 절망에 빠질 것이 아니라 지금의 일은 과거의 원인에서 말미암았음을 깨닫고 반성하는 일이 앞서야 한다. 같은 실수를 반복해서 고락의 과보를 받는 일은 얼마나 어리석은가. 세상에 억울한 일은 없다. 지난 시절 내가 지은 원인을 모를 뿐이다. 지금 일어나고 있거나 앞으로 일어날 일들이 모두 지난 시절의 업인業因으로 발생한 업과業果임을 인정하고 마음에 붙잡아두지 말아야 한다. 그러면 또 다른 업을 짓지 않게 되며, 점점 나쁘거나 괴로운 일이 일어나는 빈도도 줄어들 것이다.

　방편 삼을 만한 팁을 하나 보탠다. 더 이상의 괴로움과 고통에서 벗어나려면 인과를 철저히 이해하고 믿는 것에 더불어 기도와 참선, 보시와 정진을 통해서 내적인 힘을 기르는 것이 좋다.

이 또한 지나가리라

인과因果에 대해 아주 적절하게 표현한 이야기가 있다.

어느 날 왕이 신하들에게 임무를 주었다.

"나를 위해 반지를 만들되 내가 승리를 거두어 너무 기쁠 때는 교만하지 않게 하고 내가 절망에 빠지거나 시련에 처했을 땐 용기를 줄 수 있는 글귀를 넣도록 하라."

신하들은 왕의 명령에 따라 반지를 하나 만들어 바쳤는데, 반지에는 이런 문구가 새겨져 있었다.

'이 또한 지나가리라.'

이 이야기의 기원에는 두 가지 설이 있다. 하나는 유대교의 '미드

라시midrash(유대 경전 해석서)'라는 설이고 다른 하나는 고대 페르시아 수피즘Sufism의 시가 그 연원이라는 설이다. 물론 여기서 이야기의 출처는 그다지 중요하지 않다. 최근 발생했던 코로나 바이러스와 지구촌 여기저기서 벌어지는 크고 작은 전쟁 때문에 위험에 노출된 사람들이 제발 쓰러지지 말고 이 시기를 잘 버텨주기를 바라는 간절한 마음에서 꺼낸 이야기이다. 무엇보다 이 이야기는 인과因果를 설명하기에도 더없이 요긴하다.

사람은 '좋다'거나 '싫다'는 두 가지 감정으로 살아간다. 이것은 고락의 인과 때문이고, 이것이 고락의 인과를 만들기도 한다. 인과는 시절인연에 따라 오차가 없이 필연적으로 작동한다. 좋았으니 나빠지는 것이고, 나빴으니 좋아지는 것이다. 인과의 이러한 구조는 세상이 끝나는 날까지 조금도 변하지 않는다. 부처님께서는 세상의 시작과 끝이 언제인지 논하는 것은 의미가 없으니 수행에 전념하라고 하셨으나, 부처님의 멸도 이후 진리가 세상에 어떻게 작용하는지 이해하는 문제가 대두되는 시대이다 보니 방편 또한 필요하리라 본다.

살아가면서 인연 지어지는 것에는 각각 좋은 감정이나 싫은 감정이 일어나게 마련이다. 크게 기쁜 일이 있었다 싶으면 크게 슬픈 일이 있게 되고, 어느 때는 즐거운데 어느 때는 괴롭다. 더할 나위 없이 행복한 때가 오는가 싶더니 세상 최악의 불행을 경험하기도 한다. 이 모든 고락의 시간은 단 1초의 차이도 없이 동일한데, 흥미롭게도 이생에서의 시간만이 아니라 전생과 내생을 포함한 삼생三生을 통틀어도 이것은 같다. 즐거울 때의 총합과 괴로울 때의 총합이 같다는 말이다.

세상의 모습과 마음의 모양은 이처럼 한쪽이 생기면 저절로 다른 한쪽도 생겨나게 되나니. 태어나서 죽는 것을 하나로 묶어 생사生死라 하고, 생겨나서 사라지는 것을 하나로 묶어 생멸生滅이라 지칭하는 것은 반대의 성향이라고 생각했던 그것들이 실제로는 둘이 아닌 하나임을 은연중에 설명한다. 인과의 도리에 의하면 세속적 욕망에는 이런 답변이 메아리처럼 돌아온다. 즐거워지려 하는가? 괴로울 것이다. 기뻐하려 하는가? 슬플 것이다. 행복해지려 하는가? 불행할 것이다.

많은 사람들이 세상을 걱정한다. 세상을 보존하려는 사람도 있고 세상을 바꾸려는 사람도 있다. 하지만 어떤 방식이건 각자가 가진 업業이 모여서 세상이 만들어진 것이고, 세상이 아무리 바뀌고 변한다고 한들 자신이 지은 업[自業]은 변하지 않는다는 사실을 잊지 말아야 한다. 국가나 사회의 관점에서 볼 때는 공동체의 범위가 워낙 넓다 보니 공업共業이라는 것이 개인의 삶에 지대한 영향을 미치리라고 생각되지만, 실제로는 각자가 가진 고락의 업에 따라 삶이 결정된다. 누구도 이것을 피하지 못한다.

시비是非에 집착하는 사람들은 작게는 개인적 다툼에서부터 크

지금 무척 괴로운가?
지나갈 것이다.
지금 무척 슬픈가?
이 또한 지나갈 것이다.
지금 무척 불행하다고 느끼는가?
이 또한 지나가서
행복을 느끼는 시절로 바뀔 것이다.

게는 전쟁까지도 불사한다. 그러나 이 또한 개인이 가진 고락의 인과를 벗어나지 않는다. 개인적인 기쁨뿐만 아니라 세계를 혼란에 빠뜨리는 전쟁에서도 나의 고락업苦樂業은 정확하게 작용하고 있다. 어쩐지 기분이 좀 나락으로 떨어지는 것 같지만, 그렇다고 두려워하거나 낙담할 것까지는 없다. 고락의 업이 엎치락뒤치락하는 모양을 윤회輪廻라고 하지 않던가. 인과의 인연이란 그런 것이다. 생과 사뿐만 아니라 행과 불행도 돌고 돈다.

태어난 만큼 죽어가는 것이고 생겨난 만큼 사라지는 것이 인과업因果業이다. 인과업에는 영원한 즐거움도 없고 영원한 괴로움도 없다. 인과가 있으므로 시간이 존재하고 시절인연이 있게 된다. 이것이 생겨나면 저것이 생겨나듯 이것이 사라지면 저것도 사라진다. 모든 것이 지나간다. 지금 많이 힘든 상황이라면 앞서 제시했던 인과의 도리를 역으로 생각해보자. 지금 무척 괴로운가? 지나갈 것이다. 지금 무척 슬픈가? 이 또한 지나갈 것이다. 지금 무척 불행하다고 느끼는가? 이 또한 지나가서 행복을 느끼는 시절로 바뀔 것이다. 모든 것은 윤회 속에 놓여 있고 윤회함으로써 지나가게 된다.

하지만 인과의 모습을 관조하며 한 걸음만 떼어보면, 힘든 시기를 무작정 견디는 것보다 더 나은 방법이 있음을 알 수 있다. '좋다' 거나 '싫다'는 마음을 완전히 여의면 고락의 시절인연은 끊어지는데, 즐거움과 괴로움이 없고 기쁨과 슬픔이 없으며 행복과 불행이 사라진다. 이러한 마음을 중도심中道心이라고 한다. 당장 중도의 마음을

갖기는 참으로 어렵지만, 그렇다고 진리가 던져주는 비방을 숨길 필
요도 없지 않은가. 중도의 마음을 아는 이와 모르는 이가 체험하는
고통의 질과 양 또한 엄청난 차이가 있다.

공존

영화 〈런치 데이트(The Lunch Date)〉는 1989년에 만들어진 10분 정도의 짧은 흑백 단편영화이다.

백인 귀부인이 붐비는 기차역에서 흑인과 부딪쳐 쇼핑백을 떨어뜨린다. 그녀는 쏟아진 물건을 주워 담느라 기차를 놓치고 역내 음식점에서 샐러드 한 접시를 주문하고 자리를 잡았다. 포크를 가지고 오지 않은 것을 알고 포크를 가지러 간다.

그 사이 걸인처럼 보이는 흑인이 샐러드 앞에 앉아 음식을 먹고 있는 것을 보았다. 귀부인은 화가 나서 포크를 집어들고 샐러드를 같이 먹는다. 귀부인 한 번 흑인 한 번 교대로 음식을 먹는다. 다 먹은 후 흑인이 커피를 두 잔 가져와 하나를 귀부인에게 건넸고 커피를 마신 귀부인은 기차를 타러 나간다. 순간 쇼핑백을 놓고 온 것이 생각나 급히 음식점으로 뛰어오지만 흑인도 쇼핑백도 보이지 않는다. 당황한 귀부인이 음식점 여기저기를 둘러보는데 아까 그 옆 테이블에 손도 대지 않은 샐러드 접시가 놓여있고 의자 위에 쇼핑백이 있었다.

자리를 잘못 잡은 귀부인이 흑인의 음식을 빼앗아 먹었던 것이다. 흑인은 화도 내지 않고 귀부인과 음식을 나누어 먹었고 커피까지 대접했다.

이 영화가 관심을 끄는 이유는 두 인물이 보여주는 여유로운 마음 때문이다. 그 때문에 잔잔한 웃음이 묻어난다. 사건의 빌미를 제공한 영화 속 여성은, 물론 착각에서 비롯된 것이지만 흑인에게 왜 허락도 없이 자기 것을 먹느냐며 따지지도 않고 함께 음식을 먹는 쪽을 택한다. 흑인의 태도는 더욱 여유롭다. 다짜고짜 자기 테이블에 앉아서 막무가내로 샐러드를 먹는 생면부지의 여인이 황당하기 이를 데 없지만, 화를 내기는커녕 기꺼이 웃으면서 자기 음식을 나눈다. 백인 여성에게서는 뻔뻔스러움이, 그리고 흑인 남성에게서는 능청스러움이 읽히는 장면이기도 하다.

대부분 사람은 마음에 들지 않으면 우선 시시비비를 따지려 든다. 이런 성향은 자본주의와 물질만능주의가 가속화될수록 강하게 나타나는데, 실제로 별 소득도 없는 다툼의 상황을 접하게 되면 인간성 자체에 대한 회의가 들기도 한다. 조금만 곁을 내어주고 양보하면 아무런 문제 없이 공존할 수 있는 세상인데 우리에게는 그럴 만한 넉넉함이 없다. 감독이 이 영화를 통해 세상에 던지는 메시지는 가벼운 웃음을 전달하는 것에 한정되지 않을 것이다. 예술이 작가의 손을 떠나 관객에게 도착하면 그것을 향유하는 해석자들에 의해서 무한 변용된다고 하지 않던가. 우리는 영화를 통해 중도中道를 본다. 극단으로 치달을 수 있는 감정의 동요에 휩쓸리지 않고 평정심을 유지하는 그 마음 말이다.

두 인물의 마음 상태를 중도의 관점에서 주목해보자. 충분히 기분이 나빠질 수 있는 상황이었고 얼마든지 화를 낼 수 있는 대목이었지만 인물들은 모두 고락苦樂의 분별分別 없이 불편한 상황을 불편하지 않게 대처하며 이후 발생할지도 모르는 충돌을 자연스럽게 넘겼다. 진지하게 생각해보지 않을 수 없다. 아무리 마음에 들지 않더라도, 상대의 잘못이 명백하다고 할지라도 결국 기분을 상하는 당사자는 바로 자신이라는 점을. 옳다 그르다 하는 것은 매우 주관적이며, 설사 옳고 그름이 명백하더라도 인과의 질서로 이루어진 것이기 때문에 영원히 옳은 것도 영원히 그른 것도 없다. 따라서 기를 쓰고 따질 필요도 없다.

세상에는 천재지변이나 불의의 사고, 혹은 그 밖에 예상치 못했던 일로 피해를 보는 일들이 허다하다. 그렇다고 해서 이 모든 일들을 우연이라거나 재수가 없어서라고 치부할 수는 없다. 세상에서 벌어지는 모든 일은 자신이 만들어낸 고락의 인과와 업식에 직결되어 있다. 따라서 필연적인 현상이다. 가끔 이런 이야기가 너무 운명론적이지 않느냐는 질문을 받곤 하는데, 인과의 업식과 운명론은 엄청난 차이가 있다. 고정된 숙명에 의해 인생의 방향을 전혀 수정할 수 없는 운명론과는 달리 인과의 업식은 자신의 의지와 행위 여하에 따라 얼마든지 달라질 수 있다는 점에서 그렇다. 참선과 기도, 보시와 정진을 강조하는 이유이다.

불보살과 아라한, 그리고 마음을 깨친 이들은 좋다 싫다 하는 분별심이 없기 때문에 고락의 인과가 생기지 않는다. 좋은 일도 나쁜 일도 없으니 과보가 생길 리 만무하다. 반대로 분별심을 가진 중생은 각자 분별심과 인과업의 크고 작음에 따라 좋은 일을 만나기도 하고 나쁜 일을 만나기도 한다. 좋다거나 싫다고 하는 분별업에 따라 내가 만나는 인연들이 결정되는 것이므로 내게 다가오는 일들에 대해 좋다 싫다 하는 감정을 가질 필요가 없다. 이는 얻고 잃는 득실이나 옳고 그른 시비의 문제가 아니다.

옳고 그름을 따지는 것은 자신의 고락업과는 전혀 상관없으며 시비를 따지는 것이 오히려 자신의 고락업을 두텁게 한다는 사실을 영화에 등장하는 남루한 흑인이 알고 있었는지는 모르겠다. 하지만 분별심을 내려놓고 중도의 마음으로 여유로운 자세를 취한 것은 분명 배울 점이다.

그림자 떼어내기

『장자』「잡편」에 나오는 이야기이다.

죽어라고 뛰어가는 사람이 있었다. 자신의 그림자가 두렵고 발자국이 싫어서 그것들로부터 떨어지려고 달아나는 것이다. 그러나 아무리 빨리 뛰어도 몸에서 그림자는 떨어지지 않았고 멀리 달아날수록 발자국은 많아졌다. 더욱 힘껏 뛰어야 했다. 결국 이 사람은 기운을 모두 소모해버렸고, 그림자로부터 도망치지 못한 채 죽음을 맞이해야 했다.

장자는 이렇게 말한다. "그늘에만 들어갔어도 그림자는 사라졌을 것이고, 가만히 앉아만 있어도 발자국은 생기지 않았을 것이다."

그렇다면 인간에게서 떼어내야 하는 그림자는 무엇일까? 탐·진·치의 삼독심이나 분별심이다. 장자가 말하는 그늘이란 좋다거나 싫다는 고락을 분별하지 않는 마음이고, 가만히 앉아 있다는 말은 동요하지 않고 고요한 상태를 의미한다. 그래야 그림자와 발자국이 생기지 않는다.

부처님은 보고 듣고 느끼는 모든 대상은 나의 그림자와 같다고 하셨다. 일체유심조一切唯心造요, 만법유식萬法唯識이라는 말씀이다. 일체유심조란 『화엄경』의 핵심 내용으로 모든 것은 마음이 만들어냈다는 말이고, 만법유식이란 유식학에서 중요하게 여기는 개념으로 현재의 모든 현상은 심식心識으로만 헛되이 지어진 것이라는 의미이다. 따라서 마음에 들지 않는 대상을 접하게 된다면 그 대상에 대해 좋다거나 싫다고 생각할 것이 아니라 먼저 자신의 마음 상태가 그 대상에 비쳤기 때문이라고 여겨야 한다.

내가 경험하는 모든 세상은 오로지 나의 마음[心識]이 만들어낸 허상일 뿐 실상이 아니다. 나의 육식六識(시각, 청각, 후각, 미각, 촉각, 의식)이 좋고 나쁘다는 고락의 분별을 하지 않는다면, 보는 대상이 좋고 나쁨이 없고, 듣는 대상이 좋고 나쁨이 없으며, 냄새 맡고, 맛을 보고, 촉감을 느끼고, 생각을 한 대상이 좋고 나쁨이 없다. 결국 나의 고락분별苦樂分別과 업業의 모습과 크기에 따라서 좋고 나쁜 대상이 인연의 모습으로 나타난다.

파사현정破邪顯正이라는 말이 있다. 그릇된 것을 깨뜨리고 올바른 것을 드러낸다는 의미로 삼론종三論宗의 근본 교리 중 하나이다. 길장吉藏(549~623)이 지은 『삼론현의』에서는 삼론종의 교리를 간명하게 논술하고 있는데, 이 책은 팔부중도八部中道를 강조하는 파사破邪와 현정顯正의 2문 구조로 되어 있다. 팔부중도는 중관사상中觀思想의 핵심 개념이다. 서로 대립하는 여덟 가지 그릇된 개념을 논파하여 분별과 집착이 사라진 공空의 지혜를 설하고 있는데, 여기에는 불생불멸不生不滅, 불상부단不常不斷, 불일불이不一不異, 불래불출不來不出이 있다.

분별이라는 그릇된 것을 깨뜨리는 것이 파사이고, 분별하지 않는 중도中道를 드러내는 것이 곧 현정이다. 올바르다고 분별하면 이미 올바르지 않은 것이 생겨나고, 그릇된 것을 물리치려고 한다면 그릇되지 않은 것에 대한 과보로 또 다른 그릇된 것이 나타난다. 분별망상에서 벗어나지 못하면 영원히 고락과 시비의 인과에서 벗어나지 못하기 때문이다. 그러므로 진정한 파사현정은 좋다 싫다 하는 고락의 감정을 분별하지 않은 중도의 마음 상태에서만 이루어질 수 있다.

이미 좋다거나 싫다는 감정을 조금이라도 앞세워 행동하고[身] 말하고[口] 생각한다면[意] 삼업三業으로 인한 인과를 낳기 때문에 과보를 받게 된다. 괴로움이 끊이지 않게 되는 것이다. 분별하지 않는 중도의 마음으로 신身·구口·의意 삼업을 청정히 해야 한다는 건 이 때문이다. 중관사상의 중요한 저서인 『중론』에서 부처님의 진리

중 으뜸인 연기법緣起法을 이용해 당시의 그릇된 견해들을 바로 잡은 데에는 그만한 이유가 있다. 요즘도 마찬가지지만 당시 사회에서는 모든 존재에 대한 실상을 잘못 이해하고 있었다.

당시의 그릇된 견해를 바로 잡은 것이 팔부중도이다. 시간이 날 때마다 이 말을 되새겨보도록 하자. 모든 현상은 인연에 따라 모이고 사라질 뿐 생겨나거나 소멸하지 않는다[不生不滅]. 모든 현상은 인연에 따라 끊임없이 변화하면서 이어진다[不常不斷]. 모든 현상은 인연에 따라 일어나기 때문에 하나가 아니며 끊임없이 이어지므로 다르지 않다[不一不異]. 모든 현상은 어딘가에서 온 것도 아니고 어딘가로 가는 것도 아니다[不來不出]. 이 여덟 가지 중도가 지닌 의미는 한 마디로 분별하여 치우치지 말라는 것이다.

비록 위대한 지혜를 깨닫는 건 어려울지라도 이미 오랜 시간을 거치며 검증된 내용을 일상생활에 적용하는 건 어렵지 않다. 결국은 우리 몫이다. 어느 한쪽에 치우치게 행동하고 말하고 생각하지만 않아도 최소한 감정을 절제하는 능력을 갖출 수 있다. 감정만 절제하더라도 그로 인해 다가올 과보를 조금이라도 더 좋은 방향으로 흐르게 한다. 혹시 지금도 정신없이 뛰고 있다면 가까운 그늘에라도 들어가 잠시라도 쉬어가는 건 어떨까.

엔도르핀 공장

미국 플로리다 탬파베이(Tampa Bay)에서 있었던 일이다.

여행을 하던 한 티베트 스님이 갑자기 쓰러졌는데, 장이 파열되어 수술을 해야 했다. 스님은 계율에 어긋난다고 마취를 거부했고, 여섯 시간의 긴 수술에도 소리 한번 지르지 않았다. 의사의 질문에 스님은 전혀 통증을 느끼지 못했다고 대답했다. 피를 뽑아서 정밀검사를 해보니 핏속에서 이상한 물질이 검출되었다. 의사들은 마취제인 모르핀morphine을 투여하지 않고 수술했다고 해서, 이 물질을 '엔도르핀endorphin'이라고 명명했다.

라틴어 '엔도endo'는 내부를 뜻하고, '오르핀orphine'은 모르핀(마취

제)에서 따온 말이다. 이를 줄여서 '엔도르핀'이라고 했는데, 체내에서 생성되는 마취제를 의미한다. 이 사건을 통해 우리는 마음을 어떻게 쓰느냐에 따라 인간 몸에는 특별한 물질을 만들어내는 능력이 있음을 알게 되었다. 좋고 싫다는 고락의 분별을 떠날 때 엔도르핀은 몸과 마음에 두루 퍼져서 어떤 괴로움과 고통도 침투하지 못하게 한다. 기도와 참선, 보시와 정진은 엔도르핀을 만들어내는 공장이기도 하다.

몸에서 느끼는 감각은 여러 가지다. 부드러움이나 짜릿함, 간지러움이나 따가움, 오르가슴이나 극심한 고통 등. 이러한 신체적 느낌들은 좋다거나 싫다는, 즐거움과 괴로움의 고락苦樂으로 집약된다. 결국 두 가지 인과이다. 마음과 마찬가지로 몸에서도 분별에 따르는 고락의 업이 나타난다. 몸이 느끼는 좋은 것들과 그 과보로서 나타나는 싫은 것들. 이들 역시 인과의 작용이다. 좋은 만큼 싫은 느낌을 받는 것이다.

수술하려고 칼을 갖다 댐으로써 몸은 찢어지는 고통을 느낀다. 이는 그동안 몸이 느꼈던 즐거움의 과보이다. 당연히 몸이 느꼈던 괴로움은 다시 부드러움과 황홀한 과보로 이어진다. 인과는 이처럼 끝없이 변화하면서 우리 몸을 통해서도 좋고 싫다는 고락의 분별로 나타난다. 수행이란 궁극적으로 고락의 분별을 없애기 위한 수단이다. 수행이 고도로 완성되면 좋다거나 싫다고 하는 분별심이 사라진다. 황홀함이나 통증이라는 분별이 사라짐으로써 칼로 살을 가르더라도 몸은 아무런 느낌을 갖지 않게 된다.

티베트 스님은 수술하는 동안 좋고 싫다는 고락을 분별하지 않는 선정禪定의 경지에 들었을 것이다. 선정에 든 동안 고락의 감정이라는 분별의 업이 사라짐으로써 극심한 통증에서 자유로워졌던 것이다. 몸과 마음의 고통과 괴로움은 좋다거나 싫다는 분별이 만들어내는 인과의 업이다. 좋은 것을 취하려는 마음은 싫거나 나쁜 과보를 만드는 원인으로서의 인과이다. 즐거움과 기쁨, 괴로움과 고통. 이 두 가지 감정 가운데 어느 하나라도 가지고 있다면 인과를 벗어날 수 없다.

괴로움과 고통에서 벗어나려면 즐거움과 기쁨 등 좋다고 느끼는 것들조차 바라지 않아야 한다. 즐거움과 기쁨을 바라지 않으면 괴로움과 고통의 과보를 불러들이지 않는다. 즐거움과 괴로움의 분별을 떠나므로 인과의 업이 사라지는 동시에 제3의 길, 중도中道의 마음을 갖게 된다. 즐겁고 기쁘고 행복한 것을 원하면서 그 인과로 인한 괴롭고 슬프고 불행한 과보를 받고 살 것인지, 아니면 모든 것을 인연에 맡겨서 좋고 싫다는 고락의 분별업을 떠나 중도의 길을 선택할 것인지는 각자의 선택에 달렸다.

부처님께서는 이 세계는 절대적인 능력을 가진 누군가가 창조한 것이 아니라 각각 중생의 업력業力으로 만들어진 것이라고 하셨다. 존재하는 모든 것은 업에 의해 만들어진다. 업이 결정되고 나면 그 과보는 피할 수 없다. 그리고 업은 절대로 그냥 소멸되지 않는다. 현생에서뿐만 아니라 여러 생을 통해서라도 틀림없이 과보로 나타난다. 『법구경』에서는 다음과 같이 말하고 있다.

하늘에도 바다에도
산중의 동굴에도
사람이 악업에서 벗어날 수 있는 곳은
아무 데도 없다.

업은 그것을 행한 존재 속에 어떤 흔적을 남기는데, 이 흔적을 업력이라고 한다. 업이 남긴 괴로움에서 벗어나려면 업장을 소멸하고 지혜와 복덕을 구족하도록 노력해야 한다. 이는 우리가 인생을 살아가는 이유이기도 하다. 인간만이 업을 지을 수 있으며 인간만이 업장을 소멸할 수 있다. 과보를 초래하려면 업에는 두 가지 조건이 필요한데 하나는 의도적 행위이고, 다른 하나는 선하거나 악한 윤리적 행위이다. 기도와 참선, 보시와 정진은 이 두 가지 조건을 모두 정화시킨다.

탐욕

대문호 톨스토이(Lev Nikolayevich Tolstoy, 1828~1910)의 단편소설 「사람에게는 얼마만큼의 땅이 필요한가」라는 작품이다.

러시아의 농부 바흠은 땅만 있으면 악마도 두렵지 않다는 믿음을 가지고 있었다. 땅을 원하는 이 가난한 농부는 넓은 땅을 싸게 판다는 소문을 들었다. 소문을 듣고 찾아간 바흠은 1,000루블을 지불하고 땅을 거래한다. 조건은 간단하다. 해가 뜰 때부터 걸어서 해가 질 때까지 원래의 출발지로 돌아오면, 이동하며 표시한 만큼의 땅 전부를 받는다. 이 농부는 기름진 토지를 조금이라도 더 차지하려고 욕심을 부리다가 겨우 자신의 출발했던 곳으로 돌아오지만, 지나치게 몸을 혹사시킨 탓에 도착하자마자

피를 토하고 쓰러져 죽는다. 결국 그에게 주어진 땅은 자신이 묻힌 3아르신(약 2미터) 크기만큼의 무덤이었다.

소설 속에서 톨스토이는 우리에게 '인간은 얼마나 어리석은 욕심을 가진 존재인가'라는 질문을 던진다. 농부 바흠은 땅에 대한 집착 때문에 난로 뒤에 숨어 있던 악마의 계략을 눈치채지 못했다. 난로 뒤에 숨어 있던 악마가 상징하는 바는 욕심을 부리지 말라는 게 아니다. 욕심을 부리더라도 어리석어선 안 된다는 이야기이다. 사실 세속에서 살아가는 우리들이 악마의 출현을 막을 방법은 없다. 그렇다고 자신을 너무 혐오할 필요는 없다. 우리가 존경하는 부처님께서도 성도成道하기 전까지는 여러 차례 악마를 만났으니 말이다.

싯다르타 태자가 보리수 아래에 앉아서 선정에 들었을 때도 악마가 나타났다. 경전에서는 깨달음 직전에 마왕 파순이 딸들을 보내서 유혹하고 무시무시한 군사들을 동원해 위협했다고 전한다. 세간에서는 이때의 악마를 인간 내면에 있는 번뇌라고도 하고, 극적인 상황을 연출하기 위한 문학적 장치라고도 한다. 하지만 싯다르타는 결가부좌를 한 채 왼손의 손바닥을 위로 향하게 하고 배꼽 앞에 놓은 자세로 오른손을 무릎 위에 얹고 손가락 끝으로 가볍게 땅을 가리켰다. 그러자 대지가 크게 진동했고, 놀란 악마들이 울부짖으며 사라졌다. 이때 싯다르타가 취한 손 모양을 '항마촉지인降魔觸地印'이라고 한다.

생로병사에 관한 의문 속에서 싯다르타가 찾아낸, 중생들이 괴로움에서 벗어나지 못하는 근본적인 이유는 무명無明(어리석음)이었다. 이 어리석음 때문에 모든 생명이 오랜 세월을 고통에 시달리며 윤회를 반복한다. 이러한 진실이 인간뿐만 아니라 우주 전체를 설명하는 이론으로 발전한 형태가 연기법緣起法이다. 우리는 연기법에 대해 알고 있다.

이것이 있으므로 저것이 있고,　　　　　此有故彼有

이것이 생하므로 저것이 생한다.　　　　此生故彼生

이것이 없으므로 저것이 없고,　　　　　此無故彼無

이것이 멸하므로 저것이 멸한다.　　　　此滅故彼滅

조금 더 나아가 여기에 업과 과보의 문제를 대입해보자. 그러면 자연스럽게 이런 공식을 도출할 수 있다. '이런 업을 지었으므로 저런 과보를 받고, 어떤 업도 짓지 않았으므로 그에 대한 과보도 없다.' 우리가 현생을 살면서 경험하는 길흉화복吉凶禍福은 모두 전생에 지었던 업에 의해 결정되고 성숙한 과보들이다. 모든 중생은 본래 누구나 차별 없이 업을 가지고 있다. 이는 결과인 과보는 바꿀 수 없어도 원인인 업은 인간의 의지에 따라 얼마든지 변할 수 있다는 의미이다. 동시에 좋은 업과 나쁜 업의 양이 같다는 말이기도 하다.

얼마나 기쁘고 즐거웠으며 얼마나 행복하고 편안했는지를 돌이켜 보면, 앞으로 얼마나 슬프고 괴로울 것이며 얼마나 불행하고 불편할지를 짐작할 수 있다. 지금 걱정과 근심, 고통과 괴로움으로 힘들다면, 전생이나 혹은 현생에서 즐거움과 기쁨, 행복과 편안함을 그만큼 누렸다는 증거이다. 이처럼 전생이 지은 좋거나 나쁜 업에 의해 현생에 좋은 일과 나쁜 일이 나타난다. 좋은 업이란 당연히 즐겁고 기쁘며 편안하고 행복한 감정을 가진 마음이고, 나쁜 업이란 괴롭고 슬프며 불편하고 불행한 감정이다. 중요한 점은 업과 과보의 관계에서는 더 얻는 법도 없고 더 잃는 법도 없다는 것이다.

농부로서 땅을 가지고 싶어 하는 마음은 큰 범죄도 아니고 사소한 욕심이라고 할 수 있다. 그러나 연기의 관점에서 보자면 사소한 욕심이라고 해서 업보가 따르지 않는 것은 아니다. 이것은 단순히 옳고 그름을 따지는 시비의 문제가 아니다. 좋은 것을 취하려는 욕심은 이해하지만 그럴수록 자신을 돌아보아야 한다. 가난한 농부 바흠은 자신이 지은 공덕에 비해 소원하는 과보가 너무 컸다. 그것이 또 하나의 업이 되어 그를 죽음으로 몰아갔던 것이다. 그에겐 좀 더 신중하게 미래를 계획하고 자신의 공덕을 쌓을 기회가 있었을 것이다. 바흠은 그 기회를 놓쳤고 무작정 탐욕에만 충실했다.

농경민족이어서 그런지 우리나라 사람들도 땅에 대한 욕심이 적지 않다. 이런 욕심이 사회적 물의를 일으키는 주범이 되기도 한다.

한 번쯤은 깊이 생각해보자. 욕망하는 바를 얻을 만큼 공덕을 쌓았는지를. 추상적이긴 하지만 자신의 업장業障에 대해서도 성찰해볼 여지가 있다는 말이다. 실제로 티베트 사람들은 도둑을 스승으로, 강도를 은인으로 여기기도 한다. 나의 악업을 씻어주었기 때문이다. 즐겁고 기쁜 일이 생기면 전생에 지은 공덕을 까먹고 있구나 생각해서 주의하고, 괴롭고 슬픈 일이 생기면 전생의 악업을 씻을 기회가 온 것이므로 담담하게 받아들여야 한다.

인생을 낭비할 정도로 고민하거나 의기소침해질 문제가 아니다. 업이란 과보의 원인이지만, 인간의 의지에 따라 얼마든지 변할 수 있다.

전생이 보이는 깃털

『삼국유사』권3 「탑상」〈대산월정사오류성중〉조에 나오는 신효거사信孝居士 이야기이다.

옛날에 신효거사라는 분이 있었다. 유동보살幼童菩薩의 화신이라 불릴 만큼 자비로운 사람이었다. 신효거사는 사냥을 해서 고기를 좋아하는 어머니를 봉양했는데, 이날도 고기를 먹고 싶다는 병든 어머니를 위해 활을 들고 나갔다. 그러나 하루 종일 산을 헤맸지만 해가 저물 때까지 토끼 한 마리 잡을 수 없었다. 그러던 중 머리 위로 날아가는 다섯 마리의 학을 발견했다. 힘껏 활시위를 당겼으나, 학은 날아가버리고 깃털 한 조각을 떨어뜨렸다. 어쩔 수 없이 깃털을 주워서 산에서 내려온 신효는 무심코 그것을 눈에 대 보았다. 그랬더니 앞을 지나는 사람들이 갖가지 동물로 보이는 게 아닌가. 그러나 눈에서 깃털을 떼어보면 다시 사람으로 보이는 것이었다.

신효는 생각을 거듭하였다. 급기야는 살생하려는 마음 때문에 생긴 과보라는 생각에 미쳤고, 짐승의 모습이 그들의 전생이었다는 것을 알게 되었다. 사람의 모습을 하고 있으나 사람들 역시 짐승의 성품과 비슷했다. 그 성품을 고치지 않으면 내생까지 이어져 다시 짐승으로 태어난다는 사실을 어렴풋하게나마 깨달았다. 살생을 하려던 행동을 깊이 뉘우치자 도저히 사냥을 할 수가 없었다. 활을 버리고 어머니께 드릴 고기를 구할 수 없게 된 신효는 냇가로 나가 자신의 넓적다리를 칼로 잘라내었다. 이 일이 궁에 알려졌고, 효성에 감동한 왕은 그에게 커다란 상을 내려 어머니를 극진히 모실 수 있게 하였다.

어머니가 돌아가시자 신효는 출가해서 자신의 집을 절로 만들고 수행을 시작했다. 그러나 짐승들이 많은 곳에서는 수행이 쉽지 않았다. 유랑을 하며 수행하던 신효는 깃털을 눈에 대 보아도 사람으로 보이는 숫자가 많은 곳에 이르렀다. 그러던 어느 날 노파로 화현한 관음보살이 가르쳐 주는 곳으로 가서 수도를 이어가게 되었다. 하루는 다섯 분의 스님이 찾아왔다. 그들 중 한 분이 가사의 한 폭을 달라고 요구했다. 영문을 몰라서 어쩔 줄 몰라 하는 신효에게 그 스님이 깃털을 달라고 했다. 신기하게도 깃털은

뚫어진 가사의 폭에 꼭 맞았다. 신효는 헤어지고 나서야 그 스님들이 다섯 성중聖衆이었음을 깨달았다.

노파로 변신한 관음보살이 가르쳐 주고 다섯 성중이 나타난 곳이 지금의 월정사다. 월정月精이란 월정마니주月精摩尼珠에서 나온 말로 매우 영롱한 보배를 일컫는다. 월정사는 자장율사慈藏律師(590~658)가 처음 초암草庵으로 지었고, 그다음 신효거사가 와서 수행했으며, 범일梵日의 제자 신의信義가 암자를 짓고 주석했던 곳이다.

중생들이 윤회하는 곳인 육도六道는 삼선도三善道와 삼악도三惡道로 나뉜다. 비교적 선한 업보를 쌓아서 가는 곳이 삼선도이며 천상, 인간, 아수라 등이다. 악한 과보로 인해 떨어지는 곳이 삼악도이며 축생, 아귀, 지옥 등이 있다. 다음 생이 궁금하다면 자신이 현재 어떤 업을 짓고 있는지를 보면 된다.

사람들은 많은 말을 하며 살아간다. 생각을 상대방에게 전달하기 위해서이다. 말은 그냥 전달되지 않는다. 말을 하면서 그 속에 감정을 집어넣고, 기분에 따라 말하는 모양이 달라진다. 말이 아니라 생각을 하면서도 감정을 품는다. 생각을 하면서도 기분이 달라지는 것이다. 행동 역시 마찬가지다. 마음에 들지 않거나 화가 나면 행동이 과격해지며 몸싸움이 벌어지기도 한다. 이처럼 신·구·의 삼업三業은 좋다거나 싫다는 고락苦樂의 감정이 붙어서 원래의 의도와는 다른 모습으로 변형되거나 다른 형태로 표출된다.

바라고 성취하려고만 들지 말고,
편안하고 조용한 마음으로
인과의 도리에 맡겨야 한다.
원한다고 성취되고
원하지 않는다고 없어지는 일이 아니다.

말하고 생각하고 행동할 때 고락이 붙는다. 승승장구해서 최고의 자리에 오른 사람이나 완전히 인생의 밑바닥으로 떨어진 사람이나 모두 좋다 싫다 하는 고락의 업에 의해서 산다. 잘되면 잘되는 대로 고락이 붙고, 못되면 못되는 대로 고락이 붙는다. 잘산다고 해도 고통이 없을 수 없고, 못산다고 해서 즐거움이 없지 않은 이유이다. 이렇게 살든 저렇게 살든 고락으로 인한 인과의 업은 피할 수 없다. 정도의 차이는 있으나 모든 것이 자업자득이다. 지금이든 나중이든, 여기에 있든 저기에 있든 우리가 지은 인과의 업은 달라지지 않는다.

운칠기삼運七技三을 믿는 사람들이 많은데, 시절인연의 측면에서 볼 때 완전히 틀린 말이다. 사람의 일은 운이 7할이고 재주가 3할이라는 이 말의 의미는 일의 성패를 노력보다는 운으로 몰고 가는 경향이 있다. 하지만 운과 재주 모두 인연의 산물로 필연적이다. 사주 풀이나 운세를 보러 가면 이렇게 하면 좋고 저렇게 하면 나쁘다는 분별을 너무나 쉽게 하는데, 이는 모든 것이 인연의 소산임을 모르기에 저지르는 오류이다.

이렇게 되건 저렇게 되건 낙업樂業이 드러날 시기여서 바라던 일이 성취되고, 고업苦業 드러날 시기여서 원치 않던 일이 생겼다. 그러므로 편안한 감정을 유지하는 것이 중요하다. 바라고 성취하려고만 들지 말고, 편안하고 조용한 마음으로 인과의 도리에 맡기는 것이다. 원한다고 성취되고 원하지 않는다고 없어지는 일이 아니다. 왜 안 되느냐며 집착하고 미련을 가질수록 자신만 힘들어진다. 잘 되느니 못되느니 괜히 분별하면서 감정까지 없지 말고 무심無心과 중도中道의 마음을 가져야 한다. 중도의 마음에는 안 되는 일이 없다. 이렇게 되어도 되는 것이고, 저렇게 되어도 되는 것이니 항상 편안하다.

신효거사를 유동보살의 화신이라고 하는데, 어쩌면『문수사리보초삼매경』에 등장하는 그 유동幼童을 가리키는 것인지도 모르겠다. 오대산이 문수보살의 성지이기도 하거니와 공空의 이치를 깨닫기를 권유하는 경전의 내용 때문이다. 이 경전은 보살행이란 집착이 없는 것을 말하며, 공의 이치를 깨달으면 모든 의심과 욕망, 번뇌가 사라진다고 설한다. 한자는 다르지만『태자본기서응경』에도 유동보살에 관한 내용이 나온다. 유동보살은 구이瞿夷라는 왕녀에게서 받은 일곱 송이 연꽃을 정광여래錠光如來(연등불)께 바치고 91겁 뒤에 부처가 될 것이라는 수기를 받는다. 이 경전에서 말하는 유동보살은 석가모니 부처님의 전생 모습이다.

가피

부처님이나 불보살님들이 자비를 베풀어 중생들을 이롭게 하는 불가사의한 힘을 가피加被라고 말한다.

어떤 사람이 부처님께 기도했다.
"항상 저와 함께해주십시오."
기도를 하고 나서 꿈을 꾸면 늘 모래 위에 두 사람의 발자국이 보였다. 그런데 유독 어렵고 힘든 일이 있었던 날에는 한 사람의 발자국만 보였다. 그래서 부처님께 여쭈었다. 부처님께서는 이렇게 대답하셨다.
"힘들고 어려울 때는 내가 늘 너를 등에 업고 있었느니라."

무척 신심을 불러일으키는 꿈이다. 이런 꿈을 꾸고 나면 현실이 정말 든든하다. 신실한 불자들은 실제로 이와 비슷한 꿈을 꾸는 예가 많다. 이런 가피에는 세 가지 종류가 있다. 몽중가피夢中加被와 현전가피現前加被, 명훈가피冥熏加被가 그것이다.

몽중가피란 앞서 소개한 경우처럼 꿈속에서 불보살님들을 만나거나 그분들의 위신력에 힘입어 기도를 성취하는 것을 말한다. 불가에서는 이러한 가피의 영험담이 상당히 많다. 신심이 깊은 분들은 꿈에 관세음보살님이 나타나서 오래된 고질병을 완쾌시켜 주기도 한다. 관세음보살은 석가모니 부처님 열반 이후 미륵부처님이 출세하시기 전까지 중생들의 고통을 구제하시는 보살로서, '관세음觀世音'은 세간 모든 중생의 소리를 살핀다는 의미이다. 한마디로 중생의 간절한 소리를 듣고 즉시 구제해주는 보살이다.

현전가피는 불보살님이 꿈이 아닌 현실에서 당장 나타나 원하는 바를 성취시켜 주는 것이다. 이런 사례들은 수행을 오랫동안 해온 스님들에게 주로 나타나는데, 국운이 경각에 달려 있을 때의 역사에서도 종종 발견된다. 그 이외에도 우리나라 곳곳에서는 문수보살의 현신을 친견하고 고난을 해결했다는 이야기들이 전래되고 있다.

명훈가피는 세 가지 가피 중에서 가장 수승하다고 알려져 있다. 꿈이나 현실에 나타나서 도움을 주는 것이 아니라 원력을 세운 모든 일이 이루어지며 불보살로부터 한결같은 보호를 받는 상태이다.

부처님이나 관세음보살님께서 항상 나를 보호하고 돌봐주신다는 믿음이 있으면 어떤 어려움이 찾아오더라도 두려워하지 않고 잘 극복할 수 있다. 그러나 이런 믿음이 정상적이지 않은 상태일 땐 문제를 일으키기도 한다. 가끔 종교에 대한 믿음이 지나쳐서 극단적인 행동을 하는 이들이 있다. 옛날이나 지금이나 광신도들로 인해서 사회적 문제가 되고 피해를 보는 이들이 생기곤 한다. 경우에 따라선 국가적 위기를 몰고 오기도 하고 심지어는 수많은 인명을 궁지에 몰아넣기도 한다. 이것은 잘못되고 비뚤어진 믿음 때문이다.

이런 일은 개인적인 구원을 앞세우거나 아직 다가오지도 않은 미래를 시한부적 종말로 선고하는 종교들에서 주로 나타나는 특징이다. 그들은 교주를 현실성 없는 측면으로 신격화하고 보편적으로 인정받을 수 없는 교리를 정면에 내세운다. 적어도 종교라면 체계적인 교리와 철저한 계율을 바탕으로 인간성의 궁극적 의미를 밝혀 주어야 한다. 부처님께서는 피해야 할 삼독으로 탐·진·치를 이르셨는데, 이 가운데 어리석음을 의미하는 치癡에는 외도에서 가르치는 그릇된 내용을 진리라고 착각하는 것도 포함된다.

진정한 신심이란 어디에도 집착함이 없는 것이다. 어디에건 집착하는 바가 있다면 올바른 믿음이 아니다. 집착하지 않으려면 인과에 대한 깨달음이 필수다. 현실 세계는 오로지 '이것으로 인해서 저것이 생긴다'는 연기법緣起法의 기초 위에서 생성되고 소멸한다. 아울러 매사에 분별하지 않으려는 노력도 중요하다. 고통과 괴로움은 기쁨과 즐거움 뒤에 오는 과보이다. 이익이 있으면 손해가 있고, 얼는 것이 있으면 잃는 것이 있다. 이유도 없이 생겨난 결과가 있을 수 없지 않은가. 모든 것은 인과에 의해서 드러난 것이기에 집착해서도 안 되고 집착할 필요도 없다.

순간적으로 기분이 나쁠 때가 있다. 사소한 자기 생각에서 타인들로부터 영향을 받은 것에 이르기까지 감정이란 놈은 가만히 있지 못한다. 감정은 실체가 없어서 한시도 조변석개朝變夕改하는 모습을 떨쳐내지 못한다. 조변석개란 아침에 변경하고 저녁에 뜯어고친다는 뜻으로 일관성 없는 변덕스러움을 일컫는다. 자신의 감정에 휘말려 정신 차리기 힘들 때도 많다. 이럴 때는 인과의 과보가 나타난 것이라 믿고 주어진 상황을 기꺼이 받아들이는 마음 자세가 필요하다. 감정을 잠재우는 습관을 기르고 항상 마음을 편안하게 하면 번뇌가 눈 녹듯 사라진다.

이런 마음 자세를 갖추고 있을 때야말로 부처님과 관세음보살님께서 우리와 함께해주시는 때이다. 인과를 믿고 분별하지 않는 마음자리는 부처님이나 관세음보살님께서 머무는 법당이기 때문이다. 우리는 누구나 가슴 깊은 곳에 신성한 법당 하나씩을 가지고 있다.

등불

캄캄한 밤길을 걷는 장님의 손에 등불이 들려 있다면, 그건 자신을 위해서가 아니다. 옆 사람을 위한 일이다. 장님은 어둡거나 밝은 것에 의미를 두지 않는다. 만약 어둡고 캄캄한 길을 밝히려고 등불을 들었다면 옆 사람을 배려한 일임이 틀림없다.

실제로 불보살이나 마음을 깨친 조사들은 이미 분별심을 여의었기 때문에 이렇게든 저렇게든 따로 자신을 위한 일을 할 필요가 없다. 그럼에도 불구하고 바라밀행을 실천하거나 법문을 펼치곤 하는데, 이는 모두 중생을 위한 일이다.

세상의 모든 현상과 일체의 사건들은 인과적으로 연기緣起한다. 맑은 날이 좋다고 느끼는 건 흐린 날이 있기 때문이고, 흐린 날이 있기에 우리는 맑은 날을 소중하게 여긴다. 세상은 절대적인 실체가 없이 이처럼 상대적이고 주관적이다. 짧은 것이 있으니 긴 것이 있는 것이고, 추운 것이 있으니 따뜻한 것이 있다. 우리는 객관적으로 존재하는 외부 공간이 있고, 고정된 시간에 의해서 '과거-현재-미래'가 존재한다고 교육받으며 자랐다. 하지만 정말 그럴까?

화엄교학華嚴敎學에서는 연기법을 집과 서까래 등으로 비유한다. 가령 서까래, 기둥, 대들보, 지붕 등이 원만하게 갖추어져야 집이라는 이름을 붙일 수 있다. 집이라는 개념이 없다면 서까래는 그냥 나무토막에 지나지 않을 뿐 서까래로써의 기능과 작용을 갖지 못하며 서까래라는 이름으로 부를 수도 없다. 우리가 세상에서 접하는 모든 것은 이처럼 전체의 맥락 안에서만 의미가 정해진다. 서로 상대적으로 보이는 것들도 이와 같다. 안과 밖, 크고 작음, 깊고 얕음, 거칠고 미세함 등은 개념적으로 대립된 것일 뿐 스스로 고정된 실체로서 존재하지 못한다. 만약 그렇다면 우리의 관념은 의미가 없다.

나무가 있다고 하자. 저 나무를 다듬어 기둥을 만들거나 대들보를 만들 수 있다. 좀 더 정교하게 다듬으면 창호나 문살이 되기도 한다. 하지만 고정된 실체로서 나무만 존재한다면 우리는 그것으로 집을 지을 수 없다. 그것이 기둥이나 대들보, 창호나 문살이 될 가능성이 전혀 없기 때문이다. 더욱이 고정된 실체로서 크거나 깊고 거칠다는 것이 있다면 세상은 존재하지 않거나 인간은 그것을 판단할 수 없다. '크다'라는 고정된 실체보다 더 큰 것은 있을 수 없고,

'깊다'라는 고정된 실체보다 더 깊은 것은 존재할 수 없지 않은가.

　따라서 맑은 날은 맑은 날대로 좋은 것이고, 흐린 날은 흐린 날대로 좋은 것이다. 우리 의식이 상대적으로 그렇게 느꼈을 뿐 고정된 바가 없기 때문이다. 이것은 일상에서도 같은 방식으로 드러난다. 옳은 일이 있기에 그른 일이 있는 것이고, 그른 일이 있기에 옳은 일이 좋아 보인다. 세상일이 이렇다면 옳은 것은 옳은 것대로 보아야 하고 그른 것은 그른 것대로 보아야 하지 여기에 감정을 섞을 필요는 없다. 각자의 관념에 따라 옳고 그르게 보일 뿐 본래 옳은 것과 그른 것의 고정된 실체가 있는 것이 아니기 때문이다.

　있는 그대로 보지 않고 좋다 싫다 하는 감정을 얹게 되면 분별심에 따르는 고락의 인과가 생겨서 마음만 불편해진다. 서로 다른 주장으로 시비가 벌어졌다고 가정해보자. 서로 다른 사람이기에 이런저런 주장이 있는 것이지 주장 자체가 좋고 나쁜 것은 아니다. 옳다거나 그르다고 판단하는 것도 사실 본인의 업業에 달렸다. 그런데 여기서 한 걸음 더 나아가 옳은 것은 좋은 것이요 그른 것은 싫은 것이라 한다. 이제 감정까지 섞었으니 싫은 주장을 한 사람한테 적대감까지 갖게 된다.

　불교에서는 모든 것이 나에게서 비롯되었다고 가르친다. 그리 어려운 말이 아니다. 누군가를 증오할 때 우리는 그 이유를 상대방 탓으로 돌리며 그가 잘못된 행동이나 주장을 했기 때문이라고 단정한다. 하지만 그는 자신의 업력이 시키는 대로 행동하고 말했을 뿐이다. 이것을 옳다거나 그르다고 분별해서 좋다거나 싫다는 감정까지 없은 사람이 누구인가? 그러니 모든 것이 나에게서 비롯되었다고 하는 것이다. 좀 더 세련되게 말하면 일체유심조一切唯心造이다.

그렇다고 불의를 보고도 분별하지 않고 가만히 있으라거나 아예 우유부단한 성격으로 살아가라는 것으로 오해하면 곤란하다. 곤경에 처한 이들에게 측은지심이 생겨 도움의 손길을 주는 것이 보시이고, 갈등 상황이나 정확한 결정이 필요할 때 현명하게 판단하는 것이 지혜이다. 이런 행위들을 바라밀행이라 한다. 요즘 유행하는 언어로는 고도의 정신문화라 할 수 있다. 요컨대 분별 없는 중도의 마음이 되면 하는 일마다 옳은 일이고 움직이는 행위마다 순리가 된다. 중도의 마음을 갖추면 몸과 입과 생각으로 하는 행위에 모두 과보가 따르지 않는다. 불보살님의 마음은 중도에서 어긋나지 않기에 어떤 일을 하건 바라밀행이 되고 한마디 한마디가 법문이다.

뗏목의 역할

율사律師란 계율을 철저히 지키며 율장律藏을 연구하는 스님이다. 승가에는 예로부터 속설이 있는데, 이것이 징크스처럼 보이기도 한다. 경전에 밝은 강사는 성불하기 힘들고, 율장에 밝은 율사는 성불하기 힘들고, 화두에 밝은 선사는 성불하기 힘들다는 말이 바로 그것이다. 경전도, 율장도, 화두도 모두 성불을 위한 수단이자 방법인데, 여기에 집착해서 수단과 방법이 오히려 목적이 되어버린 것을 꼬집는 말이다. 그야말로 본말本末이 전도되고 주객主客이 뒤바뀌었다는 것인데, 이를 경계하라는 의미를 지니게 되었다.

만행 길에 오른 두 분의 율사가 물살이 제법 거세 보이는 개천에 다다랐다. 개천에서는 먼저 도착한 아름다운 여인이 발을 동동 구르며 애를 태우고 있었다. 개천은 강보다는 작았지만, 시내보다는 큰 데다가 물이 불어나서 여인의 몸으로는 쉽게 건널 수 없었다. 율사 한 분이 그 여인을 업어서 건네주었다. 그리고 스님들은 가던 길을 계속 걸어갔다. 한참을 가는데 더는 못 참겠던지 다른 한 분이 격앙된 목소리로 말했다.

"율사가 되어서 어찌 여인을 업을 수 있단 말입니까? 스승께서는 여자를 절대로 쳐다보지 말고 말을 해서도 안 되며 만져서도 안 된다고 하셨는데, 여인과 말을 섞고 업어주기까지 하다니요?"

실망스럽다는 표정으로 발갛게 달아오른 그의 얼굴을 보며 여인을 업어서 개천을 건네준 율사가 대답했다.

"저는 아까 그 여인을 내려주었는데, 스님은 아직도 그 여인을 업고 있는 모양이구려."

싯다르타 태자가 설산에서 수도하실 때의 고행은 이루 말할 수 없을 정도로 참혹했다. 계율을 너무 철저히 지키다보니 음식을 제대로 드시지 못해서 피골이 상접하는 지경에 이르렀다. 라호르박물관에 있는 '고행상苦行像'은 그때의 모습을 형상화한 불상이다. 오랜 기간의 단식과 고행은 인간 싯다르타의 몸을 보기 흉할 정도로 수척하게 했다. 부처님께서는 어느 날 문득 계율을 철저히 지켜야 한다는 생각이 도리어 집착으로 굳어져서 좋다거나 싫다고 하는 고락의 분별심을 일으킨다는 것을 깨달으셨고, 그 즉시 일어나서 네란

자라 강가로 내려가 수자타로부터 우유죽을 받아 드셨다.

당시는 수행자가 여인을 보는 것만으로도 계율에 어긋난다고 하여 파계승이라 손가락질받던 때였다. 꽃다운 나이의 여인 수자타로부터 우유죽을 얻어 마시자 함께 고행하던 다섯 명의 수행자는 싯다르타가 미쳤다고 비난하며 녹야원鹿野苑으로 수행처를 옮겨버렸다. 그러나 무의미한 고행은 생사의 근본적 괴로움을 해결해주지 않았다. 뱃가죽이 등에 닿고 가죽과 뼈만 남아서 힘줄이 그대로 드러나도록 단식 수행을 했지만 남는 것은 고통이었다. 반대로 우유죽을 먹고 기운을 차린 싯다르타는 다시 고요하게 명상에 들었고, 마침내 부처를 성취했다.

성불하신 부처님은 자신을 비난하고 떠난 다섯 비구比丘를 찾아 바라나시의 녹야원으로 250km나 되는 거리를 맨발로 가셨다. 녹야원에서 이들에게 베푸신 최초의 설법을 초전법륜初轉法輪이라고 한다. 싯다르타가 고행을 포기하고 타락했다고 생각한 이들 다섯 비구는 처음엔 거부하며 외면하지만, 다가오는 부처님의 성스러움에 감화되어 가르침을 받아들인다. 스스로 여래如來가 되었음을 밝힌 석가모니 부처님의 최초 설법이 드디어 펼쳐졌다. 『초전법륜경』에서 가장 먼저 나오는 가르침은 두 가지 극단을 섬기지 말라는 것이다.

수행승들이여, 출가자는 두 가지 극단을 섬기지 않는다. 두 가지란 무엇인가?

수행승들이여, 감각적 쾌락의 욕망에 탐착을 일삼는 것은 저열하고 비속하고 배우지 못한 일반 사람의 소행으로 성현의 가르침이 아니며 무익한 것이다. 또한 스스로 고행을 일삼는 것도 괴로운 것이며 성현의 가르침이 아니며 무익한 것이다.

『쌍윳따 니까야』에서 발췌한 내용이다. 부처님께서는 감각적 쾌락과 고행을 일삼는 것을 성현의 가르침이 아니며 무익하다고 말씀하신다. "여래는 이 두 가지 극단을 떠나 중도中道를 깨달았다. 이것은 눈이 생기게 하고 앎이 생기게 하며 궁극적인 고요, 곧바른 앎, 올바른 깨달음, 열반으로 이끈다." 부처님께서는 네 가지 성스러운 진리[四聖諦]를 설한 후 여덟 가지의 고귀한 길[八正道]을 일러주며 최초의 제자인 다섯 명의 수행자들이 하나씩 진리의 눈을 뜨도록 하셨다.

경전이나 율장, 화두가 가지고 있는 본래의 목적을 이해하지 못하고 잘못 활용되는 경우가 많다. 이렇게 되면 진리와는 전혀 다른 방향으로 흘러가서 몸과 마음을 망쳐버린다. 간화선 수행을 잘못하면 상기병上氣病에 걸리기도 하는데, 평소엔 증상이 없다가도 화두만 들면 열기가 치솟아 머리가 빠개질 것처럼 아프다. 심한 경우엔 구역질이 올라오고 온몸에 신경이 곤두서기도 한다. 조급하게 이루려는 집착 때문이다. 사회적으로 존재하는 질서와 법 또한 그렇다. 모든 이들의 안전과 평화를 위해 제정한 것인데, 너무 집착하면 구성원들 사이의 갈등만 초래한다.

　강을 건넜다면 뗏목의 역할은 다한 것이다. 뗏목을 짊어지고 갈 수는 없지 않은가.

평정심

현실에서 있을 것 같지는 않지만 상인의 지혜가 빛나는 이야기이다.

어떤 상인이 1억을 벌었다. 돈을 어디에 숨겨놓을까 궁리하다가 아무도 모르는 땅속에 묻어두기로 했다. 며칠 후 새롭게 번 돈을 다시 묻으려고 땅을 파보니 묻어둔 돈이 감쪽같이 사라졌다. 상인은 주위를 둘러보았다. 멀리 집 한 채가 보여서 가보니 벽에 구멍을 뚫고 훔쳐본 흔적이 발견되었다. 상인은 집주인 노인을 찾아서 물었다.

"노인께서 지혜를 주시면 제가 후한 사례를 하겠습니다."

집주인은 흔쾌히 그러겠다고 대답했다.

"제가 아무도 모르는 곳에 1억을 묻어두었습니다. 지금 2억이라는 돈을 다시 묻어두려고 하는데, 1억과 같이 묻어야 할까요, 아니면 다른 곳에 묻어야 할까요?"

노인은 서슴없이 같은 곳에 묻어야 한다고 대답했다.

"감사합니다. 사례금으로 천만 원을 드리겠습니다."

다음 날 상인은 1억을 묻어둔 곳에 가서 땅을 파보았다. 처음 묻어둔 1억이 그대로 있었다. 노인이 2억을 더 얻으려고 훔쳐 간 돈을 다시 묻어두었던 것이다. 상인은 잃었던 돈 1억을 되찾을 수 있었다.

평정심을 유지했기 때문에 발휘할 수 있는 지혜이다. 걱정과 근심이 생기는 가장 큰 이유는 원하는 바가 이루어지지 않으면 어쩌나 하는 의심 때문이다. 원하고 바라는 마음은 수만 가지도 넘는다. 그러니 걱정과 근심도 수만 가지가 생긴다. 원하는 것이 이루어지면 즐겁고 기쁘고 행복하다. 하지만 즐겁고 기쁘고 행복한 감정은 똑같은 질량의 괴롭고 슬프고 불행한 감정의 인과를 작용시킨다. 하나가 생기면 반대의 모습인 다른 하나가 생기는 것이 사바세계의 모습이다. 밀물이 들어오면 썰물이 나가게 되듯 말이다.

누구도 거스를 수 없는 인연과보因緣果報의 법칙은 평등성의 원칙을 따른다. 불교 유식학唯識學에서는 네 가지 지혜를 중요하게 여기는데, 이들 중 평등성지平等性智라는 것이 있다. 제7 말라식未羅識이 전환되어 생기는 지혜로, 나와 나 아닌 것 모두가 평등함을 깨닫고 대자비심을 일으키는 경지를 말한다. 부처님과 아라한 등 마음을 깨친 분들에게서 드러나는 특징 중 하나가 바라는 바가 없다는 점인데, 이는 평등성지를 완성했기에 가능한 일이다. 모든 것이 평등하기에 나 이외의 다른 것을 내 몸처럼 보살피니 자비심이라 하는 것이고, 이미 모든 것이 갖추어져 있기에 나 아닌 누군가를, 혹은 나 밖의 무언가를 바랄 필요가 없다.

세상이 돌아가는 것을 연기緣起한다고 한다. 연기는 인연의 흐름일 뿐 좋거나 싫거나 하는 감정적 요소가 없다. 당연히 얻거나 잃는 것도 없고, 오거나 가는 것도 없다. 불교 윤리에는 선善·악惡·무기無記라는 개념이 있다. 선과 악은 상식선에서 이해되지만 일반인에게 무기라는 개념이 좀 애매하다. 무기란 윤리적으로 선도 아니고 악도 아닌 상태라고 생각할 수 있다. 가령 '해가 뜨는 것이 선인가 악인가'를 판단해보면 된다. 선도 아니고 악도 아니다. 무기란 그런 것이다.

그렇다면 조금 더 생각해보자. 좋으니 싫으니 하는 감정은 선인가 악인가? 혹시 좋은 것은 선한 것이고 싫은 것은 악한 것이라는 대답을 내놓았다면 틀렸다. 인간의 어떠한 감정도 선과 악으로 구분되지 않는다. 단지 선한 감정과 선한 의도로 행위를 했을 때와 악한 감정과 악한 의도로 행위를 했을 때라야 선악의 구별이 있다. 과보는 이 때문에 발생한다. 연기하는 세상이 평등하다는 사실은 '에너지보존법칙'이라는 간단한 물리학 이론으로도 증명된다. 이는 하나의 에너지는 다른 에너지로 전환될 뿐 에너지의 총합은 항상 일정하다는 법칙으로, '질량보존의법칙'과 동일하다. 현대 물리학에 따르더라도 현상계에서는 얻는 것과 잃는 것이 없다는 결론을 유추할 수 있다.

사실 좋다 나쁘다 하는 감정들과 얻거나 잃는다는 개념들은 고락의 업을 가진 중생들이 붙인 이름일 뿐이다. 누군가 걷고 있다고 상상해보자. 이쪽에서 보면 그가 오는 것이고 저쪽에서 보면 그는 가는 것이다. 동일한 현상이지만 언어습관과 편의에 따라 다르게 붙인 이름이다. 세상이라는 큰 그림으로 보면 단지 에너지의 흐름이고 질량의 변화지만 이쪽에서 보면 얻는 것이고 저쪽에서 보면 잃는 것이다. 하지만 에너지의 총량과 전체의 질량은 변동이 없다. 인간의 마음도 마찬가지다. 좋은 것이라는 개념이 만들어지면 싫은 것이라는 개념은 저절로 생긴다. 즐거움과 괴로움, 행복과 불행 어느 것 하나 이 법칙에서 벗어나지 않는다.

우리는 끝없이 좋고 즐겁고 행복한 것을 찾으려 한다. 현대의 과학문명과 문화예술은 그러한 욕구에 의해서 발전되었다. 하지만 극단적인 행복을 추구하는 현대사회는 극단적인 불행을 공유하는 사회이기도 하다. 전쟁과 자살, 마약과 폭력 등은 우리가 감추고 싶어 하는 민낯이다. 불교에서는 이런 현상을 공업共業이라고 하는데, 공동으로 지은 선악의 업과 공동으로 지은 고락의 인과가 불러온 과보라는 말이다. 없었던 것이 생긴 게 아니라 우리가 지은 것을 우리가 받는 것이다. 물론 공업을 녹여 없애려면 우리 개인의 별업別業을 먼저 소멸해야 한다. 별업의 소멸은 좋으니 싫으니 분별하는 마음을 내려놓는 것에서 출발한다.

조금 부족하더라도 탐욕을 부리지 말고, 당장 마음에 들지 않더라도 분노를 자제하자. 간혹 탐·진·치 삼독심을 제거하는 일이 너무 힘들다고 하소연하는데, 이렇게 대답해주고 싶다. 아마 '탐·진·치 삼독심'이라는 말에 현혹되어서 그럴 것이다. 그냥 단순해져보자. 무슨 일이 벌어지건, 어떤 상황에 던져지건 그냥 내 안에 계신 부처님만 믿고 평정심을 유지하자. 앞서 언급한 상인이 평정심을 유지하지 못했더라면 묻어둔 돈을 찾을 수 있었을까? 언쟁이 일어났을 것이고 몸싸움으로 번지다가 급기야는 넘어서는 안 되는 선을 넘었을지도 모른다.

날마다 좋은 날

현재도 많이 회자되는 유명한 선구禪句로서 운문문언雲門文偃
(864~949)선사의 일화이다. 이 이야기는 중국 송나라 때 설두중현雪
竇重顯(980~1052)선사가 편찬한 『벽암록』 제6칙 운문호일雲門好日 공안
이다.

"보름 전의 일은 묻지 않겠다. 보름 후의 일을 한마디로 말해보
라."

운문선사의 질문에 제자들은 어떻게 대답해야 좋을지 망설이고
있었다. 대중이 말이 없자 자신이 대중을 대신해서 말씀하셨다.

"날마다 좋은 날이로다(日日是好日)."

운문선사는 당나라 말부터 성행한 운문종雲門宗의 개조이다. 절

강성 가흥 출신으로 속성은 장張 씨였으며, 17세에 출가해서 목주도
명睦州道明선사에게서 참선을 배우다가 설봉의존雪峰義存의 문하에
서 깨달음을 얻었다고 한다. 운문종의 가풍을 한마디로 '운문천자
雲門天子'라고 하는데, 마치 천자의 명령처럼 두 번의 질문이 허용되
지 않고 준엄하다는 의미이다. 그만큼 간결하고 날카로운 말로 선禪
의 핵심을 드러낸다. 한 글자로 관문을 통과한다는 의미를 지닌 '일
자관一字關'은 이러한 운문종의 특징을 간명하게 보여준다. 실제로
운문선사는 수행자의 질문에 간결한 한 글자로 대답하곤 했다.

아무튼 선사들은 참으로 짓궂다. 언뜻 들으면 쉬운 말인 듯 보여
도 그 속에 담긴 의미는 엄청나다. 엄청난 의미를 담으려면 친절하
게 좀 차근차근 설명이나 해주면 얼마나 좋으랴만 곁을 주지 않으
려는 건지, 아니면 다른 세상의 눈으로 세속을 희롱하려는 건지 따
라가기가 무척 버겁다. 게다가 이 일화에서는 스승이 질문을 던져
놓고 대답마저 스승이 한다. 일부러 제자들이 대답하기 힘든 질문
을 던져 놓은 스승의 속내가 의뭉스럽기까지 하다. 예로부터 선불교
에서는 이런 일이 종종 있었다. 이것을 '대어代語'라고 하는데, 스승
과 제자가 문답을 하다가 제자가 답을 못하면 스승이 대신 대답을
일러주는 것을 말한다.

선사들의 불친절하고 못된 성품은 그렇다고 쳐도 "보름 후의 일
을 말해 보라"더니 어떻게 "날마다 좋은 날"이라는 대답이 나올 수
있는지는 알다가도 모르겠다. 이렇게 생각해보자. 좋으니 싫으니 고

자식에게 일어나는 모든 일을
부모가 관여할 수는 없다.
어떤 상황에 처하더라도
헤처나갈 수 있는 지혜를
가르쳐주는 것이
훨씬 현명하게 처신하는 길이다.

락苦樂을 분별하지 않으면 인과因果가 생기지 않으니, 항상 중도中道의 마음을 유지할 수 있다. 이런 상태라면 당연히 나쁜 일이 일어나지 않을 것이고 자연스럽게 '날마다 좋은 날'이 연속되는 것이다. 좋다거나 싫다고 분별하는 마음 때문에 걱정과 근심이 끊이지 않는다. 큰일 같으면 억울하지나 않겠지만, 아주 사소한 걱정과 근심이 우리를 '날마다 괴로운 날'로 이끈다.

'적어도 내 자식만은 잘되었으면 좋겠다'는 생각은 세상 모든 부모의 바람이다. 그래야 나도 즐겁고 기쁘고 행복해질 것 같다. 이 얼마나 이율배반인가. 즐겁고 기쁘고 행복해지려고 걱정과 근심에 매달린다니. 행복해지려면 이런 생각 자체를 놔버려야 한다. 잘되고 좋은 일은 인과의 반대편에 있는 잘못되고 싫은 일을 불러온다.

이들은 서로가 서로의 원인으로 엎치락뒤치락하며 끝없이 이어지기에, 모두를 없애거나 모두를 받아들이는 수밖에 없다. 그런데 우리는 좋은 것은 취하고 싫은 것은 버리려 하기 때문에 고락의 윤회를 반복한다. 어떤 일에도 좋아하지 않거나 싫어하지 않으면 분별이 사라진다. 좋아하는 것도 사라지고 싫어하는 것도 사라지면 걱정과 근심에서 벗어나게 된다. 무분별심이 되는 것이다. 이를 달리 말하면 중도심이라고 한다.

"내 마음만 편해지면 자식은 어떻게 합니까? 내 자식이 불행해지는 걸 부모가 되어서 어떻게 두고 봅니까?" 이렇게 반문하는 이들이 많다. 이런 부모님들에게는 어서 착각에서 벗어나라고 이야기해주고 싶다. 당신에게 좋으니 싫으니 하는 고락의 감정이 있듯이 당신 자식에게도 똑같은 그것이 있다고 말이다. 당신의 업業을 당신의 부모님이 대신해줄 수 없듯이 당신의 자식이 가진 업도 당신이 대신해줄 수 없다. 자식은 자식대로 제 스스로 지은 업에 따라 사는 것이다. 자식의 일은 오롯이 자식의 문제다.

부모가 되어서 자식이 바른 길로 가도록 돕지 말라는 말이 아니다. 특히 우리나라 부모들은 자식의 인생을 대신 살아주지 못해서 안달이다. 그러나 인생을 대신 사는 것과 인생에 도움을 주는 것은 엄연하게 다르다. 좋으니 싫으니 고락의 분별을 하지 않으면 어떻게 해야 하는지가 저절로 결정된다. 이럴 때는 이렇게 해주고 저럴 때는 저렇게 해주어야 한다는 인위적인 생각을 하지 않더라도 자식은 자식대로 살아갈 힘을 갖추고 있다. 자식에게 일어나는 모든 일을 부모가 관여할 수는 없다. 어떤 상황에 처하더라도 헤쳐나갈 수 있는 지혜를 가르쳐주는 것이 훨씬 현명하게 처신하는 길이다.

누구에게나 자식은 내 몸보다 소중하다. 생사에 관련된 문제는 비단 자식에만 해당하지 않는다. 정작 부모 자신도 태어나고 죽는 과정 속에서 인연과 과보의 영향에 의해 살아간다. 스스로의 생사도 해결하지 못한 부모가 자식에게 무얼 해줄 수 있는지는 곰곰이 생각해봐야 한다. 모든 일이 인과의 작용을 벗어나지 않으니 부모 자신부터 좋다 싫다 하는 분별을 하지 않는 습성을 길러야 한다. 그래야 모든 일이 여여如如하게 되어 날마다 좋은 날이 된다. 인과의 법칙을 잊고 감정에 휘둘리는 부모보다 매일 기도하고 보시하는 부모 밑에서 자란 아이들이 건강하게 성장한다는 사실은 주변에서도 자주 볼 수 있다.

집착

어디선가 들은 이야기인데, 살아가는 소소한 정이 느껴지고 잔잔한 감동이 일렁이는 게 가슴을 무척 훈훈하게 한다. 그런데 한 번쯤 생각해볼 여지가 있다.

아들 결혼식에 친구가 축의금을 백만 원이나 했다. 늘 도움을 받아왔지만 아들 결혼식까지 챙겨주는 친구에게서 커다란 감동을 받았다.

이번에는 친구의 아들이 결혼한다는 청첩장을 보내왔다. 형편이 닿지 않았지만 아내와 상의한 끝에 축의금으로 백만 원을 준비했다. 예식장에 가보니 친구는 이 부부를 매우 반기며 바쁜 와중에도 신경을 많이 썼다. 축의금을 마련하길 잘했다는 생각이 들었다. 며칠 후 친구가 보낸 등기우편 한 통 도착했다. 결혼식에 참석해서 감사하다는 인사인 줄 알았는데 호되게 나무라는 내용이었다.

"자네는 우정을 돈으로 사려는가? 친구끼리는 이런 만용을 부리는 게 아니라네. 자네 사는 형편을 누구보다 잘 아는 나일세. 축의금은 만 원이면 충분하다네. 이 돈을 받지 않는다면 앞으로는 자네를 친구로 생각하지 않겠네. 식장에 와주어서 정말 고마웠어. 다음에 포장마차에서 술이나 한잔하세."

편지와 함께 99만 원짜리 수표가 동봉되어 있었다.

함부로 정을 주지도 말고 받지도 말라는 말이 있다. 인과가 생기기 때문이다. 한 번 웃으면 한 번 울 일이 생기고, 한 번 즐거우면 한 번 슬플 일이 생긴다. 인과에 따른 과보는 이처럼 엄격하다. 하지만 인간 세상에서 정을 주지도 않고 받지도 않는다는 게 어떻게 가능한가.

우리는 전생으로부터 맺어진 인연으로 현생의 부모를 만난다. 부모로부터 받는 몸과 마음은 현생을 살다가 다시 내세로 이어진다. 사는 동안 우리에게는 탐·진·치 삼독심이 습習으로 똘똘 뭉쳐진다. 얼핏 보기엔 상관없어 보여도 인간의 감정을 움직인다는 점에서 정이라는 건 삼독심과 관련 있다. 조금이라도 자신의 마음에 관심이 있다면 삼독심에서 자유로워지기 위해 여러 가지 궁리를 해보았을 것이다. 명상 수행을 한다든지, 사경을 해본다든지, 인연이 닿는 절에 가서 불공을 드려보기도 했다. 그러나 삼독심이라는 게 잘 떨어지지 않는다.

모든 것은 인과에서 벗어나지 못한다. 인과가 마음에 작용하면 마음의 모양이 되고, 외부 세상에 작용하면 사바의 모습이 된다. 이러니 인간관계에서 오가는 정을 없애기란 참으로 어렵다. 행동과 말과 생각의 삼업三業이 털끝만큼이라도 생기면 인과에 걸리기 때문이다. 이럴 땐 약간의 기술이 필요하다. 사람들 사이에도 정이 붙지만 일이나 취미에도 정이 붙는다. 이것들을 이용하는 것이다. 주의할 점은 단순한 마음으로 일이나 취미에도 집착을 하지 않아야 한다는 것이다.

모든 병은 집착에서 온다. 집착은 순리를 거스르며 감정을 건드린다. 기분을 들뜨게 하고 극단적인 감정을 솟구치게 한다. 그러니 집착하지 말고 일이 잘되지 않더라도 기분이 상하거나 감정을 일으켜서는 안 된다. 사실 인과법, 인연법, 연기법에 따르면 잘못될 일이 없다. 일이 잘못되었다면 집착을 했다는 말이고, 분별을 통해서 감정을 일으켰다는 말이다. 집착은 분별을 불러오고, 분별은 감정을 불러오며, 감정은 업식業識으로 잠재되어 무르익다가 시절인연을 만나서 과보로 드러난다.

사람 사는 세상에서 정이 없으면 너무 삭막해지는 것 아니냐고 할 수도 있다. 정이야 얼마든지 주고받아도 된다. 그러나 집착하지 말자. 행동과 말과 생각의 삼업을 단순하게 유지하면 된다. '쿨'하게 살자는 말이다. 인과의 법칙에서 되고 안 되고는 본래 없다. 이렇게 되거나 저렇게 될 뿐이다. 집착하면 마음만 다친다. 그러니 어딘가에 자꾸 집착한다 싶으면 그 자체를 빠르게 놓아버리자. 앞서 언급했듯, 집착에서 모든 병이 나온다. 부처님께서는 어느 한쪽에 치우치지 말고 중도中道를 견지하라고 가르치셨다. 중도는 기계적으로 가운데를 말하는 것이 아니다. 가운데라는 것조차 분별하지 않는게 중도의 본질이다.

신통력

신통묘술神通妙術과 기행奇行 이적을 많이 행한 진묵일옥震默一玉
(1562~1633)대사의 이야기이다.

일곱 살에 출가한 봉서사鳳棲寺에서 사미승으로 있을 때였다. 어
느 날, 진묵 스님이 스승이신 희선사希禪師와 스님들의 점심 공양
을 위해 상추를 씻으러 우물가에 나갔다. 거기서 스님은 수십 리
남쪽의 큰 절에 불이 난 것을 보고는 상추에 물을 묻혀 남쪽의
하늘을 향해 마구 뿌려대기 시작했다. 해남 대흥사大興寺에 난
불을 끄려고 그랬다는 것이다. 봉서사에서는 이 일을 확인하기
위해 두 스님을 대흥사로 보냈다. 대흥사에서는 갑자기 불이 났
는데 북쪽 하늘에서 먹구름이 몰려오더니 비가 쏟아져서 쉽게

진화할 수 있었다고 했다.

불이 난 곳이 해인사 장경각이라는 설도 있으나, 불이 어디에서 발생했는지는 그리 중요하지 않다. 진묵 스님이 신통력으로 이적을 보이셨다는 내용은 이미 널리 알려져 있다. 신통력 하면 우리는 보통 부처님 계실 때의 신통제일 목련존자를 떠올린다. 하지만 우리나라 스님들께서 보인 신통력을 가볍게 여길 수 없는 것은 그분들이 보인 이적이 주로 국난으로부터 나라를 구하고 민중의 고통을 해결하기 위한 대자대비의 발현이었기 때문이다. 일반인들의 입장에서 신통력은 호기심을 부른다. 신기하기도 하고 무척 부럽다.

하지만 신통력은 어디까지나 방편일 뿐 자랑하거나 권유할 만한 일이 아니다. 신통을 부리는 사람이나 신통을 보는 사람이나 각자의 업에 따라 분별심을 가지고 있어서 각자의 인과에는 전혀 영향을 미치지 못한다. 모든 생명은 생로병사生老病死를 거듭하고 모든 물질은 성주괴공成住壞空을 거듭한다. 생긴 것은 사라지고, 사라져야 다시 생긴다. 시간의 차이만 있을 뿐 태어나서 죽고 생겨나서 사라지는 업성業性에는 차이가 없다. 제아무리 불가사의한 신통력이 있더라도 개인이 가지고 있는 인과의 업성은 달라지지 않는다는 말이다.

하늘을 나는 재주가 있고 세상을 지배하는 힘이 있다고 해도 좋으니 싫으니 분별하는 업식業識이 남아 있는 한 좋은 일에는 기쁘고 싫은 일에는 괴로운 마음을 여의지 못하기 때문에 희로애락喜怒哀樂의 세속적 감정은 계속된다. 어떤 것을 보고 듣더라도 좋다 싫다 하는 고락의 분별심이 인연과보因緣果報 윤회를 거듭한다. 그리고 업식이 가진 인과의 작용에 따라 좋은 감정과 나쁜 감정이 반복된다. 좋은 감정은 싫은 감정 때문에 생기고 싫은 감정은 좋은 감정 때문에 생긴다.

좋고 기쁘고 즐겁고 행복하고 만족스러운 감정은 싫고 슬프고 괴롭고 불행하고 불만족스러운 감정을 과보로 불러온다. 평안한 마음이 되려면 이 두 가지의 분별된 업식을 모두 떠나야 한다. 그러기 위해서는 좋다거나 싫다는 고락의 분별을 그쳐야 한다. 무슨 일을 성취한답시고 임시방편을 쓰거나 요령을 부리는 등 저급한 행위를 한다면 좋지 않은 업을 아뢰야식에 심어서 일을 그르치거나 더욱 복잡하게 한다. 점을 치거나 굿을 잘못해서 소위 '부정탔다'고 말하는 사람들이 종종 있는데 조심해야 한다. 정성스러운 기도와 참선, 보시와 정진만이 분별업을 말끔히 사라지게 하는 최선의 방법이다.

진묵대사께서는 이렇게 말했다. "재주는 나보다 나한이 뛰어날지 모르나, 대도大道는 오히려 나에게 물어야 한다." 나한의 재주는 신통력을 말하는 것이고 대도란 부처님의 정법을 말하는 것임은 누구나 알 수 있다. 나한에 버금가는 신통력을 가졌지만, 진묵대사는 참선과 경전을 독송하는 일로 일생을 보냈다. 신통력을 통해 많은 이적을 보이고 여러 기행이 전해오지만 진묵 스님에 관해 가장 중요하게 생각해야 할 점은 정법을 추구하며 꾸준히 수행 정진했다는 사실이다.

결국은 삶을 대하는 태도이다. 눈앞의 이익에 현혹되고, 눈앞의 고락에 좌우되면 삶은 자신의 의지와는 무관하게 나락으로 떨어지게 된다. 현세의 종교가 기복으로 흐르고 있다는 점은 우리 삶이 그만큼 팍팍하다는 증거이기도 하지만, 그래서 더욱 삿된 길로 접어들 가능성이 커지는 것도 사실이다. 힘들고 괴로울수록 정도를 지키는 것이 가장 안전하게 자신의 삶을 지키는 태도이다.

부처님께서는 당시 대중 앞에서 신통력을 보이는 제자들을 나무라셨다. 불가사의한 현상에 미혹되어 현실을 외면하는 중생들이 안타까웠던 것이다. 인간의 운명은 하늘로 쏘아 올린 화살과 같다. 화살을 쏘았을 때는 기세 좋게 하늘로 올라가지만, 그 힘이 다하면 반드시 떨어지게 되어 있다.

달을 가리키는 손가락

불가에 견월망지見月亡指라는 표현이 있다. 달을 봤으면 달을 가리키는 손을 잊으라는 뜻이다. 『능엄경』 구절을 보자.

어떤 사람이 손으로 달을 가리켜 다른 사람에게 보인다면, 당연히 손가락을 따라 달을 보아야 한다. 그런데 여기서 손가락을 달 자체로 여긴다면, 그 사람은 어찌 달만 잃겠느냐. 손가락도 잃었느니라. 왜냐하면 가리킨 손가락을 밝은 달로 여겼기 때문이다. 어찌 손가락만 잃었다고 하겠느냐. 밝음과 어둠도 모른다고 하리라. 왜냐하면 손가락 자체를 달의 밝은 성질로 여겨서 밝고 어두운 두 성질을 알지 못하기 때문이다.

견월망지見月亡指와 더불어 표월지標月指라는 말이 있다. 달을 가리키는 손가락이라는 뜻이다. 일반적으로 달은 진리를 상징한다. 부처님의 가르침인 교教는 달을 가리키는 손가락을 비유하고, 부처님의 마음인 선禪은 진리의 체험을 의미한다. 손가락에서 눈을 떼야 달이 보이지 손가락에 집착해서는 달을 볼 수 없다는 이야기이다. 본질이 무엇인지 알려고 하지 않고 비유에만 정신을 쏟고 있다는 질책이기도 하다.

이 이야기는 육조혜능대사의 대화에도 나온다.

육조혜능대사는 글을 읽을 줄 몰랐다. 어느 날 한 비구니가 물었다.
"스님은 글을 모르면서 어떻게 진리를 안다는 말씀인가요?"
"진리는 저 하늘의 달과 같고, 문자는 달을 가리키는 손가락과 같다."

언어도단言語道斷 심행처멸心行處滅, 불립문자不立文字 교외별전教外別傳, 직지인심直指人心 견성성불見性成佛은 모두 선불교와 관련 있으며, 달과 손가락 중 달을 가리키는 말들이다. 하지만 말이 쉽지 구체적으로 이해되거나 유연하게 체감되지는 않는다. 그러면 어디 한번 살펴보자. 말이 끊어진 상태를 언어도단이라고 한다. 인간은 자신이 사용하는 언어로 한다는데, 말이 끊겼다면 생각조차 할 수 없는 상태를 뜻하는 것인지 막막하다.

마음의 움직임이 모두 사라짐을 심행처멸이라고 하고, 문자로 표현할 수 없음을 불립문자라고 하며, (언어로) 가르치는 것 밖에서 전해지는 내용을 교외별전이라고 한다. 마음의 움직임이 사라졌다거나 문자로는 표현할 수 없다는 게 도대체 무엇인가. 더구나 가르침의 밖에서 이어진다니. 불교는 세수하다가 코 만지기보다 쉽다던데, 코가 어디에 붙어있는지조차 모르겠다. 부처님 재세 시에는 직접 지도를 받아서 아라한과를 얻은 성인들이 많다던데, 시간이 지나며 인간의 지능이 퇴보라도 한 건지 아니면 그 언어가 지시하는 대상이 바뀌기라도 한 건지 알 수 없을 지경이다.

자기 마음을 곧바로 가리킨다는 직지인심과 본성을 깨치면 누구나 부처가 된다는 견성성불은 그래도 좀 낫다. 어찌 되었든 선불교에서 사용되는 이 말들을 종합해보면 적어도 하나의 실마리는 찾을 수 있다. 언어의 세계를 뛰어넘는 무언가가 있다는 건데, 그것을 본성이라고 하거나 마음이라고 하는 듯하다. 손가락이 가리키는 달을 마음이라고 하고 보니 언어도단, 심행처멸, 불립문자, 교외별전에도 얼추 들어맞는 느낌이다. 하지만 그걸 알면 뭐 하겠는가. 어떻게 해야 저 달을 내 것으로 만들어서 내 의지대로 사용할 수 있는지 모른다면 말이다.

찬찬히 생각해보자. 손가락이 가리키는 달을 보는 데는 어떤 말도, 어떤 생각도, 어떤 행동도 덧붙일 수 없다. 그런 것은 모두 달이 아니라 손가락이기 때문이다. 그 말이 가리키는 의미가 무엇인지 찾으려고 애를 써봐도 부질없다. 말로는 한정되지 않기 때문이다. '단지 그냥 할 뿐.' 그것은 말로도 표현하지 말고, 머리로도 생각하지 말고 그냥 하는 것이다.

마음이란 그런 것이다. 좋은 감정을 가지려면 나쁜 감정을 버려야 한다는 것쯤은 안다. 사고가 나서 단단히 화가 나 있는데, 이러다간 정말 괴로워서 죽을 것만 같다. 이런 땐 단지 그냥 화가 나는 감정을 알아차리고, 있는 그대로 봄으로써 놓아버려야 한다. 그리고는 좋은 감정을 불러오는 수밖에 없다. 단지 그냥 할 뿐이다.

그러나 좋은 감정과 나쁜 감정은 떨어질 수 없는 인과관계에 있다. 그렇기에 이 둘을 모두 소멸시켜야 한다. 좋은 감정이건 나쁜 감정이건 없는 상태는 마음의 움직임이 사라진 상태이고, 언어가 도달할 수 없는 바로 그 경지이다. 손가락이 가리키는 달 자체이다. 알기는 쉬워도 행하기는 어려운 이유는 지혜가 아직 무르익지 않아서이다. 세수하다 코 만지기보다 쉽다는 건 거짓이 아니다. 인과관계에 있는 두 감정을 모두 놓아버리면 된다.

건강, 명예, 사랑, 지식 등 세상에서 바라는 것들을 모두 가졌어도 좋다느니 싫다느니 고락의 감정을 분별하는 한 괴로움의 인과에서 벗어날 수 없다. 밖이 아니라 안에서 고락의 감정을 멸하는 것이 가장 좋은 방법이다. 마음이 힘들 때 가장 좋은 해결 방법 역시 원하는 것과 원하지 않는 것을 모두 놓아버리는 것이다. 그러면 '될 대로 되어라' 식의 인생이 아니냐고 힐난할 수도 있다. 그것도 그리 나쁘다고 할 수만은 없다. 인연에 맡기고 순리에 따라 마음을 놓는 것이 핵심이다. 일회성으로 끝나면 효과가 별로 없다. 계속 이어져야 한다. 기분이 좋지 않을 때마다 부정적인 마음을 인연과 순리에 맡기고 놓아버리면 어느새 마음을 깨칠 시기가 온다.

불교는 원하는 것을 성취하는 종교가 아니라 원하는 마음마저 놓아버리는 종교이다. 갖지 말고 버리라는 가르침이 아니라 가진다거나 버린다는 분별을 떠나라는 가르침이다. 채울 필요도 없고 버릴 필요도 없는 허공 같은 마음이 바로 불교이다.

소소한 행복

살면서 이런저런 소소한 감동을 받을 때가 있다. 일상에서 느낄 수 있는 작지만 확실하게 실현 가능한 행복을 '소확행'이라 한다. 본래 소확행이란 말은 일본의 소설가 무라카미 하루키(村上春樹)의 에세이에서 사용되어 널리 퍼졌다.

어린 아들이 아빠에게 가더니 묻는다.

"아빠는 하루에 얼마 벌어요?"

"그걸 네가 알아서 무얼 하려고?"

"생각하는 게 있어서 그래요. 그러니 가르쳐주세요."

"한 10만 원 정도!"

"그럼, 저한테 2만 원만 주세요."

"너 이놈. 아빠한테 2만 원 뺏으려고 물어본 거야?"

"그게 아니라요. 꼭 쓸 데가 있어서 그래요."

"2만 원 줄 테니, 절대 허튼 데는 쓰지 말거라."

어린 아들은 2만 원을 받아서 방으로 들어가더니 꼬깃꼬깃 모아
놓은 돈을 합쳐서 다시 아빠에게 주었다.

"아니, 이게 뭐니?"

"제가 10만 원 만들었으니 내일 하루는 집에서 푹 쉬세요."

잔잔한 감동이 밀려오는 이야기이다. 신도님들 중에 가끔 물어오
는 질문이 있다. 나쁜 감정은 알겠는데, 왜 좋은 감정까지 놓으라고
하느냐고. 분별分別하지 않는 중도中道의 마음을 가져야 한다는 건
알겠는데, 그러면 사는 게 너무 각박한 게 아니냐는 질문이다.

지금은 열반에 드셨지만 우리나라 근현대사에서 큰스님으로 존
경받는 분들이 있다. 성철性徹(1912~1993) 스님, 서옹西翁(1912~2003) 스
님, 향곡香谷(1912~1978) 스님이다. 동갑내기 도반이던 이분들이 어느
때 함께 만행을 떠났다. 길에서 엿장수를 만나 엿을 사려는데 돈이
모자라기에 세 분이 머리를 맞대고 모의를 하셨다. 두 스님이 엿장
수와 이야기를 하는 사이 다른 한 분이 엿가락 몇 개를 슬쩍하자는
것이었다. 줄행랑을 치면서도 재미있다며 왁자지껄 웃는 세 분의 얼
굴은 천진불 그 자체였다. 물론 엿 값은 절에 돌아오자마자 주지스
님을 통해 충분히 쳐주셨다고 한다.

산 밑에 사는 신도님들이야 잘 모르지만, 이렇듯 큰스님들도 소소한 일에 웃고 울며 사는 것이 절간의 일상이다. 필요 없는 것들은 내려놓고 중도의 마음으로 사는 것이다. 사실 말이 쉽지 세속에 살면서 중도를 이해하기란 무척 힘들다. 아무렇지도 않게 세속에서도 중도를 이해하고 중도의 삶을 영위할 수 있었다면, 아마 종교는 박물관에서 전시되고 있거나 세상에서 완전히 사라졌을 것이다. 세상에 존재하는 모든 것은 쓸모에 의해서 결정된다. 박물관에 안치된 도구들은 현대인들에게는 학습을 위한 구경거리일 뿐이다.

중도란 인과因果의 원인인 감정이 일어나지 않는 경지이다. 그렇다고 올라오는 감정을 무조건 막으려 해서는 안 된다. 중요한 건 집착을 놓는 일이다. 집착은 즐거운 감정 상태를 유지하려는 욕망이자 고집이며, 괴로운 감정 상태에서 벗어나거나 없애버리려는 욕망이자 고집이다. 이것을 놓는 것이다. 좋다거나 싫다고 고락苦樂을 분별하는 순간 인과가 작동하기 때문이다. 즐거우면 즐거운 대로 생각을 멈추고, 괴로우면 괴로운 대로 생각을 그친다. 여기에서 더 나아가 즐거움을 계속 유지하려 하고 괴로움을 없애버리려 한다면 고락의 인과에서 벗어날 수 없다.

우리의 마음은 좋았던 기억에 집착하고 있어서 끊임없이 좋은 것을 추구하고, 나빴던 기억에 집착하고 있어서 끊임없이 나쁜 것을 멀리한다. 우리가 집착하는 기억은 이번 생의 기억일 수도 있지만 훨씬 더 오래전부터 여러 생을 걸치며 쌓여온 기억일 수도 있다.

이렇게 쌓인 기억을 업業이라고 하는데, 업에 의해서 항상 좋은 것과 싫은 것을 비교하고 집착하는 마음이 생긴다. 좋다거나 싫다는 집착이 없으면 더 좋은 것을 바라지도 않고 더 나쁜 것을 분별하지도 않으니 자비심만 남는다. 소소한 웃음만 남게 된다.

집착하지 않으면 더 이상 좋은 것도 없고 싫은 것도 없다. 집착하지 않으면 마음껏 웃고 마음껏 화를 내도 만사가 괜찮다. 어떤 일이 일어나든 미련을 갖지 말고 다음 일에 대해서는 걱정을 말자. 혹여 미친 사람 취급을 당할지도 모른다는 생각에 기운 빠지고 풀이 죽을 이유도 없다. 그건 그렇게 생각하는 사람의 고업苦業이기에 순전히 그의 몫이다. 계행戒行에 어긋나지 않고 집착하지 않는다면 어떻게 행동하더라도 무애행無碍行이고 자재행自在行이다. 다만 인과의 도리를 체득해야 한다. 그러기 위해서는 수행과 공부에 투자를 좀 해야 할 필요가 있다.

아이가 참 기특하다. 피로해보이는 아빠가 걱정스러워 하루라도 쉬었으면 하는 것일 수도 있고, 매일 늦게 퇴근하는 아빠와 하루 정도는 같이 있고 싶어서일 수도 있다. 아이에게 어떤 의도가 있었는지 알 수는 없지만, 어린 나이에 처신하는 게 무척 지혜롭고 대견하다. 누구나 이런 든든한 아들 하나쯤 있으면 온종일 업무에 시달려도 퇴근길의 발걸음이 무척 가벼울 것 같다. 이런 게 사는 재미이고, 커다란 복이다. 하지만 이런 소소한 행복은 거저 얻을 수 있는 게 아니다. 전생에서부터 심어온 덕德이 있어야 한다. 그리고 인과의 도리에 따라 살면서 중도의 마음이 갖추어졌을 때 비로소 우리에게 온다.

수행하는 이유

서산대사 청허휴정清虛休靜(1520~1604)선사와 사명유정四溟惟政 (1544~1610)대사의 법력 이야기는 언제 들어도 호쾌하고 재미있다. 서산대사께서 금강산 장안사에 계실 때였다.

서산대사를 찾아간 사명대사가 날아가던 새를 순식간에 잡아채 더니 질문했다.

"새 한 마리가 제 손에 있습니다. 제가 이 새를 살릴까요, 죽일까 요?"

오래전부터 법거량을 해보고 싶었던 터라 사명대사의 호기로운 목소리는 더욱 커졌다. 살린다고 하면 죽일 것이요 죽인다고 하 면 살릴 것이니, 어떤 대답을 해도 틀린다. 이를 꿰뚫고 있는 서산대사가 맞받아쳤다.

"내 발 하나는 문지방 안에 있고 나머지 발 하나는 문지방 밖에 있소. 내가 들어갈 것 같소, 나갈 것 같소?"

사명대사는 말문이 막혔다. 들어간다고 하면 나올 것이요 나온다고 하면 들어갈 것이니, 마찬가지로 어떤 대답이더라도 틀릴 것이 뻔하다. 말문이 막힌 사명대사 대신 서산대사가 말을 이었다.

"스님께서 살생을 할 수는 없을 터이니 설마 죽이기야 하겠소!"

사명대사도 그제야 빙그레 웃으며 말을 이었다.

"큰스님께서도 손님이 왔는데 설마 방으로 들어가시기야 하겠습니까!"

이 일이 있고 난 뒤, 사명은 서산대사를 스승으로 모셨다.

선방에서 하안거 수행이 시작되었다. 전국의 선원에서 2,500여 명의 수좌스님들이 참선 정진에 들어갔다. 수좌스님들은 매일 짧게는 하루 8시간씩, 길게는 하루 12시간 이상 꼼짝도 하지 않고 좌선을 한다. 일반인은 한 시간도 앉아 있기 어려운 자세로 음력 4월 15일부터 음력 7월 15일까지 3개월 동안 수행에만 전념한다.

스님들은 왜 이런 고생을 사서 하는 걸까? 생사를 해탈하고 견성해서 성불하기 위해서라는데, 그것이 자신의 일생을 걸 만큼 가치가 있는 일인가 싶기도 하다. 생사해탈生死解脫은 무엇이고, 견성

좋은 일이 생겼다고 해서
즐거운 감정을 쉽게 드러내고
나쁜 일이 벌어졌다고 해서
슬픈 감정을 억누르지 못하는 이라면
출가해서 수행할 것을 권유하고 싶다.

성불見性成佛은 또 무엇인가. 가족을 비롯해 세속의 모든 인연을 끊어버리고 산에 들어가서 출가한다는 건 무엇을 의미하는지 속세의 사람으로서는 정말 궁금하다.

생사해탈과 견성성불을 나누어서 생각할 필요는 없다. 한마디로 괴로움에서 완전히 벗어나는 일이라 할 수 있다. 그렇게 하려면 좋지 않은 기분과 감정을 완전히 제어해야 한다. 몸이 아프고 마음이 고통스러운 것은 물론 모든 걱정과 근심을 내려놓아야 한다. 때와 장소 구분 없이 어떤 상황에서든 마음에 한 점의 걸림도 없어야 한다. 많은 이들이 호기심 어린 눈으로 묻는다. "이런 일이 어떻게 가능한가요?"

부처님께서는 분별하지 않으면 그 즉시 생사해탈이 이루어진다고 하셨다. 분별하지 않는다고 하니, 너무 적극적으로 생각한 나머지 의식불명이나 마취 상태 같은 걸 떠올릴지도 모르겠다. 물론 이런 상태에 이르면 분별이 사라지기는 하겠지만, 성불과는 거리가 멀다. 석가모니 부처님께서도 멸진정滅盡定의 경지까지 가셨으나, 이 상태에서는 성불할 수 없음을 깨달으셨다. 무상정등각無上正等覺에 오르려면 선정과 지혜가 두루 원융해야 하는데, 모든 감각이 꺼진 이런 상태에서는 선정과 지혜가 고루 발휘되지 않는다.

선정은 생각을 그치는 데서 오지만 지혜는 진리의 실상을 관찰하는 데서 온다. 시비 분별과 감정 분별은 멈추되, 있는 그대로를 보고 판단하는 것은 명확해야 한다. 좋으니 싫으니 감정을 분별하지 않는다면 어떤 일도 문제가 되지 않는다. 인과와 인연에 따라 그저 받아들이기만 하면 된다. 성공했다고 해서 기뻐하지 않고 실패했다고 해서 슬퍼하지 않는다면, 시험에 합격했다고 해서 즐거워하지 않고 시험에 떨어졌다고 해서 괴로워하지 않는다면 우리는 인과와 인연을 받아들일 준비가 된 것이다.

좋다거나 싫다는 고락을 분별하기 시작하면 인과에 걸린다. 즐겁고 기쁜 감정은 인과에 따라 괴롭고 슬픈 감정을 불러오게 마련이고, 반드시 그런 일들을 끌어들인다. 더구나 고락을 분별하는 습習이 업業으로 남아서 온몸의 세포에 각인되는데, 이후로는 아무리 그렇게 하지 않으려고 해도 희로애락喜怒哀樂을 멈출 수 없다. 이것의 뿌리를 뽑아야 하기에 입산 출가해서 수행 정진하는 것이다. 그렇지 않으면 죽을 때까지, 아니 죽음 이후에까지 인과의 업이 생생하게 남아서 나 자신을 괴롭힐 것이다.

좋은 일이 생겼다고 해서 즐거운 감정을 쉽게 드러내고 나쁜 일이 벌어졌다고 해서 슬픈 감정을 조금도 억누르지 못하는 이라면, 출가해서 수행할 것을 권유하고 싶다. 출가수행은 좋다거나 싫다는 고락의 분별을 없애서 해탈의 참맛인 상락아정常樂我淨의 세계로 들어가는 통로이다. 영원히 변하지 않고[常], 괴로움 없이 평온하며[樂], 집착을 떠나 자유자재하고 진정한 나로서[我], 번뇌 없는 청정함[淨]을 누리기 위해 걷는 길이다.

원하는 만큼 성공한다고 해서, 원하는 만큼 부유해진다고 해서, 원하는 만큼 건강하고 장수한다고 해서 만족할 수 있을까? 우리가 바라는 사회정의와 세계평화는 우리가 사는 동안 얼마나 실현될 수 있을까? 인과에 대해서 조금이라도 이해하는 사람은 이미 결론을 알고 있다.

서산대사와 사명대사의 법거량은 분별하지 않는 도리를 밝혀줌으로써 우리에게 새로운 삶을 제시한다. 우리가 사는 인과의 세상은 어떤 답을 내놓더라도 틀릴 게 뻔하다. 그러니 그냥 내려놓고 그분들처럼 생각하는 게 옳다. 부처님께서 우리를 모른 척 내치시기야 하겠느냐는 생각으로 말이다.

거위를 꺼내는 방법

『경덕전등록』에 나오는 이야기로, 이를 공안이라고도 하고 화두라고도 한다. 공안이나 화두는 생각으로는 답을 찾을 수 없는 것이기에 현실에서 찾을 수 있는 답이 없다. 머리를 써서 푸는 게 아니라 직관으로 뚫어야 하는 문제이다. 우리가 가진 분별심은 이것과 저것을 나누고 상대적인 개념으로 판단하기에 영원히 알 수 없는 문제이기도 하다. 화두를 두고 어떤 결과나 답을 예측할 수도 없다고 하는 건 이 때문이다.

어느 날 선주자사宣州刺史 육긍陸亘이 남전보원南泉普願(748~834)선사를 찾아갔다.
"문제를 하나 내겠습니다."

"뭐요?"

"옛사람이 병 속에 거위를 넣고 키웠는데, 이 거위가 점점 자라서 병을 빠져나오지 못합니다. 병을 깨지도 않고 거위를 다치지도 않게 꺼내려면 어떻게 하면 되겠습니까?"

"이미 나왔소."

이로부터 깨달음을 얻은 육긍은 남전 스님께 예를 올렸다.

우리는 일상에서 발생한 문제를 원인과 결과라는 이분법으로 나누어 생각하는 경향이 있다. 물론 원인과 결과의 문제가 아닌 것은 없다. 하지만 현상적으로 이어지는 모든 문제는 꼬리에 꼬리를 물고 이어지기에 표면적인 원인과 결과에만 집착한다면 아무런 소득도 없이 허망해진다. 가령, 어떤 사고가 있었다. 사고의 원인을 찾으면 다시 그 원인의 원인이 존재하고, 그 이전에 다시 그 원인의 원인이 존재하면서 끝없이 이어진다. 이런 식으로 우리의 생각은 미궁에 빠진다.

인과관계에 집착하면 혼란을 겪기도 한다. 누군가에게서 피해를 입었을 때 피해를 준 상대가 직접적인 원인이라고 할 수 있지만, 원인이 상대에게만 있다고 단정할 수 있을까. 나라는 존재가 없었다면 피해를 입고 말고 할 것도 없기 때문이다. 그렇다고 내가 원인도 아니다. 현재의 내가 있기까지 무수한 원인이 존재할 텐데, 그 원인을 어디서 찾을 수 있단 말인가. 이는 상대도 마찬가지다. 나에게 피해를 주기까지 상대에게도 무수한 원인이 존재한다. 이것이 우리가 살고 있는 윤회하는 세계의 인과관계다.

세상에서 원인 없는 결과는 없다지만 세속에서의 인과는 뚜렷한 원인을 찾기 힘들다. 이름과 개념만 '인과'이지 분별 세계의 산물이기 때문이다. 분별하는 습쮑이 업식業識에 깊이 새겨져 있어서 무엇을 보고 듣든 옳고 그름을 따지고 어떤 상황을 대하든 좋다 싫다 하는 감정에 휩싸인다. 부처님께서도 연기緣起라고만 하셨을 뿐 자세한 설명이 없었다. 가르침을 듣는 이들이 습관적으로 윤회하는 세계의 인과로 받아들여서 당신의 진의가 제대로 전달되지 않을 것임을 아신 것이다. 불가사의라는 말이 괜히 있을까.

처지가 이러할진대 삼라만상의 진실된 모습이 보일 리가 만무하다. 우리는 각자의 업식이 허용하는 범위 내에서만 정보를 얻고 생각할 수 있다. 현대과학이 이를 증명한다. 우리가 가진 여섯 가지 감각기관인 육근六根(眼耳鼻舌身意)은 각자의 업에 따라 대상을 지각知覺하는 여섯 가지 마음 작용인 육식六識을 형성하는데 저마다 한계를 넘어서면 인식조차 못 한다. 고해상도 디스플레이 기술이 인간의 눈으로 확인할 수 있는 한계를 넘어선 지 이미 오래지만, 평균적인 사람들이 그것을 실제로 체감하는 경우는 거의 없다고 한다. 우리 신체 능력은 동물에 비할 수도 없을 정도로 열등하다. 날 수도 없고, 빠르지도 않으며, 강하지도 않다.

의식적으로든 신체적으로든 우리 한계가 이처럼 명확하다면 괴로움의 원인을 어떻게 밝혀야 하나 무척 고민스럽다. 그동안 일구어 온 경력은 어떻게 할 것이며 사회적으로나 개인적으로 당면한 현안들을 생각하면 더욱 막막해진다. 게다가 진리의 세계는 언어나 문자로는 설명할 수 있는 게 아니라고 하지 않던가. 지금 당장 출가해서 화두를 들고 수행할 수도 없는 노릇이고, 선방에 틀어박혀서 참선에 매진한다고 해서 그동안 쌓여 있는 업장業障 때문에 쉽게 화두를 타파할 수 있을 것 같지도 않다.

하지만 크게 걱정할 필요는 없다. 부처님께서는 고苦·집集·멸제滅·도道의 사성제四聖諦를 설하면서, 괴로움과 괴로움의 원인을 올바로 알아야 한다고 말씀하셨다. 사성제의 두 번째 진리인 집성제集聖諦에 관한 내용이다. 여기서 놓쳐서는 안 될 사실이 있다면, 집성제는 무명無明과 갈애渴愛를 멸해야 얻을 수 있는 진리라는 점이다. 무명은 연기법에 대한 무지이고, 갈애는 좋아하는 것에 대한 집착을 말한다. 이처럼 부처님께서는 괴로움의 원인을 찾아서 당혹해하는 우리에게 해결책과 방향을 미리 보여주셨다.

원점으로 돌아가보자. 공안이나 화두는 분별심으로 인과를 따지는 인간의 생각으로는 답을 찾을 수 없다. 직관으로만 뚫을 수 있는 문제다. 그래서 화두를 참구하는 선禪 수행을 '언어로는 표현할 수 없는 세계[言語道斷]'라고도 하고, '생각 밖의 세계[教外別傳]'라고도 한다. 이 세계에 들어가야만 영원히 괴로움을 없앨 수 있다. 이렇게 보니 사성제에서 무명과 갈애를 괴로움의 원인으로 파악하는 것이나 시비와 고락의 분별을 그치라는 말이나 내용이 다르지 않다. 괴로움을 영원히 소멸시키려는 목적 또한 같다.

지금 당장 괴로움을 없애기 위해서 할 수 있는 일이 전혀 없지는 않다. 우리가 마주하는 모든 일들을 있는 그대로 바라보며 의미 없이 감정을 얹지 않는 것이다. 눈앞에 나타나는 인연의 그림자에 속아서 매달리며 시시비비할 필요가 없다. 이때 따지고 드는 시비와 분출되는 감정은 자신의 업식에 녹아 있는 인과라고 보면 된다. 이것이 현실 생활에서 연기법에 대한 무지를 깨뜨리고, 갈애에 대한 집착을 끊어내는 방편이다.

만약 그렇지 않고 다른 특별한 방법이 있으리라 생각한다면, 경전을 살펴보면서 합당한 해결책을 찾으면 된다. 그것도 아니라면 이런 질문을 던진 후 스스로 답을 찾는 것이다. 혼자 힘으로 이 질문을 해결한다면 이제 인가를 받는 일만 남았다.

"병을 깨지도 않고 거위를 다치지도 않게 꺼내려면 어떻게 하면 될까?"

설산동자

설산동자는 석가모니 부처님의 아득한 과거 500생의 전생 가운데 눈 덮인 산에서 고행하실 때의 이름이다. 진리의 가르침을 위해 몸을 던지는 장면이다.

어디선가 목소리가 들려왔다.

"제행무상諸行無常 시생멸법是生滅法."

아련했으나 끌림이 있는 목소리였다. 설산동자는 주위를 살펴보았다. 아무도 없었다. 조용히 뜻을 새겨보았다. '모든 것은 머물러 있는 것이 없으니, 이는 생하고 멸하는 법 때문이다.' 그렇다면 어떻게 이것을 해결해야 하는가. 다음 구절을 기다렸으나 아무런 말도 들리지 않았다. 궁금증이 더해진 설산동자는 목소리가 들려오는 쪽으로 발걸음을 옮겼다. 그곳에는 사람을 잡아먹는다는 나찰귀가 있었다. 등골이 오싹하고 두려움이 앞을 막았지만, 진리에 대한 호기심을 억누를 수 없었다. 설산동자가 물었다.

"그대는 부처님께서 설하신 게송을 어디서 들었소? 나에게 다음 구절을 들려줄 수 있겠소?"

나찰은 며칠을 굶었던지라 기력이 없어서 말을 못해주겠다며 손을 저었다.

"그대가 먹는 것은 무엇이오? 내가 구해주겠소."

"나는 오직 사람의 살과 피만 먹는다."

나찰의 말은 나지막하지만 분명했다. 나찰의 말이 끝나자마자 설산동자는 조금의 망설임도 없이 이런 제안을 했다.

"좋소. 나머지 구절을 가르쳐주면 내 몸을 당신에게 주겠소."

겨우 여덟 글자의 게송을 위해 몸을 버린다는 말에 잠시 머뭇거렸으나 나찰은 게송의 다음 구절을 읊었다.

"생멸멸이生滅滅已 적멸위락寂滅爲樂."

『대반열반경』 사구게로서 너무나 유명한 게송이다. '제행무상 시 생멸법 생멸멸이 적멸위락.' 모든 것은 머물러 있는 것이 없으니, 이는 생하고 멸하는 생멸법 때문이다. 생하는 것과 멸하는 것 모두를 없애버려야 고요한 적멸의 즐거움을 얻으리라. 이 게송이 있는 대목은 오로지 해탈을 위해 수행하는 설산동자를 시험하려고 제석천왕이 나찰의 모습으로 나타난 장면이다.

설산동자는 왜 소중한 몸을 나찰귀에게 던졌을까? 생기는 것과 사라지는 것은 인과因果로 묶여 있다. 생겼으니 사라진다. 생긴다는 생각이 없으면 사라진다는 생각도 없다. '생멸멸이'라는 게송을 듣는 순간 설산동자는 '생'과 '멸'이라는 분별심이 사라졌고, 나고 죽는 것에 대한 집착이 소멸되었다. 생사를 반복하는 '육체로서 나'가 무의미해지면서 더 이상 태어나지도 않고 죽지도 않는 '또 다른 의미에서 몸'을 얻은 것이다. 생멸법이란 태어나고 생기고[生] 죽고 소멸하는[滅] 진리의 가르침을 말하며 우리가 살고 있는 윤회하는 세계를 가리킨다.

우리가 느끼는 기분이나 감정도 마찬가지로 생멸한다. 즐거운 감정이 생겼기 때문에 즐거운 감정이 사라지고, 즐거운 감정이 사라지면서 괴로운 감정이 나타난다. 괴로운 감정이 생겼기 때문에 괴로운 감정이 사라지고, 괴로운 감정이 사라지면서 즐거운 감정이 나타난다. 이것이 바로 고락苦樂의 인과이다. 그러므로 좋은 감정이라고 해서 좋아할 필요가 없다. 그것은 결국 사라지고, 괴로운 감정이 나타날 것이다. 오감으로는 인지할 수 없으나 기분이나 감정 또한 생멸법이기 때문이다.

좋다거나 싫다는 고락의 감정을 모두 없애는 것이 '생멸멸이'이다. 좋은 것도 없어지고 싫은 것도 없어지면 중도中道의 마음이 된다. 이처럼 분별의 마음이 완전히 사라진 상태를 '적멸위락'의 경지라 한다. 나고 사라지는 생멸 자체가 소멸해서 완전한 해탈과 완벽한 즐거움을 경험하는 것이다.

　석가모니 부처님께서 깨달음을 얻은 후 "나는 불사不死를 얻었노라"고 확신하신 이유는 영생을 누리겠다는 선언이 아니라 우리는 누구나 생과 멸 모두를 소멸해서 적멸위락의 경지에 들어설 수 있음을 선포하신 것이다.

　『청정도론』에서는 해탈의 세 가지 관문을 무상無常, 고苦, 무아無我라고 적시한다. 대승불교로 넘어오면서 이 세 가지는 공空이라는 하나의 단어로 압축되는데, 그것이 바로 중도이다. 더 많은 사람이 더 쉬운 수행법으로 더 빠르게 해탈을 성취하자는 게 대승불교의 취지다. 간혹 '공'자의 한자어가 '비어있다[空]'는 뜻이다 보니 '없다[無]'라는 의미로 오해하는 이들이 있는데, 그렇지 않다. 불교에서 말하는 '공'은 세상에 영원한 것은 없으니[無常], 나고 죽는 괴로움에서 벗어나려면[苦], 나라고 집착하는 것부터 제거해야 한다[無我]는 의미로 이해해야 한다. 중도와 같은 뜻이다.

　요즘은 일희일비하며 사는 것이 나쁘다고 할 수 없는 세상이다. 그만큼 개성이 존중되며 개인의 행복을 우선시하는 세상이기 때문이다. 그러나 죽을 것처럼 힘들고 고통스러운 시기가 분명히 찾아온다. 그럴 때면 『열반경』의 이 사구게를 암송해보면 어떨까. 육체를 버리고 법신法身을 얻으려는 설산동자의 숭고함을 떠나 한 번씩이라도 인과의 도리를 상기해보자는 말이다. 당장 큰 성취는 없을지라도 이 작은 행위가 업식에 쌓이면서 폭류처럼 흘러내리는 감정을 조금씩 제어할 수 있게 될 것이다. 불교의 신행은 여기에서 시작된다.

배춧잎 한 장의 우주

수좌首座는 중국 선종에서 수행 기간이 길고 덕이 높아 선원에서 맨 윗자리에 앉아 좌선하는 스님들을 지도하는 직책이었다. 지금은 참선 수행을 하는 스님들을 보통 수좌라고 부른다.

어떤 산중에 큰 도인이 있다고 해서 수좌스님 두 분이 걸망을 메고 찾아갔다. 절 입구에 당도해 바위에 걸터앉아 잠시 쉬는데, 옆에서 흐르는 계곡물 위로 배춧잎이 떠내려오는 것이 보였다. 두 스님은 이것을 보고 이심전심으로 이 산중에는 도인이 있을 리 없다고 생각했다. 자리를 털고 일어나 돌아서려는 순간, 노스님 한 분이 계곡물을 헤집고 내려오시는 게 아닌가. 노스님께서는 떠내려가는 배춧잎을 가까스로 건져내더니 무슨 큰일이라도 막으신 것처럼 다행스럽다는 표정으로 미소를 지었다. 이 광경을 본 두 수좌스님은 아무 말 없이 노스님을 따라 절에 올라가서 방부房付를 들였다.

수좌스님들은 처음에 이렇게 생각했을 것이다. '도인이 있는 곳이라면 먹을 것을 함부로 버리지 않을 터인데, 배춧잎이라고 하찮게 여기는구나. 여기선 수행을 해도 얻을 게 없다.' 젊은 스님들은 무척 실망했을 것이다. 하지만 노스님께서 바로 뒤따라와 배춧잎을 건지는 모습을 보고는 다시 마음을 돌려 방부를 들인 것이다. 방부란 절에 머물며 수행하겠다는 표시로, 일종의 입산 신고이다.

예전에는 이처럼 작은 일도 도道의 척도로 삼을 만큼 엄격한 절집 문화가 있었다. 하나를 보면 열을 안다고 사소한 일 하나도 바르지 못한데 어떻게 도를 이룰 것이냐는 은근한 경책이다. 서로 조심하자며 절집 사람들 입에 자주 오르내리는 이야기가 있다. 지장보살께서는 콩나물 하나라도 버려진다면 그 콩나물이 다 썩을 때까지 우신다고 한다. 이것을 버린 사람들의 죄와 허물을 당신이 대신 받으려 하기 때문이다.

현실적인 사람일수록 노스님의 행동이 더 이해되지 않을 것이다. '배춧잎 하나 건지려다 계곡물에 휩쓸리기라도 하면 어쩌시려고…' '배춧잎을 건지더라도 젊은 사람을 시키지 왜 연세 드신 당신이 직접…' '도대체 공양주는 어디서 뭐 하느라…' 등 사찰의 기강 문제까지 들먹이며 여러 말들이 오갈지도 모른다. 사실 바깥과는 다르게 절집이란 곳이 수행과 기도 같은 일을 빼고 나면 단순하기 이를 데 없는 공간이기도 하거니와 음식을 대하는 수행자의 태도가 세속에서의 그것과 같을 리 없다.

불교 수행자는 공양할 때도 '오관게五觀偈'를 외운 후 수저를 든다. 게송은 다음과 같다.

이 음식이 어디서 왔는고   計功多少量彼來處

내 덕행으로는 받기가 부끄럽네   忖己德行全缺應供

마음의 온갖 욕심 버리고   防心離過貪等爲宗

육신을 지탱하는 약으로 알아   正思良藥爲療形枯

도업을 이루고자 이 공양을 받습니다   爲成道業應受此食

노스님께서는 수행력이 철저하게 몸에 밴 분이라 배춧잎 하나라도 하찮게 여길 수 없었던 모양이다. 좋다거나 싫다는 고락을 분별하지 않는 마음이 되면 이처럼 몸이 따라간다. 계율을 지켜야 한다고 의식하지 않아도 몸이 저절로 움직이는 것이다. 이런 몸을 계체戒體라고 한다. 계를 받고 수행을 하면 몸에 생기는 것으로 스스로 허물을 막고 그릇된 일을 제지하는 힘이라 할 수 있다. 그래서 『범망경』에서는 계체를 자성청정심自性淸淨心이라고도 한다. 번뇌에 가려서 제 능력을 발휘하지 못할 뿐 우리의 마음이 본래 맑고 깨끗한 것이기에 가능한 몸이다.

일반적인 사람들은 생각을 너무 많이 한다. 하지만 그 생각 가운데 절반 이상이 오류이다. 무의식적으로 '나'라는 상相을 세워놓고 어떻게든 나에게 유리하고 좋은 쪽으로만 생각하기 때문이다. 흥미로운 실험이 있다. 눈을 감고 이미지를 떠올려보자. 10초 동안은 절대로 코끼리를 생각해서는 안 된다. 이 말을 듣고 단 1초라도 코끼리를 생각하지 않은 사람은 없을 것이다. 그러면 이번엔 유리한 것, 좋은 것, 즐거운 것을 상상해보자. 신기하게도 불리한 것, 나쁜 것, 슬픈 것에 관한 이미지가 연쇄적으로 따라붙을 것이다. 이러니 오류가 발생하지 않을 수 없다.

순수하게 좋고 유리한 것은 존재하지 않는다. 나쁘고 불리한 것의 상대 개념일 뿐이다. 상대 개념이라는 말에도 현혹되어선 안 된다. 세상 어디에도 없지만, 우리 머릿속에만 있는 개념이라는 말이다. '좋음-나쁨', '유리함-불리함' 등은 둘로 나눌 수 없는 하나이지만 우리 생각 속에서만 분별된 개념이다. 초원에서 영양을 잡아먹은 사자를 생각하면 이해하기 쉽다. 사냥하는 사자에게 영양은 '좋은' 먹이이고, 영양에게 사자는 '나쁜' 포식자이다. 초원은 사자에게 사냥하기 '유리한' 지역이고 영양에게는 생존하기 '불리한' 지역이다. 이처럼 하나이지만, 우리의 머릿속에서만 나뉘면서 구분된다.

모든 문제는 분별을 시작하면서 발생한다. 옳고 그름을 하나로 보면 중도中道에 머물고 평안하지만, 그렇지 않기에 사건과 사고가 끊이지 않는다. 일상생활을 하다가 불쾌하고 싫은 감정이 올라오면 그런 일이 생기게 된 원인을 찾으려 애쓰며 못마땅해하지 말고 '이런 일이 생길 때가 되었구나. 이것도 모두 시절인연인 거야'라고 생각하며 분별심을 놓아야 한다. '더 좋은 것'을 찾으며 욕심을 부리다가는 그에 상응하는 '더 좋지 않은 일'이 벌어지고 만다. 앞서 언급했듯 하나의 덩어리인 '좋다-나쁘다'에서 '좋다'는 감정만 따로 뗄 수는 없다. 옳다거나 그르다고 시비를 따지거나 좋다거나 나쁘다고 고락을 분별하지 말라는 건 이 때문이다.

동전의 앞면과 뒷면을 분리하는 기술이 개발된다면 모를까 욕심을 부린 만큼 분명히 과보가 따른다. 슬픈 감정이건 괴로운 감정이건 놓는 순간 언제 그랬냐는 듯 감정은 힘을 잃는다. 인생을 지혜롭게 살아가는 방법은 그리 어렵지 않다. 그냥 놓는 것이다. 그렇게 되면 대수롭지 않아 보이던 배춧잎 한 장에서도 온 우주의 진리를 발견할 수 있다.

특별한 공양

석가모니 부처님의 일생에는 두 번의 특별한 공양이 있었다. 하나는 고행苦行을 하시다가 네란자라 강가에서 수자타로부터 우유죽[乳米粥]을 받아 드신 것이고, 다른 하나는 열반하시기 전 대장장이 춘다에게서 공양받은 스카라맛다바라는 음식이다. 이 두 번의 공양은 석가모니 부처님에게 매우 특별한 의미를 지닌다. 수자타가 공양한 우유죽이 붓다를 이루기 전에 올린 삶의 공양이라면, 춘다가 공양한 스카라맛다바는 붓다에게 올린 마지막 공양으로 열반의 공양이다.

싯다르타 태자가 출가할 때까지만 해도 인도의 많은 수행자들은 수정주의修定主義와 고행주의苦行主義를 신봉했다. 모든 괴로움은 욕망이 충족되지 않아서 생긴다는 입장이 두 이념의 공통점이었다.

물론 고대 종교의 박물관이라 일컬어질 만큼 당시 인도에는 여러 종파가 있었다. 그중에는 신이 우주를 창조했다는 창조설과 자연발생적으로 만유가 생겨났다는 주장도 있다. 그러나 이런 주장들은 인간의 괴로움을 근본적으로 해결하지 못했다. 인간의 몸으로 태어난 싯다르타는 이런 한계를 극복하기 위한 길을 찾아야 했다.

수정주의란 욕망이나 사념이 일어나지 않도록 선정禪定을 통해 정신적 자유를 추구하는 수행법이다. 싯다르타도 출가하자마자 알라라 칼라마(Alara Kalama)와 웃다카 라마풋다(Uddaka Ramaputta)를 스승으로 삼아 이 수행을 하면서 차례로 무소유처정無所有處定과 비상비비상처정非想非非想處定의 깊은 경지를 경험했다. 물질적 속박에서 벗어나 순수한 정신만 존재하는 세계를 무색계無色界라 하는데, 무색계 선정 중에도 가장 높은 단계의 경지였다. 그러나 문제가 있었다. 선정 상태일 때만 사념과 욕망 등 의식이 없을 뿐 다시 현실로 돌아오면 선정에 들어가기 전처럼 사념과 의식이 일어나기 시작했다.

이후 싯다르타가 선택한 수행법은 고행주의였다. 욕망을 억제하고 집착을 끊으려면 극단적인 육체의 고통이 필요하다는 게 이 수행의 주장이었다. 우루벨라의 고행림苦行林으로 간 싯다르타는 교진여 등 다섯 명의 수행자와 함께 고행에 들어갔다. 그리고 점차 단식을 진행하며 먹는 양을 줄여갔다. 이때 고행하던 모습은 파키스탄의 라호르박물관에 있는 '고행상苦行像'을 통해 알 수 있다. 전하는 대로 '황금으로 빛나던 몸이 검게 변하고 등뼈가 굽어서 일어서려면 네발로 기어야 했으며, 눈이 움푹 파이고 가슴뼈와 혈관이 피부 위로 솟아오른' 형상을 묘사한 불상이다. 이 수행법에도 문제가 없지 않았다. 고행이 격렬해질수록 육체에 대한 집착만 더해진다는 점이었다.

고행으로는 해탈에 이를 수 없다는 사실을 알게 되자 싯다르타는 자리에서 일어났다. 그런 다음 네란자라 강으로 내려가서 목욕한 후 수자타가 공양한 우유죽을 받아 마셨다. 석가모니 부처님 일생의 가장 특별한 공양 가운데 첫 번째이다. 기력을 회복해야 했다. 몸이 쇠약해질 정도의 고행은 분별심에서 비롯되며, 분별심을 가진 채로는 궁극의 진리를 깨닫지 못한다는 자각. 중도中道의 길에 들어서는 일이었다. 석가모니 부처님께서는 극단적인 쾌락과 극단적인 고행이 아닌 중도의 방법으로 보리수 아래에서 다시 선정에 들었고, 마침내 무상정등각無上正等覺을 성취했다.

부처님 생애에 가장 특별한 공양 가운데 두 번째는 춘다가 공양한 음식인 스카라맛다바이다. 스카라맛다바는 버섯 요리라는 설과 연한 돼지고기라는 설 두 가지가 있다. 이 음식을 드신 부처님께서는 피가 섞인 설사를 계속하며 심한 통증을 느끼셨다. 선정에 들어 삼매의 힘으로 몸과 마음을 안정시켜보려 했으나, 회복될 기미가 보이지 않았다. 부처님께서는 일행들과 그렇게 쿠시나가라로 향하셨다. 열반을 준비하기 위해서였다. 이곳에 있는 한 쌍의 사라나무 아래에서 무여의열반無餘依涅槃에 드셨다.

쿠시나가라로 가는 도중 부처님께서는 춘다를 무척 염려하셨다. 아난에게 남긴 당부의 말씀에는 부처님의 마음이 고스란히 남아 있다. 아난은 춘다에게 이렇게 전했다.

"마지막으로 여래에게 공양을 올려 여래가 완전한 열반에 드셨으니 그대(춘다)에게 최상의 이익이 있을 것이다. 여래가 위없는 깨달음을 얻기 직전의 공양과 완전한 열반에 드는 때의 공양은 동등한 공덕이 있다. 이는 다른 공양을 훨씬 능가한다."

『대반열반경』에 나오는 부처님의 이 말씀에 감동하지 않는 이가 있을까. 당신을 열반에 들게 했다는 이유로 다른 이들에게 비난과 분노를 사게 될 춘다를 위해 미리 논란을 차단하신 것이다.

여기서 눈에 띄는 부분은 부처님께서 직접 '여래가 위없는 깨달음을 얻기 직전의 공양'과 '완전한 열반에 드는 때의 공양'을 동등하게 대우하면서 다른 공양을 훨씬 능가한다고 언급하시는 대목이다. 물론 수자타의 우유죽과 춘다의 스카라맛다바를 가리킨다. 이렇게 부처님 일생의 가장 특별한 공양으로 공인받음으로써 두 음식은 최상의 깨달음을 얻기 직전의 첫 음식이자 열반에 드는 가장 마지막 음식이라는 상징성을 내포하게 된다. 다시 말해, 성도 직전과 열반 직전을 상징하는 이 음식들 사이에는 지구상 가장 위대한 성인을 중생인 우리가 직접 뵐 수 있었던 시간이 존재한다.

춘다의 음식을 먹으면 어떤 문제가 생기는지 모르셨을 리 없지만, 부처님께서는 마다하지 않으셨다. 세상에 더 머문다고 근본적인 문제가 해결되는 것이 아님을 아셨던 것이고, 이미 진리가 충분히 설해졌음을 암시하는 행위이기도 하다. 연기緣起하는 세상에서 육체의 생로병사를 막을 길은 없으며, 당신도 예외가 아니라는 사실을 열반이라는 사건을 통해 각인시킨 것이다. 공교롭게도 두 음식은 모두 육체의 고통을 소멸하는 시점과 관련되어 있다. 고행을 끝내고 중도의 방식으로 수행을 이어가는 시점과 늙은 육신에 찾아온 복통과 설사를 끝내고 완전한 열반에 드는 시점이다.

육체를 가진 모든 중생은 육체에 대한 집착이 강하기에 오히려 괴로움을 더 끌어당긴다. 사실은 육체가 있고 없고의 문제가 아닌데도 말이다. 집착하는 분별심을 여의고 중도의 마음을 회복했을 때 비로소 모든 문제가 해결된다. 어떤 일이 벌어질지 예견하면서도 부처님께서 춘다의 공양을 마다하지 않으신 이유는 하나다. 당신조차도 이생에서의 인연에 집착하지 않고 인과에 맡긴다는 선명한 메시지이다.

남의 말

예로부터 전하는 말이 있다. "하루 종일 남의 돈을 세어도 나에게
는 반 푼어치의 이익이 없다. 남의 말도 그와 같다." 남의 말을 따라
하는 것은 밑천이 드러나기 마련이다. 남의 생각도 같다. 소신을 가
져야 한다.

산중의 어린 행자가 스님의 심부름으로 매일 두부를 사러 마을
로 내려왔다. 산에서 내려오는 길에는 항상 풀을 베는 험상궂은
사내가 행자에게 어디를 가느냐고 물어보며 길을 가로막았다. 무
서웠던 행자는 스님에게 자초지종을 이야기하며 사내가 길을 막
지 못하도록 답을 가르쳐달라고 졸랐다.
"극락에 간다고 하거라. 그러면 더 이상 길을 막지 않을 거다."

행자는 다음 날에도 마을로 내려갔다. 어김없이 사내가 길을 막으며 어디를 가느냐고 물었다.

"극락에 가는 길입니다."

"뭐 하러?"

행자는 스님께 그다음 말을 듣지 못했으므로 아무 대답도 하지 못했다. 사내가 다시 물었다.

"극락에는 왜 가는데?"

울상이 된 행자가 대답했다.

"두부 사러 가요."

가끔 부처님의 말씀이나 조사 어록을 들추면서 자신의 말처럼 하는 이들을 만나게 된다. 요즘엔 공부를 한 재가자들이 많아서 스님들보다 불교에 관한 지식이 더 많은 이들도 있다. 하지만 아무리 좋은 말이라도 스스로 깊이 체득하지 못하면 남의 말에 불과할 뿐 나의 마음을 다스리지 못한다.

위급한 상황에 처하게 되면 점을 보러 가는 경우가 있다. 이렇게 하면 좋고 저렇게 하면 나쁘다는 등의 방편을 써서 위기를 모면하려 하는데, 어쩌면 위험천만한 일이다. 물론 인연 따라 온 일이니 좋다느니 싫다고 분별하지 않는 마음으로 집착하거나 기대하지 않는다면 별문제는 없다. 그러나 그렇지 않으니 문제다. 조금이라도 더 좋은 선택을 하기 위해서라든지 지푸라기라도 잡는 심정으로 애가 타서 방편을 따른다면 정말 위험해진다. 좋은 일이 생기는 만큼 나쁜 과보가 따른다는 것을 기억해야 한다.

삶이란 좋다거나 싫다고 하는 분별의 연속이고, 이는 인과因果의 원인이 된다. 지금 당장 괴로움을 피한다고 해서 그 괴로움이 영원히 사라지는 게 아니다. 인과란 에누리 없는 신용카드와도 같아서, 물건을 사용했으면 언젠가는 지불해야 한다. 언젠가는 받고야 마는 게 고락苦樂의 인과이다. 우선 급한 불이나 끄자는 심사로 고금리의 급전을 빌려 썼다고 하자. 갚아야 할 빚이 눈덩이처럼 불어나 결국에는 감당도 못 하는 지경이 이른다. 인과의 이치는 이처럼 냉정하다. 그런데 사람들은 돈은 빌리고 갚지 않으려고 한다.

바라던 대로 일이 해결되었다고 해서 기분이 들뜨거나 기쁨에 젖어 있는 것도 대단히 위험하다. 기분이 좋은 만큼 기분을 나쁘게 할 일이 기다리고 있다. 잠재의식인 아뢰야식에 업식業識으로 저장되어 있다가 시절인연을 만나면 선한 과보로든 악한 과보로든 우리 앞을 가로막는다. 이런 경우에는 악한 과보가 나타날 가능성이 높다. 해가 뜨면 해가 진다. 계절마다 해가 뜨는 시간과 해가 지는 시간이 조금씩 다를 뿐이다. 해가 뜨면 해가 지는 건 이미 정해진 이치이다. 아뢰야식의 작용은 이처럼 단순할 정도로 명확하다.

해가 떠도 좋다 싫다 하는 분별을 하지 않아야 해가 져도 좋다거나 싫다는 고락의 마음이 생기지 않는다. 이렇게 생각하면 쉽다. 기쁜 일이 생기더라도 기쁘다는 감정을 빼버리고 나면 그저 일일 뿐이다. 슬픈 감정을 갖게 하는 과보가 없어 슬픈 일이 절대로 일어나지 않는다. 그러니 설사 좋은 일이더라도 좋다는 감정으로 받아들이지 말고, 나쁜 일이더라도 나쁘다는 감정으로 받아들이지 않는 게 중요하다. 어찌 보면 말장난 같기도 하고 어쩐지 허약한 논리로 보일지 모르지만, 우리에게 영향을 미치는 인과의 작용 방식은 이 간단한 논리를 벗어나지 않는다.

만약 그렇지 않다고 생각된다면 이 질문에 대한 답을 찾아보자. 그동안 나에게 찾아왔던 좋은 일들은 어디서 비롯되었을까? 나에게 찾아왔던 나쁜 일들은? 그리고 시간이 지나고 나면 어째서 비슷한 양의 좋은 일과 나쁜 일을 거쳐 왔다고 느끼는 걸까? 인과의 질서를 알면 영원히 편안한 길을 찾게 된다. 그 길은 평화로운 중도의 길이다. 하지만 짚고 넘어가야 할 것이 있다. 그 길은 스스로 가야 한다는 것, 혼자서 가야 한다는 것, 그리고 반드시 체득해야 한다는 것이다. 지금은 아무것도 모르지만, 성장을 하면서 어린 행자도 차츰 깨닫게 될 것이다. 하루 종일 남의 돈을 세어도 나에게는 반 푼어치의 이익이 없다는 것을.

점심의 유래

덕산선감德山宣鑑(782~865)선사가 길가에서 떡을 파는 노파와 법거량을 했던 이야기는 유명하다.

"할머니, 떡 하나만 주시오."

"왜 떡을 먹으려 하시오?"

"점심때라 배가 고픕니다."

"등에 짊어진 것은 무엇이오?"

"『금강경』입니다."

"그래요? 그럼 내가 묻는 말에 대답하면 떡을 거저 드리리다. 하지만 대답하지 못하면 떡을 팔지 않겠소."

"말해보시오."

"『금강경』에서는 과거심불가득過去心不可得 미래심불가득未來心不可得 현재심불가득現在心不可得이라 했는데, 스님은 어느 마음에 점을 찍으시려오?"

덕산 스님은 당나라 때 선승으로 우리나라에도 잘 알려져 있다. '임제 할[喝]'과 더불어 '덕산 방[棒]'은 선가의 표상일 뿐만 아니라 선불교에 대해 잘 모르는 이들도 한 번쯤은 들어보았을 법하다. 임제 스님은 제자들을 깨우치기 위해 갑자기 '할'을 외치며 깜짝 놀라게 했고, 덕산 스님은 같은 목적을 위해 몽둥이로 두들겨 팼다고 해서 전해지는 이야기이다. 요즘 같아선 큰일 날 일을 예전의 조사 스님들은 정말 아무렇지도 않게 하셨던 모양이다. 그런 방법으로 마음을 깨친 이가 적지 않으니, 지금 잣대로 평가하기에도 적당하지는 않다.

아직 마음을 깨치지 못하고 있을 때였지만, 덕산 스님은 당시 『금강경』에 대한 지식으로는 둘째가라면 서러울 정도였다. 그래서 속가 성을 따서 주금강周金剛이라고 불렸다. 대가로 인정받던 터에 기껏 떡이나 파는 노파에게 말 한마디 못 하고 완패를 당하고 말았으니 구겨진 체면이 이만저만이 아니었을 것이다. 하지만 이것도 시절 인연이다. 반전의 묘미라고 할까. 노파에게 망신당한 후 이론 공부만으로는 도를 이룰 수 없음을 깨닫고 용담숭신龍潭崇信선사를 찾아가 깨달음을 얻었으니 말이다.

과거는 흘러가버렸으니 없고,
미래는 아직 오지 않았으니 없고,
현재는 현재라고 인식하는 바로 그 찰나
과거로 흘러가버린다.
시간이란 상대적인 개념일 뿐
뚜렷한 실체가 없다.

『금강경』에는 "과거심불가득 미래심불가득 현재심불가득"이라는 구절이 있다. 과거의 마음은 이미 지나갔으니 얻을 수 없고, 미래의 마음은 아직 오지 않았으니 얻을 수 없고, 현재의 마음은 현재라고 하는 즉시 과거가 되어버리므로 얻을 수 없다는 뜻이다. 용수龍樹의 『중론』에 나오는 구절을 떠올리게 한다. 『중론』에서는 일체 법은 공空하여 고정된 자성自性이 없다고 설한다. 그러니 시간의 자성도 없다. 과거는 흘러가버렸으니 없고, 미래는 아직 오지 않았으니 없고, 현재는 현재라고 인식하는 바로 그 찰나 과거로 흘러가버린다. 시간이란 이처럼 상대적인 개념일 뿐 뚜렷한 실체가 없다.

노파는 과거심도 없고 미래심도 없고 현재심도 없는데 어디에 점을 찍을 거냐고 질문한다. 여기서 점심點心이라는 말이 생겼다. 정말 대단한 법력을 가진 노파이다. 언어와 생각은 하나의 관념이므로 실제로는 도저히 얻을 수 없다. 그러니 있지도 않은 허망한 그림자에 속지 말라는 것이다. 과거·미래·현재 중 어떤 것을 우리가 실제로 있다고 확신할 수 있는가? 머릿속에 과거에 대한 느낌이 있고 미래에 대한 예감이 있다고 아무리 떠들어봐야 그것조차 잡히지 않는 말에 불과하다. 이렇게 생각을 발전시키다 보면 어디에건 점을 찍을 자리는 없다. 인과법만 있을 뿐이다.

사실 시간만큼 인과의 법칙에 딱 들어맞는 것도 없다. 과거라는 원인이 있으니, 현재와 미래라는 과보가 있다. 그러나 이처럼 상대적으로만 존재할 뿐 어느 것이라고 구체적으로 지정할 만한 한 점이 없다. 떡을 먹을 수는 있지만 어떻게 그것을 점심이라고 할 수 있으랴. 아침이나 저녁이라고 하면 안 될 이유도 딱히 없지 않은가. 중도의 자리를 찾으라는 까닭이 여기에 있다. 그곳이 우리의 원래 자리이기도 하지만, 언어와 관념이 만들어낸 분별심을 떠나면 인과를 벗어나서 생사와 생멸이 없는 대자유의 무애자재無礙自在를 얻게 된다. 무애자재란 어떤 것에도 걸림 없이 스스로 존재하는 상태를 말한다.

혹여 시험에 합격해서 기분이 좋고, 돈을 많이 벌어서 즐거우며, 건강해서 행복하다고 나태하다면 각별히 주의해야 한다. 영원하지 않고 잠시 지나는 일이기에 허망하기는 마찬가지다. 더구나 인과의 법칙에 따라 기분이 나쁘고, 괴로우며, 불행한 일이 다시 찾아온다. 인과의 세계를 '고통의 바다'로 비유하는 이유 중에는 애착하는 것과 헤어져야 하는 고통[愛別離苦], 싫어하는 일을 당해야 하는 고통[怨憎會苦], 구하고 싶어도 구하지 못하는 고통[求不得苦] 등이 포함된다. 좋은 게 좋은 게 아니고 나쁜 게 나쁜 게 아니다. 용담선사에게 간 덕산 스님이 마음을 깨치게 된 일화도 재미있다.

용담선사가 부르시기에 덕산 스님이 방으로 찾아갔다. 한참 이야기를 나누다가 밤이 깊어지자 용담선사가 말했다.
"이제 그만 돌아가 쉬시게."
밖으로 나가던 덕산 스님이 바깥이 캄캄한 것을 보고 돌아서며 말하였다.

"화상이시여, 바깥이 캄캄합니다."

촛불을 건네던 용담선사는 덕산 스님이 막 잡으려는 찰나에 촛불을 불어서 꺼버렸다. 바로 그 순간 덕산 스님은 활연대오를 했고, 자신도 모르게 이런 말이 흘러나왔다.

"내가 지금부터 다시는 천하의 큰스님들 말씀을 의심하지 않겠노라."

그날 밤『금강경소초』들을 법당 앞에 쌓더니 모두 태워버렸다.

선사들이 법을 전해주는 방편은 알다가도 모르겠다. 난데없이 한밤중에 불러놓고 촛불을 꺼버리다니. 아직도 어느 마음에 점을 찍어야 떡을 얻어먹을지 고민하는 이라면 용담선사처럼 '훅' 하고 인과의 불을 꺼버리는 게 답이다.

구도의 길

중국 선불교의 초조初祖 달마대사의 법을 이은 이조혜가二祖慧可 (487~593)의 구법 이야기이다.

함박눈이 내리는 어느 날, 청년 하나가 동굴 밖에서 서슬 퍼런 목 소리로 고함을 질렀다. 신광神光이라는 이름의 청년이었다.

"어떻게 하면 마음을 깨칠 수 있습니까? 일체의 번뇌와 괴로움에 서 해방되고 싶습니다."

동굴 안에서 면벽참선面壁參禪하던 달마선사는 대꾸는커녕 꼼짝 도 하지 않았다. 신광도 그 자리에 서서 밤새도록 버틸 요량이었 다. 동이 트고 있었다. 밤새 내린 눈이 신광을 허리까지 묻어버렸 고, 눈 위에서는 아침 햇살이 유리 조각처럼 빛나고 있었다. 신광이 다시 소리쳤다.

"어찌해야 요동치는 마음을 평정할 수 있습니까?"

그제야 달마선사는 고개를 돌렸다.

"옛 선인은 불법을 구하려 목숨까지 바쳤다. 굶주린 호랑이에게 몸을 던졌고, 눈을 뽑아서 필요한 사람에게 주었다. 너는 어찌 그리 가벼이 깨침을 얻으려 하는가? 하늘에서 붉은 눈이 내릴 때 너를 제도해주리라."

달마선사가 벽 쪽으로 고개를 돌리려는 찰나였다. 청년이 오른손으로 칼을 빼 들더니 전광석화같이 왼팔을 내려쳤다. 하늘에서 내리는 눈이 붉게 물들어 떨어졌다. 그때 눈 속에서는 푸른 파초가 돋아났고 떨어지는 신광의 팔을 받쳐 들었다. 신광의 구도심이 확고함을 확인한 달마선사는 그를 제자로 받아들였다.

이때부터 소림사에서는 구법단비求法斷臂(불법을 구하려 팔을 자르다)를 감행한 신광의 구법 정신을 이어받아서 합장이 아닌 한 팔로 손을 펴서 인사하는 전통이 생겼다.

전율이 밀려올 만큼 극적인 장면이다. 마음 하나를 깨치기 위해 젊은 청년이 자신의 팔을 잘랐다. 도대체 마음이 무엇이기에 이처럼 극단적인 행동을 한단 말인가. 다른 젊은이들처럼 아름다운 짝을 만나서 아이를 낳고 다복한 가정을 꾸리며 한평생 오순도순 살아가면 안 되는 것이었을까? 비슷한 또래의 다른 이들은 번뇌와 괴로움을 겪으면서도 잘만 사는데 말이다. 하지만 이런 평범한 삶이 사실은 허망하고 존재의 진실이 아니라는 강한 회의를 품으면 출가를 감행하게 된다.

힘겨운 삶을 경험해본 사람은 안다. 그때 이런 선택을 했더라면 더 좋았을 거라고 후회하지만, 다시 생각해보면 꼭 그런 것 같지도 않다. 세상은 그대로다. 아무리 파도가 쳐도 바다가 그대로인 것처럼 거대한 우주는 성주괴공成住壞空을 반복할 뿐 변하지 않는다. 본래 잘되는 것도 못 되는 것도 없다. 우리가 사는 세상은 각자의 관념과 감정이 만들어낸 허상에 불과하다. 그마저도 시간이 지나면 사라진다. 실상이 이럴진대 무엇을 얻고 무엇을 잃는단 말인가.

숭고한 목적으로 마음을 다잡는 이들도 있다. 세계의 평화를 위해, 사회정의를 위해, 그리고 또 인류의 가치를 위해. 물론 그렇게 거창한 계획이 아니어도 상관없다. 우리 대부분은 가족의 안녕만이라도 보장되는 게 어디냐며 위안으로 삼는다. 그러나 어쩌랴. 거친 파도가 밀려가서 고요해지면 이런 명분들은 자신의 마음을 불편하지 않게 하려는 핑계에 불과하다고 마음 깊은 곳의 누군가가 속삭인다. 허상을 버리고 진실을 찾아 나서라며 나지막한 목소리로 읊조리는 이는 도대체 누구인가.

우리는 각자 가진 분별의 업[分別業]에 의해 살아간다. 좋다 싫다 하는 감정이 무한 반복하는 것, 이와 같은 감정의 소용돌이를 윤회輪廻라고 한다. 그럴듯해 보이고 멋진 말이다. 하지만, 이 얼마나 피곤한 일생인가. 이렇게 하면 좋을 것 같았는데 싫어하는 저것이 나타난다. 이렇게 하면 옳다고 생각했는데 옳지 않은 저것이 생겨난다. 행복을 추구했건만 불행한 과보가 뒤따른다. 인과법에 의하면, '좋다-싫다', '옳다-그르다', '행복-불행'을 분별하니 만사가 나뉘는 것이다. 인간의 고통은 여기서 온다.

사실 우리 앞에는 두 가지 길이 놓여 있다. 고락의 분별을 반복하며 인과의 세계에 살던지, 아니면 마음을 깨쳐서 윤회고를 벗어나든지. 인과 작용에 관해 깊이 알아갈수록 무의식은 우리에게 더욱 적극적으로 이야기한다. 분별을 하면 할수록 마음만 시끄럽고 괴로운 과보를 면할 수 없다. 어떤 상황에서도 마음을 평화롭게 하는 게 우선이다. 마음이 편안한 이가 자신의 주인이고 세계의 주인공이다. 그 옛날 청년 신광도 자신의 깊은 내면에서 우러나오는 이런 소리를 들었을 것이다.

눈이 내릴 때마다 고개를 들어 물끄러미 하늘을 본다. 오늘은 또 누구의 가슴을 선명하고도 붉은 눈으로 물들이는가. 혜가 스님은 젊은 시절 노자와 장자를 공부했다고 한다. 세속의 지식으로는 생사가 해결될 수 없음을 깨닫고 출가했는데, 이후로도 전국을 돌아다니며 여러 학문을 접할 수 있었다. 보리달마를 만나면서 거대한 전환점이 마련되었고, 8년간의 수행 정진으로 마침내 법을 이어받았다. 이처럼 한쪽 팔과 맞바꾼 보리달마의 심법은 혜가를 거쳐 중국 선종의 제3조라 일컬어지는 승찬僧璨으로 이어진다.

제4장

지혜로운 삶, 아름다운 명상

악마와 천사

『법구비유경』에 나오는 것으로 악마와 천사에 관한 이야기이다.

사람들이 서로 싸우고 아귀다툼을 벌일 때, 악마가 나타나서 사람들을 위협하며 마구 괴롭혔다. 사람들이 욕을 하며 미워하자 악마는 더욱 악한 짓을 자행했다. 그때 현자가 나타나 악마를 위로하고 사람들로 하여금 악마를 미워하지 않게 하였다. 악마는 서서히 모습이 변하더니 마침내 천사가 되었다. 그 후 사람들은 악한 마음을 가지고 있으면 악마가 나타난다는 것을 깨닫게 되었다.

우화적인 것이 사실이지만, 특히 현대인들이 반드시 고민해야 할 내용을 담은 경전이라고 생각한다. 주위에서 악마 같은 사람들을 보게 된다. 영화나 드라마 속에서는 주인공에게 고난을 안겨주며 픽션의 구조를 탄탄하게 하는 캐릭터로 자주 등장하지만, 현실 상황에서는 존재하지 않는 인물이라고 장담할 수도 없다. 진영 논리에 빠진 채 편향적 사고로 세계 질서를 뒤흔드는 전쟁의 주범들도 실존 인물이었으니 말이다.

우리가 생각할 수 있는 모든 것은 이것과 저것의 두 가지 측면으로 구성된다. 이쪽 세상과 이쪽의 마음이 있으면 저절로 저쪽 세상과 저쪽의 마음이 있게 된다. 하루를 나누더라도 한쪽은 낮이고 다른 한쪽은 밤이다. 낮과 밤을 구별하게 하는 태양도 한쪽은 뜨는 해이고 다른 한쪽은 지는 해이다. 이와 같이 서로 다른 두 개의 모습은 필연적으로 공존한다. 그래야 균형이 맞는다.

낮은 그냥 낮이고 밤은 그냥 밤이어서 완전히 분리된 것이라면, 뜨는 해와 지는 해는 아무런 관계가 없어야 한다. 이상하지 않은가. 만약 그렇다면 세상이 존재할 수나 있을까. 좀 더 나아가보자. 밝은 낮은 옳고 좋은 것이고 어두운 밤은 그르고 나쁜 것이라고 하거나, 뜨는 태양은 옳고 좋은 것이지만 지는 태양은 그르고 나쁜 것이라고 한다면 맞는 판단일까.

한쪽의 견해가 있으면 다른 견해가 있고, 이런 사람이 있으면 저런 사람이 있는 것은 당연한 인과因果의 모습이다. 그럼에도 불구하고 나의 견해는 옳고 좋지만, 다른 이의 견해는 그르고 나쁘다는 맹

목적인 주장이 넘쳐난다. 마음이 불편할지 모르겠으나 이런 생각이야말로 고락을 불러들이는 인과의 원인이 된다. 산은 산이요, 물은 물이라고 하지 않던가. 나와 다를 뿐이지 옳고 그름의 문제가 아니다. 있는 그대로 바라보아야 한다.

물론 현실적으로 당면한 상황에 따라 좋고 나쁘거나 옳고 그르다고 할 수는 있다. 하지만 어떠한 경우에도 인과의 법칙을 외면해서는 안 된다. 결단을 내릴 때도 단호함을 지니되 그것이 방편임을 잊어서는 안 된다. 여기에 좋고 싫다는 고락苦樂의 감정을 얹어서도 안 되며, 싫어하거나 미워하는 분노의 감정을 얹어서는 안 된다. 고락의 인과가 생겨서 마음만 괴롭힐 뿐이다.

다시 『비유경』 이야기로 돌아가보자. 악마란 실체는 없다. 나의 마음이 반영되어 나타난 내 모습이다. 이는 불교 유식학唯識學 관점으로도 해석이 가능하다. 내 마음 안에 미워하는 마음이 없다면 악마는 보일 수도 없고 나타날 수도 없다. 내 마음에 없는 것은 이 세상에도 없다. 고로 사람들의 마음에 미워하는 마음이 없어진다면 악마는 천사가 될 수 있다.

정의와 불의

불교를 마음의 종교라고 한다. 세상 모든 것이 마음에서 나온다는 뜻에서이다. 불교에서는 모든 것이 마음먹기에 달렸다고 하는데, 이를 일컬어 일체유심조一切唯心造라고 한다.

어떤 스님이 만행萬行에 나서려 하자 노스님이 물었다.
"세상이 무엇이라고 생각하는가?"
"세상은 모두 마음이라고 생각합니다."
"그럼, 저 바위는 마음 안에 있는가, 밖에 있는가?"
"마음속에 있습니다."
"허허! 먼 길을 떠나는 사람이 왜 무거운 바위를 담아가려 하는가?"

일체유심조는 틀림없는 말이다. 이는 불교를 떠나 다른 종교에서도 동일하게 가르치는 덕목이다. 문제는 마음이 만들어내는 것들이 너무 많아서 오히려 마음을 복잡하게 만드는 우를 범하게 된다는데 있다. 그래서 마음을 비우라고 하지만, 그게 말처럼 쉽지 않다.

몇 해 전 북미회담이 결렬되었다. 안타까움을 감추지 못하는 쪽도 있었고, 다행이라고 안위하는 쪽도 있었다. 그러나 어느 한쪽에 손을 들어줄 수는 없는 노릇이다. 불교를 믿는 사람 중에도 스님들은 왜 사회적 문제에 관심을 두지 않느냐고 불만을 토로하는 이들이 많다. 불의에 저항하고 정의를 실현해야 할 것 아니냐며 곱지 않는 시선으로 따진다. 정의로운 사회 구현에 대한 열망은 높이 사지만, 불교에서 인과의 흐름에 간섭하지 않는 데에는 그럴만한 이유가 있다. 이 점을 간과하지 말아야 한다.

바닷속 생물의 삶을 예로 들어보자. 인간이 그들의 삶에 간섭하는 것은 그 자체로 자연을 파괴하는 행위나 다름없다. 깊은 바닷속에 어떤 정의가 있을 것이며, 어떤 불의가 있을 것인가. 더욱이 그것을 인간의 지혜로 따지고 가린다는 것이 가능하기나 할까. 자연의 모든 생명체는 그야말로 자신들의 생존 방식에 따라 살아가며, 그들만의 법칙에 순응한다. 자연의 법칙은 너무나 정교하고 완전해서 한낱 인간으로서는 비집고 들어갈 틈이 없다. 가만히 놔두고 지켜보는 것이 현명한 일이다.

사람이 살아가는 모습 역시 자연법칙과 다르지 않다. 인과因果의 굴레이다. 상대적인 시비가 끊이지 않는 건 이 때문이다. 이것이 있으므로 저것이 생겨난다. 좋은 때가 있으면 반드시 좋지 않은 때가 있게 마련이고, 이 둘의 관계는 필연적이면서 상대적이다. 정의는 불의에 의지해서 생겨나고 불의는 정의에 의지해서 생겨난 것이므로, 어느 것을 정의라고 단정할 수도 없다. 지구상에 인류가 도래한 이래 완전한 평화나 행복이 없었다는 사실이 그것을 증명한다. 모든 현상은 인과의 흐름이며, 화합과 사랑, 협상과 타협도 공업共業에 의한 한순간의 시절인연이다.

상대적인 현상은 인과가 드러난 것이므로 이를 해결하려면 결국 각자의 문제로 귀결된다. 개별적인 각자가 분별의 인과에서 벗어나고 마음을 깨쳐야 비로소 시시비비가 없는 극락정토가 실현된다. 이를 '자타일시성불自他一時成佛'이라고 한다. 내가 깨치면 모든 문제가 해결된다는 뜻이다. 그러나 우리는 아무런 책임과 대안도 없이 정의와 불의, 옳고 그름의 시비를 아전인수격으로 정해버리는 경향이 있다. 마치 장님이 코끼리 만지듯 자기가 아는 것만을 정의라고 주장하는 것이다.

어떤 경우든 분별하지 않는 중도의 마음을 가져야 해결의 실마리라도 찾을 수 있다. 분별 없는 마음을 깨치지 않고서는 제아무리 정의와 평화를 부르짖는다 해도 소용없는 일이 되고 만다. 분별심을 가진 정의는 자연스럽게 불의를 불러들일 것이고, 분별심을 가진 평화는 필연적으로 혼란을 야기하게 될 테니 말이다. 그뿐 아니라 이들은 모두 상대적인 현상들이므로 생겨날 조건이 세력을 잃게 되면 저절로 사라지는 일시적인 인과에 지나지 않는다.

마음을 내려놓으면 그대로 부처이고, 이를 깨침이라고 한다. 노스님께서는 만행을 떠나는 스님에게 이 점을 가르쳐주려고 했다. 우리들의 가장 큰 딜레마는 스스로 문제를 만들어놓고 다시 그 문제를 풀려고 애를 쓴다는 데 있다. 노스님의 말씀을 가만히 생각해보자. 가뜩이나 멀고도 험한 인생 여정을, 무엇하러 마음 안에 무거운 바위를 담아가려 한단 말인가?

명예욕

인간의 욕심은 얼마나 될까? 인간이 가진 본능적인 욕심은 크게 다섯 가지로 나눌 수 있다. 먹고 자고 싶어 하는 식욕食慾과 수면욕睡眠慾, 내 것을 가지고 싶어 하는 재산욕財産慾, 이성을 차지하고 싶어 하는 성욕性慾(혹은 色慾), 그리고 자존심을 지키고 타인들에게 인정을 받으려 하는 명예욕名譽慾이 여기에 속한다. 모든 중생들은 이 다섯 가지의 욕심이 충족된 상태를 즐기기 위해 끊임없이 그것을 추구하며 살아간다. 불교에서는 이것을 오욕락五慾樂이라고 한다.

　사회를 이루고 살아가는 인간인 이상 이 다섯 가지 욕구를 갈망하는 것은 너무나 당연하다. 이러한 욕구를 갖지 않은 이들이 있다면 오히려 이상할 것이며, 누군가 이 다섯 가지 가운데 하나라도 충족되지 못하게 한다면 심각한 혼란을 초래할 것이다. 오죽하면 성공의 잣대를 이러한 욕구가 얼마나 달성되었느냐에 따라 판단하려 들까. 이처럼 식욕, 수면욕, 재산욕, 성욕, 명예욕은 인간 사회에서는 어느 것 하나 놓아버릴 수 없는 기본적인 욕구이기에 누구나 이 다섯 가지 욕구가 채워지기를 간절히 바란다.

그러나 때로는 어느 하나만을 위하여 나머지를 포기하는 경우도 있다. 재산을 모으기 위해 먹고 자는 것뿐 아니라 성욕과 명예욕까지 절제하는 사람이 있는가 하면, 사랑을 위해 모든 것을 포기하는 경우도 있다. 자존심 때문에 모든 것을 잃어버리는 극단적인 사례도 있고, 단편적으로는 오로지 먹기 위해, 혹은 잠을 자기 위해 모든 것에 대한 관심을 끊어버리는 경우도 심심찮다. 어찌 되었든 모든 것을 완벽하게 갖추기란 참으로 어렵거니와 어느 것 하나라도 모자라거나 잃는다면 기분이 상하는 것 또한 마땅하다.

이 가운데 식욕과 수면욕은 생명과 직결되어 있어서 참는다고 해결되는 문제가 아니다. 이들은 개인의 마음씀씀이와는 별개로 신체적이고 물리적인 업業과 연결되어 있기에 여기서는 논외의 대상이다. 그러나 재산욕과 성욕은 성격이 좀 다르다. 이들도 본능적이기는 하지만 마음먹기에 따라 어느 정도 조절이 가능해서 상황에 따라서는 참을 수도 있고 적당한 선에서 타협할 수도 있다. 하지만 어디 그런가. 우리 대부분은 생명 활동과는 거리가 먼 이 두 가지 욕구에 죽을 만큼 집착한다.

한 걸음 더 나아가면, 명예욕이란 놈이 있다. 명예욕이란 매우 특별한 욕심에 해당하는데, 우리 생존에는 아무런 관련도 없으면서 재산욕이나 성욕과는 또 다른 성향을 드러낸다. 이를테면 명예욕 때문에 세상에서 가장 소중한 생명을 저버리기도 한다. 인간에게는 다른 생명체에게 없는 자존심과 자존감이라는 게 있다. 남에게 무시를 당할 때, 혹은 비아냥거림을 받거나 능욕을 당할 때 대응하지 않고 듣고만 있을 사람은 없다. 혹시 그런 사람이 있을지라도 우리 사회는 그들을 지켜주기는커녕 자존심도 없다며 도리어 패배자 취급하고 멸시하기까지 한다.

다음 단계는 쉽게 예상할 수 있다. 사건에 휘말린 당사자들은 마음을 몹시 다치게 되고 종종 큰 싸움으로 번지는 경우도 생긴다. 이때 평정심을 잃은 누군가는 스스로 목숨을 버림으로써 자신이 얼마나 수치스러웠는지를 항변한다. 아이러니하지 않은가. 생명 유지와는 전혀 관련 없는 그것이 생명 자체를 단절시킨다니. "자존심이란 게 도대체 무엇이기에…"라며 혀를 차는 사람이 있을지 모르나, 따져보면 사람 사이에 발생하는 시비의 대부분은 이것으로부터 시작된다. 사소한 시비로 시작했으나 상대의 자존심을 건드리면서 본말이 전도되는 경우는 비일비재하다.

서로를 미워하는 마음에는 대부분 나를 높여주지 않거나 나에게 굴복하지 않는 상대의 태도에 대한 원망이 깔려 있다. 그러나 큰 틀에서 보자면, 이 또한 고락의 업이 인과因果에 따라 윤회輪廻하면서 나타난 현상이다. 시절인연의 때가 되었다는 뜻이다. 기분이 좋았던 때를 이미 경험했으므로 이제 기분이 나빠지는 때를 경험할 때가 되었고, 이 시기에 맞추어 자존심이 상하는 일이 발생한 것이다. 존경과 인정을 받아서 기분이 좋았던 시기의 낙업樂業으로 말미암아 존경받지 못하고 인정받지 못해서 기분이 나빠지는 과보果報가 생긴 것이라고 볼 수 있다.

인과 작용을 직접적이고 단순하게 재단할 수는 없으나, 현재 기분 나쁘고 속이 상한 일이 생겼다면 과거에 기분이 좋고 즐거운 경험이 있었기 때문임을 깊이 인식해야 한다. 그렇게 되면 좋은 일이든 싫은 일이든 웬만한 일에는 특별히 즐거워하거나 노여워하지 않게 된다. 좋은 일은 좋은 인과에 의해 생긴 것이고, 싫은 일은 나쁜 인과에 의해 생긴 것임을 직시하기 때문에 마음을 다스릴 수 있다. 우리가 직면한 과보는 언젠가 행했던 우리의 행위가 윤회를 거쳐 현재의 모습으로 나타난 것이므로 외면하거나 회피하려고 해서도 안 되지만 어차피 그렇게 할 수도 없다.

중요한 것은 그것에 마음을 빼앗겨서는 안 된다는 점이다. 좋은 일이건 나쁜 일이건 그 일 자체에 기분 좋거나 기분 나쁜 성분이 들어 있는 것은 아니다. 단지 본인의 업식業識에 의해 형성된 고락에 따라, 즉 기분이 좋으냐 나쁘냐에 따라 좋은 일과 나쁜 일로 나뉜다. 같은 일이라도 각자의 업식에 따라 좋은 일과 나쁜 일로 나뉘는 것이다. 그러므로 어떤 일에도 좋다거나 싫다는 마음을 얹지 말아야 한다. 혹여 나쁜 일이 생기더라도 '나에게 나쁜 과보가 발생할 시간이 왔구나'라고 여기며 자존감에 상처받는 일이 없어야 한다.

특히 고도로 발전된 사회의 생활인으로서 개인의 욕구와 욕망을 추구하다보면 무슨 일이건 생기게 마련이다. 하지만 오늘부터 무슨 일이 생기건 그 즉시 '나의 업식 때문에 이 일이 생겼구나'라고 생각하는 습관을 기르도록 하자. 그래야 나쁜 일은 재빨리 털어버리고 우매한 짓을 하지 않게 되며, 다음에 또 나쁜 일이 생기게 하는 업식을 만들지 않는다.

진화

뉴질랜드에는 '키위kiwi'라는 새가 있는데 천적이 없어서 날개가 퇴화했다고 한다. 진화론에 그리 밝지 않은 사람이 듣기에도 일리가 있겠다 싶은 내용이다. 그런데 이런 일들은 자연계에서보다 인간의 사회에서, 더욱이 물질문명에 접어들면서 더욱 명확하다. 게다가 진화의 추세가 점점 더 빨라지고 있으니 그 속도를 따라가기에도 벅차다.

진화의 논리에 따르는 현대사회는 이렇게 설명할 수 있다. 나를 힘들게 하거나 괴롭히는 대상이 있다면 나는 그것을 극복하기 위해 열심히 노력할 것이고 결국엔 내 삶의 질이 향상된다. 반대로 아무런 방해도 받지 않는다면 사회 속에서 나의 능력은 정체되거나 저하되기 십상이다. 이처럼 현대문명은 모든 사람을 매우 편리하게 했

지만, 인간이라는 부속품으로 돌아가는 거대한 기계 같다는 느낌
도 준다. 최첨단의 이기물들이 사실은 적을 공격하거나 적으로부터
의 방어를 목적으로 탄생한 무기로써 생활의 도구로 전환된 것들
이 대부분이라는 대목에 이르면 조금은 씁쓸해지기도 한다.

아무튼 인간의 욕망으로 인해 과학이 더욱 발전한다면 지상의
도로가 사라질 날이 머지않았다고 한다. 드론과 배터리의 기술이
극도로 발달하면 모름지기 모든 운송수단이 하늘을 날아다닐 것이
다. 꿈같은 이야기지만 이러한 운송수단마저 필요하지 않은 날들이
올지도 모른다. 육신은 가만히 있으면서 영혼만 빠져나가는 소위 유
체이탈이라는 것이 있지 않은가. 예로부터 동양에서는 축지법이라
고 해서 먼 거리를 짧은 시간에 이동하는 일종의 가공할 만한 기술
이 있었다. 영화에서나 볼 수 있었던 일들이 현실에서 일어나는 것
은 어쩌면 시간문제인지도 모른다.

불교에는 육신통六神通이라고 부르는 것이 있다. 마음을 깨치고
높은 경지에 오르면 일종의 초인적인 신통력을 갖게 된다는데, 여
섯 가지의 불가사의한 능력을 말한다. 어디든 마음대로 갈 수 있고
어떤 모습으로든 자유롭게 변할 수 있는 신족통神足通, 모든 것을 꿰
뚫어 볼 수 있는 천안통天眼通, 어떤 소리든 들을 수 있는 천이통天耳
通, 타인의 마음을 훤히 들여다보는 타심통他心通, 전생을 아는 숙명
통宿命通 등 많은 조사스님이 경험한 예가 많다. 신통력 중에서도 모
든 번뇌를 없앤다는 누진통漏盡通을 제일로 여겼다.

상상의 범위를 좀 넓혀보자. 그렇게 되면 인간의 육체는 진화의 논리에 따라 영상 속에서나 볼 수 있었던 어느 외계인처럼 몸은 왜소한데 머리만 커다란 기형적인 모습으로 변할 수도 있고, 그 머리마저 쓸모가 없어지면 보이지 않은 영혼으로 완전히 전환되는 지경에 이르게 된다. DNA라는 보이지도 않는 물질 속에는 사람의 몸은 말할 것도 없고 성격과 성향 등 마음의 작용이라고 알고 있는 온갖 유전적 정보가 들어 있어서 개인의 탄생부터 성장은 물론 심리 작용에까지 영향을 미친다고 하지 않던가. 혹시 이 모든 과학 요소가 발전을 거듭하면 우리가 완전히 흡족할 수 있는 세상이 만들어질까?

문제는 아무리 문명이 발달하고 과학이 발전해서 몸을 숨기고 찰나 간에 우주를 오가는 엄청난 능력을 발휘하는 날이 온다고 해도 분별심을 버리지 못하고 탐욕을 그대로 가지고 있다면 고락의 인과가 계속 작동할 것이라는 점에 있다. 인과가 작동하는 한 육도六道를 윤회輪廻하는 것은 물론 고통과 괴로움은 사라지지 않는다. 세상이 어떻게 바뀐다 해도, 설사 하느님의 나라에 든다고 해도 즐거움과 괴로움, 기쁨과 슬픔, 행복과 불행이라는 생사고락生死苦樂의 인과는 절대로 바뀔 수 없다. 고락의 인과를 면하려면 좋다거나 싫다고 하는 분별심을 없애야 한다.

매 순간 분별하려는 마음을 단속해서 있는 그대로 받아들이는 습관을 기르도록 하자. 우리가 자주 이야기하는 기도와 참선, 보시와 정진을 통해 무분별심無分別心을 일깨워 나간다면, 조금씩 마음이 편안해지는 경험을 하게 된다. 아주 오래전 과거나 현재, 그리고 기약할 수 없는 먼 미래에 이르더라도 우리에게 있어서 진정한 진화는 마음에서부터 시작한다.

달빛

22세에 출가하여 철저한 청빈과 고행으로 일생을 보낸 일본 조동종의 고승 양관선사良寬禪師(1758~1831) 이야기이다.

양관선사의 토굴에 밤손님이 찾아왔다.
아무것도 가져갈 것이 없자 선사는 옷을 벗어주었다.
밤손님이 다녀간 뒤 벌거숭이가 된 선사의 눈에는 세상을 비추는 달빛이 눈부셨다.
선사는 중얼거렸다.
"아름다운 저 달빛마저 줄 수 있었더라면…."

이 정도면 바보가 아니면 틀림없이 부처님이다. 그러나 달빛마저

주려고 생각했다는 걸 보면 바보는 아닌 듯싶다.

닥쳐오는 모든 일에 대해 거부감이 없다면 참으로 마음이 편할 것이다. 하지만 그게 말처럼 쉽다면 세상은 벌써 아무런 근심과 걱정이 없는 극락정토가 되었을 것이다. 거부한다고 해서, 혹은 싫어한다고 해서 싫어하는 인연이 오지 않는 것도 아닌데 우리는 그걸 인정하지 못해서 자꾸 자신의 욕망에 집착하고 아등바등 매달리면서 세상을 어렵게 산다. 싫고 나쁘다는 생각을 하고, 그것을 마음에 담고 있는 한 싫고 나쁜 일이 생기는 것은 당연하다. 인과법의 이치이다.

양관선사와 같은 마음을 가지고 있다면 세상에 불편한 일은 없을 것이다. 좋다거나 싫다고 분별하는 마음이 없는 이에게 불편한 마음이 없고 불편한 일이 없음은 논리적으로도 자명하다. 양관선사의 시각에서 보면 세상에서 마음에 들지 않는 것 또한 없다. 따지고 보면 불행과 불편, 슬픔과 괴로움은 자기가 정해놓고 자기가 만든 것이다. 그것을 모르기 때문에, 혹은 모르지 않으면서도 뚜렷한 주관을 세워놓지 않았기 때문에 어딘가 늘 엉성하고 무언가 항상 부족한 느낌이 들었던 것이다.

분명한 것은 옳고 그르다는 시비是非도, 좋고 나쁘다는 고락苦樂도 모두 분별 때문에 생긴다는 사실이다. 상반된 성격인 듯 보이지만 옳다고 생각되는 것이나 그르다고 생각되는 것은 어느 하나가 생기면 다른 하나가 저절로 생겨나서 때가 되면 인과를 반복한다.

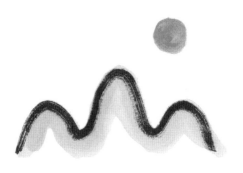

옳은 것이나 좋은 것에
집착한다고 해서
그른 것과 나쁜 것을
끌어들이지 않는 것은 아니다.
오히려 인과에 끄달리는 심리 상태 때문에
더 커다란 불편과 괴로움으로 다가온다.

옳은 것이나 좋은 것에 집착한다고 해서 그른 것과 나쁜 것을 끌어들이지 않는 것은 아니다. 오히려 인과에 끄달리는 심리 상태 때문에 더 커다란 불편과 괴로움으로 다가온다. 이것은 논리 이전에 진리이다. 우리 삶에 있을 크고 작은 일들에 명확한 해법을 제시하는 유용한 이론이기도 하다.

우리에게 알려진 양관선사의 일화 중 감동적인 이야기 하나를 더 소개해본다.

어느 날 배를 타고 강을 건너는데, 놀리기 좋은 선사의 인상을 본 사공은 젓던 노로 선사의 옷에 물을 튕겼다. 그래도 아무 표정이 없자 더욱 장난기가 발동한 사공은 선사를 물에 빠뜨려버렸다. 헤엄을 치지 못하는 선사가 허우적거리는 것을 보고 사공은 배를 잡고 웃다가 거의 숨이 멎으려 할 때쯤 건져 올렸다. 선사는 연신 절을 하며 목숨을 구해줘서 고맙다는 인사를 배에서 내릴 때까지 했다. 사공은 그제야 자신이 얼마나 어리석은 짓을 했는지 참회를 하고 앞으로는 절대 그런 짓을 하지 않고 착하게 살겠다고 약속을 했다.

양관선사는 일본 에도시대 후기의 고승으로 시인, 화가로도 이름이 높았다. 선사에게는 도둑이라고 해서 싫은 마음도 없고, 도둑이 물건을 훔치는 것이 옳지 않다는 마음도 없으며, 내 것을 빼앗겨

서 기분이 나쁘다는 마음조차 없다. 발가벗어서 부끄럽다는 마음
도 없으니 무분별의 극치라고 하겠다. 그러니 한순간도 불편하다거
나 괴롭다는 생각이 생기지 않았다. '죄무자성종심기罪無自性從心起'
라고 하지 않던가. 『천수경』에 나오는 구절로, 죄라는 것은 본래 성
품이 없으며 마음에 따라 일어난 것이라는 의미이다.

살다보면 누군가의 잘못으로 기분이 상한다거나 자신이 누군가
에게 해를 끼쳐서 마음이 불편해지는 경험을 하게 된다. 사실 살아
가는 게 모두 그런 일들이다. 오죽하면 일 때문에 힘든 게 아니라
사람 때문에 힘들다는 말이 있을 정도일까. 그럴 때면 『천수경』의
이 구절을 음미해 보자.

> 죄는 자성이 없어서 마음을 따라 일어나는 것이니
> 마음이 소멸한다면 죄 또한 다하게 된다네
> 죄가 다하고 마음이 소멸하여 양쪽이 모두 공空하니
> 이것에 이름을 붙여 진정한 참회라 한다네
> 罪無自性從心起 心若滅是罪亦忘
> 罪忘心滅兩俱空 是卽名爲眞懺悔

불교적인 삶을 간단명료하게 정리하면 두 가지로 요약된다. 하나
는 업장業障을 소멸하는 일이고, 다른 하나는 지혜와 복덕을 갖추
는 일이다. 이 두 가지 일을 투철하게 이해하고 구족하게 하는 것이

우리가 말하는 일상에서의 수행이다. 제아무리 극악무도한 행위라도 지혜의 눈에는 죄로 보이지 않는다. 죄라는 것은 자성自性이 없기에 스스로 생기지 않고 인연에 의해서만 그렇게 될 뿐이다. 악한 행위를 하게 하는 것은 마음이고, 이는 우리가 업장을 소멸해야 하는 이유이기도 하다.

악한 행위이건 선한 행위이건 결국은 마음이 만들어낸 것이다. 이러한 이치를 하나하나 깨닫는 것이 지혜이고, 업장을 소멸하다보면 자연스럽게 복덕은 갖추어지게 마련이다. 자신이 가진 것을 모두 내어주고도 무언가 더 주고 싶어 하는 마음. 얼마나 위대한 마음인가. 오늘 밤도 달빛이 무척 밝다. 나를 다치게 하고 내가 아프게 했던 모든 이들에게 '아름다운 저 달빛마저 줄 수 있었더라면…'

불구부정

『반야심경』에 불구부정不垢不淨이라는 말이 있다. 더러움도 없고 깨끗함도 없다는 뜻이다. 만공선사의 법을 이은 고봉高峰(1901~1967) 스님의 이야기이다.

하루는 고봉 스님이 제자에게 말했다.

"내 발을 좀 씻겨라."

그때 제자가 스님께 들은 법문이 떠올라 여쭈었다.

"더럽고 깨끗한 것이 둘이 아닌데, 발은 씻어서 무엇하시렵니까?"

고봉 스님은 발을 들더니 즉시 제자의 입에 발가락을 넣었다.

"아니, 더러운 발가락을 왜 입에 넣으십니까?"

"더럽고 깨끗한 것이 둘이 아닌데, 발가락이 입으로 들어간들 무슨 상관이겠느냐?"

현대사회에 접어들수록 분별分別과 중도中道에 대한 이해가 부족한 듯하다. 분별이란 둘 중 하나를 선택하는 데 있어서 어느 것이 나에게 더 좋은 것인지, 혹은 더 나쁜 것인지를 헤아리는 마음이다.

이런 개념을 이해하는 것은 쉽다. 그러나 중요한 내용은 다음에 있다. 더 좋은 것이라고 선택해서 기분이 좋더라도 그 인과로 인해 반드시 더 나쁜 것을 선택하게 되는 시절인연을 만나 곧 그것에 응당한 과보를 받는다는 것. 그러므로 어느 것을 선택하든 더 좋다거나 더 나쁘다는 분별심이 없어야 하며 그래야 고락苦樂의 과보를 받지 않는다는 것. 선택의 기로에 섰을 때 어느 것이 더 좋을지 고민 없이 자유로운 마음 상태에서 행동하는 것을 중도라고 할 수 있다.

우리는 대부분 어떤 일이든지 시작도 하기 전부터 고민한다. 일이 진행되는 도중에도 더 좋은 선택을 하기 위해 끊임없이 고민을 하는데, 일이 마무리된 후라도 마음이 편한 것은 아니다. 좀 더 잘하지 못한 것에 대한 후회와 회한이 남는다. 최선을 다했더라도 욕심이 생겨서 만족하기 쉽지 않다. 성공하면 성공한 대로 더 큰 욕심을 부리게 되며 실패하면 실패한 대로 후회가 따르기 마련이니 이 얼마나 괴로운 인생인가. 이쯤 되면 인간이란 고민과 후회를 위해 세상에 나온 존재인 듯 보이기까지 한다.

자식이 잘되어야 할 텐데, 꼭 시험에 붙어야 하는데, 시험에 붙어야 성공할 수 있을 텐데, 사업이 실패하면 안 되는데… 등 걱정의 종류도 정말 다양하다. 물론 미리 대비를 하면서 노력을 한층 더 보태는 계기가 될 수는 있다. 하지만 성공하더라도 기쁨과 행복감만 우리에게 주어지는 건 아니다. 그에 따르는 인과因果의 과보果報를 피할 수는 없다. 이는 모두 분별에서 오는 과보이다. 모든 찰나에 느껴지는 좋다 싫다 하는 감정은 자신의 고락업苦樂業에 따라 이루어진 것이기도 하지만, 자신의 고락업을 만드는 원인이기도 하다. 누군가의 현재는 그가 가진 고락의 업식業識에 따라 매 순간 인연을 맺어온 것이다.

그러니 미리 걱정하는 것보다 '인과와 인연에 따라 되겠지' 하고 매사에 마음을 비우고 집착을 놓아버리는 게 현명하다. 무심한 상태에서 분별심 없는 마음으로 대한다면 오히려 더욱 능률이 올라서 훨씬 쉽게 성공할 수 있는 것도 사실이다. 혹여 시험에 붙지 않는다 하더라도 인과를 믿는 마음이 출중해서 괴롭다거나 즐겁다는 감정에 매달리지 않는다면 시험에 붙든 떨어지든 걱정이나 실망이 없을 것이다. 실제로 시험에 붙거나 떨어지는 것은 한순간의 겉모습에 불과할 뿐 인생의 성공과 실패를 가늠할 잣대는 되지 못한다. 실패는 성공으로 가는 과정이라는 말도 있지 않은가. 이미 많은 성공 사례가 이를 증명한다.

되면 되는대로 시비是非와 고락의 인과가 생기고, 안 되면 안 되는 대로 시비와 고락의 인과가 생겨서 그에 응당한 과보를 불러온다. 따라서 어떤 일에 대해서도 바라거나 집착하는 마음에 머물지 않아야 한다. 그러면 시비와 고락의 감정뿐 아니라 과거의 기억이나 미래에 대한 망상이 사라져 지금 이 순간 편안한 마음이 될 것이다. 어떤 상대든 어떤 사물이든 걱정과 근심의 감정이 일어난다면 그 즉시 놓아야 한다. 말과 생각과 행동의 삼업三業에 탐욕과 성냄과 어리석음의 삼독심三毒心을 일으키지 않도록 인과를 생각해야 한다.

고봉 스님과 제자의 일화는 어떤 행위를 하고자 할 때나 어떤 행위를 하고 있을 때, 혹은 어떤 행위를 하고 난 후에도 좋다거나 싫다고 분별하는 마음을 갖지 말라는 의미를 내포하고 있다. 고락의 인과가 반복되면 괴로운 마음이 생기기 때문이다. 분별심 없이 무심하다면 고민 없이 선택할 수 있다. 선택한 일에 대한 분별심이 없으면 무심한 상태에서 저절로 행동하게 되고, 일을 마친 후에도 후회가 남지 않는다. 분별심 없이 무심하게 행동하려면, 고락이라는 분별 때문에 끊임없이 인과가 이어져 괴로움을 피할 수 없음을 절실하게 믿어야 한다.

제자는 스승이 발가락을 자신에 입에 넣자 더럽다는 생각을 품었다. 그런데 그것이 정말 더러운 걸까. 더럽다거나 깨끗하다고 여기는 까닭은 어디에서 비롯된 걸까. 『대품반야경』에서 설해지는 부처님의 말씀을 음미해보자.

사람들에게 깨끗하고 깨끗하지 못한 차별을 두지만 사물의 본성은 깨끗한 것도 더러운 것도 아니다. 집착하기 쉬운 마음이기 때문에 깨끗한 것을 가까이하고 더러운 것을 멀리하라는 것이다. 이것은 방편일 따름이다. 집착하는 마음을 떠나서 보면 모든 존재는 다 깨끗하다. 탐욕과 성냄과 어리석음도 다 깨끗한 것이며, 이 육체를 형성하는 오온五蘊도 깨끗하고 지혜도 깨끗한 것이다. 모든 존재가 깨끗하므로 반야바라밀도 깨끗하다.

욕망과 행복

황제의 지위까지 오른 나폴레옹(Napoléon Bonaparte, 1769~1821)은 행복했던 날이 평생 6일밖에 없었다고 말했다. 그런데 듣지도 보지도 말하지도 못했던 헬렌 켈러(Helen Keller, 1880~1968)는 단 하루도 행복하지 않은 날이 없었다고 회고했다. 하던 일을 멈추고 잠시 생각에 잠긴다. 나폴레옹과 헬렌 켈러의 삶이 우리에게 던지는 메시지는 무엇이고 우리는 그들을 통해 어떤 교훈을 얻어야 하는가. 연쇄적으로 이런 질문이 따라온다. 돈, 명예, 그리고 성공은 인간의 행복과 어떤 관계가 있을까?

헬렌 켈러는 태어난 지 19개월이 되었을 때 뇌척수막염을 앓은 후 시력과 청력을 모두 잃고 평생을 장애의 몸으로 살았다. 그러나 당시에는 정상인에게도 힘들다는 대학을 졸업했으며, 자신과 같은 처지에 있는 세계 각지의 장애인을 돕기 위해 장애인 복지와 장애인 교육 사업에 일생을 바쳤다. 그녀의 미덕은 여기서 그치지 않는다. 노동인권운동과 여성인권운동가로서 다방면에 걸쳐 활동하면서 대통령 자유메달과 수많은 명예학위를 받았다. 1968년 그녀는 웃으며 세상을 떠났다.

나폴레옹 보나파르트는 프랑스 역사상 가장 위대한 영웅으로 칭송받고 있지만, 죽음에 관한 한 여러 가지 의문이 난무하며 여전히 미스터리다. 주치의였던 프란체스코 안토마르치는 그의 공식 사인을 위암이라고 판단했으나, 비소 중독으로 독살당했다는 의혹도 배제할 수 없다고 한다. 나폴레옹은 1815년 워털루 전투에서 영국과 동맹국들에 대패하면서 대서양의 세인트 헬레나 섬에 유배되었고, 지병으로 건강이 악화되면서 1821년 5월 5일 51세의 나이로 사망했다.

비교돼도 너무 비교되는 두 인물이다. 불교적인 관점에서 볼 때 이들의 차이는 어디에 있는가. 본질적으로 이런 해석을 할 수 있다. 헬렌 켈러는 악조건 속에 살면서도 좋다거나 나쁘다는 고락의 분별을 하지 않았기에 불행하다는 생각조차 없었다. 남들보다 훨씬 불리한 여건이었음에도 자신이 해야 할 일을 할 수 있었던 건 이 때문이다. 반면 나폴레옹의 삶은 명예와 권력에 집착할 수밖에 없었고 불안과 두려움의 연속이었다. 고락의 분별이 인생의 최우선 과제였으니 만족을 몰랐다. 짧지 않은 인생에서 행복했던 날이 6일밖에 없다는 건 이런 이유에서다.

많은 사람이 착각을 한다. 자신이 원하는 바를 충족시켰을 때 비로소 행복해진다고 믿는다. 욕망과 행복 사이에 연결고리를 이어놓고 욕망의 충족이야말로 행복의 필요조건이라는 신념으로 무장하는 것이다. 뜯어보면 이런 신념들은 실체 없는 감옥이어서 그것을 만든 사람을 가두고, 심각한 경우 그 사람을 파국으로 몰아가기도 한다. 굳이 거대한 권력이나 재력을 예로 들지 않더라도 우리 주변에는 그릇된 행복론에 전도된 이들이 적지 않다. 요즘 자주 등장하는 '빚투족(빚을 내어 투자하는 무리)'이나 '영끌족(영혼까지 끌어 모아 투자하는 무리)'이라는 단어가 우려스러운 건 그러므로 어쩔 수 없는 일이다.

그렇다면 인간에게 행복은 어떻게 오는가. 하버드대학교에서는 '행복의 조건'을 알아내기 위해 1938년부터 연구를 해왔다. 현재까지도 진행되는 '성인발달연구'는 장장 85년이라는 역사상 가장 긴 시간과 과학적인 방법을 동원해 인간의 행복을 조사해온 프로젝트다. 이번에 연구의 중간보고서 격인 『세상에서 가장 긴 행복 탐구 보고서』라는 책이 출간되었다. 연구진이 밝혀낸 행복의 조건은 '좋은 관계'였다. 막대한 부와 명예, 직업적 성취와 권력 같은 것이 아니었다. 85년간 3세대에 걸쳐 엄청난 숫자의 피험자들이 참여한 이 연구는 인간의 행복을 단 한 줄로 요약한다. "좋은 관계는 우리를 더 건강하고 행복하게 해준다."

맥이 빠지는 사람도 있을 것이다. 자신들이 생각하던 것과는 전혀 다른 결과가 나왔기 때문이다. 행복의 조건이라는 물음에 과학적인 연구는 '친밀한 인간관계의 빈도와 질'이라는 대답을 내놓았다. 보고서는 이렇게 증언한다. 조사 대상자 가운데 직업적으로 가장 성공한 사람은 가장 행복하지 않은 사람 중 하나였으며, 가장 행복한 사람 중 하나는 가족, 학교, 친구에 대한 애정을 가진 사람이었다고. 행복의 조건은 좋은 인간관계에 있다고 말하면, 통계에 불과한 연구 결과라며 부인하는 이들도 있을 것이다. 하지만 그들도 안다. 결국 행복이란 자신에게 달려 있다는 사실을.

우리에게 문제는 행복을 추구하는 것이 있지 않다. 행복과 불행을 따로 떼어놓고 생각하는 데 있다. 빛과 어둠의 관계처럼 그것들은 서로 다르지 않다. 빛의 결여가 어둠이듯 행복의 부재가 곧 불행이다. 감정의 영역에 속하는 것들이지만 빛이 있으면 어둠이 있게 마련이듯 행복은 당연히 불행과 공존한다. 불교에서는 오래도록 감정의 영역과 상대적 인과관계에 대해 설명해왔다. 행복이란 자기 자신에게 달려 있으며, 행복을 추구할수록 불행의 과보를 피할 수 없다는 것이 바로 그 내용이다.

나폴레옹에게 행복은 혼란한 시대에 혁명과 전쟁을 승리로 이끌고 정복과 집권을 통해 자신의 욕구를 충족시키는 데 있었다. 분명 그는 성공했다. 그러나 행복을 쟁취한 만큼 불행의 과보가 따라온다는 사실을 몰랐다. 헬렌 켈러는 자신의 신체장애를 불행의 조건이라고 여기지 않았다. '좋다'거나 '나쁘다'는 분별을 하지 않았고,

있는 그대로를 받아들였다. 분별하지 않았으니 고민하지 않았고, 하고자 하는 생각 없이 저절로 세상에 봉사하는 자비로운 삶을 살았다.

'옳다 그르다' 하는 시비와 '좋다 싫다' 하는 고락을 분별하는 마음 없이 순리대로 살다보면, '내가 무엇을 어떻게 해야겠다'는 생각을 하기도 전에 행동이 먼저 따르게 된다. 나폴레옹의 삶을 살 것인지, 헬렌 켈러의 삶을 살 것인지는 각자의 근기根機에 따라 달라지겠지만, 하나만은 기억하자. 살아가면서 인과의 도리를 알고 그것에 순응한다면 지금 내가 무엇을 할 것인지는 저절로 정해진다. 행복에 관한 한 나폴레옹보다는 헬렌 켈러 쪽이 정답에 가깝다. 행복을 바라보는 그녀의 생각을 인용해본다.

"행복의 한쪽 문이 닫히면 다른 쪽 문이 열린다. 그러나 흔히 우리는 닫힌 문을 오랫동안 보기 때문에 우리를 위해 열려 있는 문을 보지 못한다."

무정설법

송나라 때의 유명한 문장가 소동파蘇東坡(1036~1101)는 고승을 찾아
다니며 설법 듣기를 좋아했다. 하루는 당대의 고승이라 일컫는 동
림상총東林常聰(1025~1091) 선사를 찾아가 물었다.

"일대사인연一大事因緣을 해결하고자 찾아왔습니다. 스님께서 미
혹한 중생을 제도해주십시오."
"거사님은 지금까지 어떤 큰스님들을 만나셨습니까?"
"많은 선사님들을 친견했지만, 아직 깨닫지 못했습니다."
생각에 잠겨 있던 동림선사가 물었다.
"거사님은 어찌 무정설법無情說法은 듣지 않고, 유정설법有情說法
만 들으려 하십니까?"

소동파는 다른 선사들로부터는 들은 적 없는 '무정물이 설법을 한다'는 말에 의문을 품고 집으로 향했다. 이러한 의문이 꼬리에 꼬리를 물면서 화두일념에 들었다. 그러던 중 폭포 앞을 지나게 되었는데, 폭포수가 떨어지는 웅장한 소리에 놀라 크게 깨달았다. 바로 그 순간 비로소 무정설법을 들을 수 있었고, 다음과 같은 게송을 남겼다.

계곡 물소리가 그대로 부처님 설법인데
산의 모습이 어찌 청정법신清淨法身이 아니겠는가
어제 밤 들은 팔만사천 게송을
다른 날 어떻게 다른 이에게 전해줄고
溪聲便是廣長舌 山色豈非清淨身
夜來八萬四千偈 他日如何擧似人

유정有情이란 범어 살타薩埵의 역어로 감정이 있는 모든 생물을 뜻한다. 당나라 현장玄奘(602~664)이 유정이라고 번역하기 시작했는데, 이전 번역에서는 중생衆生이라고 했다. 번뇌에 얽매여 미혹한 중생이라는 의미이다. 무정無情이란 유정의 반대되는 말로 초목이나 흙, 돌처럼 의식감정[情識]을 갖지 않은 자연 만물을 뜻한다. 비정非情·비유정非有情이라고도 한다. 유정설법은 사람이 설하는 법을 말하는 것이고, 무정설법이란 의식감정이 없는 무정물이 법을 설하고 있다는 것으로, 곧 자연계의 모든 산하대지가 불법을 설하고 있다는 말이다. 따지고 보면 인간의 천 가지 말과 만 가지 행동보다 더 확실한 설법이다.

소동파는 계곡 물소리에서 부처님 설법을 듣고, 산의 모습에서 법신法身을 본다. 처처불상處處佛像이요, 사사불공事事佛供이라. 법신불法身佛이란 32상 80종호라는 특수한 형상을 지닌 부처님이 아닌 진리 자체를 말한다. 초기불교에서는 35세에 도를 깨달아 80세에 열반에 드신 한 분을 부처라고 했으나, 대승불교가 일어나면서 특정인이나 상호를 초월한 부처가 신앙의 중심에 자리 잡았다. 부처님께서도 열반에 드실 때 "자신의 등불을 따르고 법의 등불을 따르라[自燈明 法燈明]"고 하시지 않았던가. 이처럼 불교는 본래 스스로 법法(Dharma)을 깨닫는 데 목적이 있다.

말하자면 석가세존이 깨달은 불변의 진리, 우주 곳곳에 퍼져 있는 진여眞如 그 자체를 법신이라고 설명할 수 있는데, 이는 곧 제법실상諸法實相의 이치와도 일맥상통한다. 존재하는 모든 것은 있는 그대로 진실한 모습이며, 생멸 변화하는 현상 속에도 일체 모든 것에는 근본적으로 참된 실재인 본래 모습이 있다. 이것을 경전에서는 현상으로 존재하는 모든 것은 그대로 진실이 드러난 것이며, 존재하는 모든 것이 실상이라고 설한다. 실상을 깨닫기 전 바라본 세상은 분별망상으로 바라본 세상이다.

사람의 손이 닿지 않은 밀림이라고 해서 제법실상의 이치에 어긋나지 않는다. 오히려 인공적인 파괴가 문제를 만든다. 밀림 속에서는 각각의 개체마다 서로 상의상존相依相存하고, 스스로 생주이멸生住異滅하며 성주괴공成住壞空한다. 인연과 과보에 따라 연기緣起하는 것이다. 거기에 무슨 잘되고 잘못된 것이 있으며, 무엇을 옳고 그르다고 할 것인가. 그 자체로 진여의 모습이고 분별심 없이 공空한 모습이다. 그러니 계곡 물소리는 부처님의 말씀이요, 산의 형상은 법신의 모습이라는 말이 나온다.

있는 그대로의 실상을 보지 않고 감정에 의해서 이원적으로 분별하는 게 망상이다. 수행을 통해 진리를 체득하지 못한 우리들은 실상을 제대로 볼 안목이 없다. 자신의 업業에 따라 눈높이가 달라지고 좋다거나 싫다는 감정이 생긴다. 좋다거나 싫다는 판단을 하는 것도 자신의 업 때문이고 즐겁다거나 슬프다는 감정이 생기는 이유도 자신의 업 때문이다. 기쁨과 즐거움뿐만 아니라 슬픔과 괴로움도 인과의 모습이다. 제법의 실상을 보려거든 우선 텅 비어있는 자신의 본래 모습을 볼 수 있어야 한다. 그렇게 해야 과거세로부터 끈질기게 이어져온 업으로부터 자유로워질 수 있다. 그것이 바로 제법무아諸法無我인 공空이다.

무정설법은 남양혜충南陽慧忠국사의 공안에서 비롯되었다고 전해진다. 혜충은 육조혜능의 제자로 속성은 염冉이며, 월주越州의 제기현諸暨縣 출신이다. 혜능은 출가를 위해 조계산으로 찾아온 제자를 처음엔 거절했다. "전쟁을 일으키지 않고도 육십 년 동안 천자天子

432

가 될 것이니 천자가 되어 불법佛法을 위하는 군주가 되는 것"을 바랐기 때문이다. 그러나 이미 심지가 굳어진 혜충의 거듭된 요청에 "네가 출가하면 천하에 홀로 선 부처가 되리라" 하며 받아들였다고 한다. 이로 인해 황제의 자리를 마다하고 출가한 사례로 널리 알려져 있다.

부처와 마음

인도의 어느 마을에 부부가 살고 있었다. 오랫동안 아무도 없는 곳에서 함께 살았기에 무척 금실이 좋았다. 이 부부는 커다란 항아리에 술을 담가서 보관하고 있었다. 술이 익어갈 무렵, 아내는 술이 잘 익었는지를 확인하려고 항아리 안을 들여다보았다. 그러고는 깜짝 놀랐다.

어떤 여자가 자신을 빤히 쳐다보고 있는 게 아닌가. 질투심이 생긴 아내는 왜 다른 여자를 불러들였냐고 남편에게 따졌다. 영문을 모르는 남편이 술항아리를 확인하러 갔다. 자신을 쳐다보고 있는 사람은 여자가 아니라 남자였다. 부부는 서로 몰래 여자를 숨겨두었네, 남자를 숨겨두었네 하면서 싸웠다.

지금 본 것이 자신의 모습인지도 모르는 어리석은 사람의 비유로, 한번쯤 들어보았을 법한 이야기다. '일체유심조一切唯心造'는 불교사상을 대표하는 용어로, 정확하게 말해서 『화엄경』의 핵심이다. 너무 유명한 게송이다 보니 그 속에 담긴 깊은 뜻을 헤아리기보다 그러려니 하고 대충 넘기곤 한다. 누구나 자신의 눈높이에 따라 세상을 바라보고, 아는 만큼 보인다. 그러니 얼마나 오류가 많을까. 일체유심조의 일면에는 느낌, 감정이라는 의미가 담겨 있다. 그리고 감정에는 인과가 따른다.

부처님이나 마음을 깨친 조사祖師들은 분별의 업식業識이 없어서 사물이나 현상을 있는 그대로 볼 뿐 '좋다'거나 '싫다'는 특별한 감정을 갖지 않는다. 그러나 분별심을 가진 우리는 마음 안에 인과의 업식이 있어서 어떤 것을 보더라도 '좋다'거나 '싫다'는 분별을 한다. 만약 어떤 사람이 좋아 보인다면 마음속에 있는 좋은 업이 나타나서 그렇게 보이는 것이지, 본래 좋은 사람과 나쁜 사람이 따로 있는 것이 아니다. 내 마음 안에 있는 좋은 업이 무르익어 밖으로 드러날 시기가 되면 어떤 사람이라도 좋은 사람으로 보인다. 말 그대로 모든 것은 마음이 만들어낸다.

만일 어떤 사람이	若人欲了知
삼세 일체 부처님을 알고자 한다면	三世一切佛
마땅히 법계의 성품을 관하라	應觀法界性

모든 것은 오직 마음이 지어낸 것이로다 一切唯心造

이 게송은 『화엄경』「야마궁중게찬품」에 나오는 화엄 제1게이다. 유심게唯心偈라고도 하고 파지옥게破地獄偈라고도 한다. 파지옥이란 마음이 만든 지옥을 깨뜨린다는 의미로, 힘들고 벅찬 일상에서 이 짧은 게송 하나만으로도 많은 위로를 받을 수 있다. 이 세상은 어차피 우리 마음이 만든 세상이기 때문이다. 「십지품」에도 같은 내용을 전하는 구절이 있다. "삼계는 허망하니 단지 마음이 지어낸 것일 뿐이고, 12연분도 모두 마음 작용에 의한 것이다[三界虛妄 但是心作 十二緣分 是皆依心]."

삼계란 욕계欲界·색계色界·무색계無色界를 말한다. 욕계란 몸이라는 형체를 가지고 있는 감각적 욕망의 세계로 중생들의 세계이다. 인간, 천상, 지옥, 아귀, 축생, 아수라의 6가지 길이 있다. 색계는 몸이라는 형체는 있으나 욕망이 없는 세계로 선정禪定의 상태를 뜻한다. 초선정初禪定, 제2선정第二禪定, 제3선정第三禪定, 제4선정第四禪定의 선정 단계가 있다. 무색계는 물질적인 것은 없고 오로지 순수하게 정신만 있는 세계이다. 공무변처정空無邊處定, 식무변처정識無邊處定, 무소유처정無所有處定, 비상비비상처정非想非非想處定의 단계로 선정에 들어간다. 이보다 더 깊은 선정의 단계로는 모든 마음작용이 사라진 상태인 멸진정滅盡定이 있다.

화엄에서는 욕계뿐만 아니라 선정 상태인 색계와 무색계 또한 허망한 것이라고 단정한다. 그것의 근거는 바로 마음이다. 우리가 보고[色], 듣고[聲], 냄새 맡고[香], 맛보고[味], 만지고[觸], 생각하는 것[法]은 모두 마음이 만들어낸 것이고, 수행을 통해 상락아정常樂我淨의 열반에 들게 하는 것도 마음이다. 자신의 모습을 보고 다른 사람이라고 착각하는 부부의 일화는 결코 웃어넘길 일이 아니다. 우리는 모두 이 부부처럼 자신의 모습을 보면서 희로애락의 감정을 만든다. 다른 누군가의 모습이 아니라 자신의 모습을 보면서 말이다.

내가 보고 느끼는 모든 것은 나 자신의 업이 드러난 것이다. 분별업식에 따라 외부 대상을 인식하게 되면 그 인연으로 인해서 모든 것을 '좋다'거나 '싫다'고 분별하게 되므로 좋거나 싫은 것들이 저절로 생겨난다. 좋다거나 싫다고 분별하는 이상 좋거나 싫은 것이 영원히 따라붙게 된다. 그러니 분별을 없애지 않는 한 고통과 괴로움을 피할 수 없다. 만약 마음에 들지 않는 사람이나 원하지 않는 일이 생기더라도 시절인연에 따라 나의 업이 나타난 것이라고 여기고 성심껏 자신을 관찰하는 힘이 필요하다.

『화엄경』에 의하면, 마음은 화가와 같아서 우리가 경험하는 모든 세간과 우리 자신을 그려 보인다. 모든 세간이란 기세간, 중생세간, 지정각세간이다. 기세간은 생물들이 거주하는 변화무쌍한 산하대지인 자연환경을 말하고, 중생세간은 알다시피 우리들 자신이며, 기세간과 중생세간에 거주하는 중생을 교화하는 부처의 세계를

지정각세간이라고 한다. 이렇듯 모든 세간이 포함된 것이 마음이니
마음 닦는 일이 얼마나 큰 공덕인지를 항상 가슴 깊이 새겨야 한다.

마음은 화가와 같아서	心如工畵師
모든 세간을 그려내나니	能畵諸世間
오온이 마음 따라 생겨서	五蘊實從生
무슨 법이든 짓지 못함이 없도다	無法而不造
마음과 같이 부처도 그러하고	如心佛亦爾
부처와 같이 중생도 그러하니	如佛衆生然
마땅히 알라. 부처와 마음이	應知佛與心
체성이 모두 다함이 없도다	體性皆無盡

소크라테스의 죽음

"너 자신을 알라."

고대 그리스의 철학자 소크라테스의 명언이다. 어느 날 소크라테스의 제자가 델포이 신전으로 달려갔다. 아폴로신에게 아테네에서 가장 현명한 사람이 누구인지를 묻기 위해서였다. 그는 소크라테스가 모든 사람 중에서 가장 현명하다는 대답을 듣고 의기양양하게 돌아온다. 그런데 정작 소크라테스는 이 소식을 전해 듣자 깜짝 놀란다. 자신이 무지하다는 것을 너무도 잘 알고 있었기 때문이었다. 하지만 달리 생각해보면 당시 소크라테스가 가장 현명한 사람이라는 말에 수긍이 간다. 다른 이들은 스스로 무지하다는 사실조차 모르고 있지 않은가.

이런 소크라테스가 아테네의 재판에서 사형선고를 받는다. 아테네의 청년들을 타락으로 이끌었고, 아테네가 인정하는 신을 믿지 않았다는 이유에서였다. 한마디로 아테네의 신을 믿지 않는 자가 청년들에게 철학을 가르치는 불경죄를 저질렀다는 것이다. 소크라테스는 사면 신청을 하지 않고 죽음을 기다렸다. 아내인 크산티페가 찾아와 부당하게 사형당하지 말고 탈출하라고 권유했다. "그러면 당신은 내가 정당하게 사형되기를 바란다는 말이오?" 탈출을 권유하는 사람을 당황하게 하는 대답이었다.

소크라테스가 감금된 감옥에는 친구와 제자들도 찾아왔다. 그들 역시 돈이 얼마나 들든 관리들을 매수할 테니 어서 탈옥하라고 강하게 설득했다. 소크라테스는 친구 크리톤과 그들에게 도망가지 않아야 할 이유를 설명하고는 태연하게 독배를 받아 마신다. 이때 소크라테스가 친구들에게 한 설명이 그 유명한 '악법도 법이다'라는 내용으로 요약된다. 여러 가지의 생각이 머무는 장면이다. 당치도 않는 이유로 자신을 고소하고 사형에 처한 국가의 질서를 위해 그는 죽음을 택했다. 그의 죽음이 이해할 수 없는 이유는 충분히 회피할 수 있는 상황이었음에도 죽음을 선택했다는 점이다. 하나 더 있다면, 친구 크리톤에게 남긴 "아스클레피오스에게 빚진 닭을 갚아 달라"는 유언이다.

솔직히 출가 이후 서양철학에는 그다지 관심을 가져본 적이 없어서 사실 여부에 관한 생각은 해보지 않았다. 어쩌면 소크라테스는 인과법칙因果法則을 알고 있지 않나 생각해본다. 인과와 중도법을 알지 못하는 이가 죽음을 앞두고 이런 용기를 발휘해서 탈옥을 설득하는 친지들을 오히려 타이르고 독배를 받아드는 내공을 갖출 수 있었을까. 이미 칠십을 넘겨 삶이 얼마 남지 않은 나이다 보니, 자존심을 꺾는 것보다 신념을 지키는 게 낫다고 판단했다는 설도 있다.

하지만 인간에게는 '유애有愛'라는 것이 있다. 생존에 대한 애착을 말하는데, 우리는 아직 경험하지 못한 내세에 관해서도 애착을 버리지 못한다. 그러니 더더욱 연기緣起와 인과因果를 알아야 한다. 부처님께서도 "연기를 보는 자 법法을 보고, 법을 보는 자 여래를 본다"라고 하지 않던가. 연기와 인과를 모르면 불교를 모른다고 할 정도로 연기와 인과를 통해서만 불교의 진면목을 알 수 있다.

나의 몸을 비롯해 물질로 구성된 현상세계와 나의 업業이라 할 수 있는 고락의 감정을 가진 마음을 구분해서 보자. 마음을 빼고 물질과 현상만 남아 있는데, 좋다거나 싫다는 고락의 감정이 전혀 없는 그것을 나라고 할 수 있을까? 천지가 무너지고 세상이 뒤집혀도 아무런 미동도 없는 그 물질이 나에게 어떤 의미가 있을까?

물질적인 현상은 어떤 것이건 연기緣起할 뿐 고정된 실체가 없다. 『금강경』에서는 이를 두고 다음과 같은 사구게로 설한다.

인연에 따라 화합하는 모든 현상들은   一切有爲法
꿈, 환상, 물거품, 그림자와 같으며   如夢幻泡影

허깨비 같은 대상에 현혹되고
고락의 감정으로 생겨난 업장의 모습이
진정한 너 자신인지를
바로 깨달으라!

이슬과 같고 또한 번갯불과 같으니   如露亦如電

마땅히 이와 같이 보아야 한다   應作如是觀

오랫동안 깊은 수행을 하는 스님들은 생과 사를 둘로 보지도 않을뿐더러 생사를 한낱 꿈으로 바라본다. 사는 것과 죽는 것은 모두 환상에 지나지 않으며, 꿈을 벗어난 진여실상眞如實相에서는 생사 자체가 없기 때문이다.

문제는 고락의 감정이다. 업이라고도 하는 이것이 인과의 원인이다. 괴롭고 슬프고 불행하고 불만족스러운 느낌이 고苦의 감정이라면, 즐겁고 기쁘고 행복하고 만족스러운 느낌은 낙樂의 감정이다. '고의 감정'과 '낙의 감정'은 서로 떼려야 뗄 수 없는 한 몸이어서 어느 하나만을 선택하거나 버릴 수 없다. 좋은 감정이 생기면 반대편에 있는 나쁜 감정은 반드시 생기게 마련이고, 이 또한 인과의 모습이다. 젊은 시절이 있었으면 반드시 늙어야 하는 시기가 오듯이 '고의 감정'과 '낙의 감정'은 하나로서 존재한다.

중요한 것은 현상과 대상에 따라 좋고 싫은 감정이 생기는 게 아니라 순전히 내가 가진 고락의 업에 따라 그것들이 움직인다는 점이다. 몸이 아픈 것은 나쁜 업의 작용 때문이고, 좋은 사람을 만나는 것은 좋은 업의 작용 때문이다. 내가 경험하는 모든 것은 내가 가진 고락의 업 때문에 발생한다. 고락으로 생기는 업이 바로 근본적인 문제이다. 이 근본적인 문제를 해결하지 않고 좋은 것만 선택하려 한다면 영원히 육도윤회六道輪廻를 벗어나지 못한다.

　문제를 근본적으로 해결하려면 좋다 싫다 하는 분별에서 벗어나야 한다. 좋은 것을 선택하려는 분별심에서 나쁜 것이 생겨나는 법이니 육근六根에 감지되는 허깨비 같은 대상에 현혹되어 업을 쌓지 말아야 한다. 그래야 고락의 업이 소멸해서 일체의 현상에 대한 시시비비是是非非가 벌어지지 않고 생사가 사라진다. 중도, 해탈, 열반, 성불이니 하는 것들도 모두 여기에서 비롯된다. "너 자신을 알라"라는 소크라테스의 명언을 현대의 불교인들에게 전달하자면 이런 의미가 되지 않을까. '허깨비 같은 대상에 현혹되고 고락의 감정으로 생겨난 업장의 모습이 진정한 너 자신인지를 바로 깨달으라.'

도토리 하나의 힘

이솝이야기에 한 장면을 인용해본다.

잠들어 있던 토끼의 머리 위로 도토리가 떨어졌다. 놀라서 잠이 깬 토끼는 달아났다. 토끼가 달아나는 모습에 근처에 있던 동물들도 하나둘씩 달아나기 시작했다. 죽어라고 뛰어가는 동물들의 소리는 이내 뿌옇게 먼지를 일으키며 천지를 진동했고, 세상이 온통 아수라장으로 변해버렸다. 숨이 턱까지 차오르고 심장이 터질 듯 압박해 왔지만, 동물들은 오로지 뛰는 것에만 정신을 집중했다. 멀리서 이 광경을 지켜보던 사자가 있었다. 사자도 동물들을 따라 달아나기 시작했다.

사람들이 살아가는 모습은 거의 비슷하다. 아니 한결같다. 남들이 그렇게 살아가니까 나도 똑같이 살아간다. 뒤처지지 않으려면 그래야 한다고 생각한다. 부처님께서는 그 원인을 무명無明 때문이라고 하셨다. 무명은 밝지 못하다는 말로, 곧 어리석다는 의미이다. 어리석은 사람은 탐욕과 욕망이 가리키는 곳으로 계속 나아간다. 그곳에 파멸과 좌절이 기다리고 있다는 사실을 모른다. 남는 건 고통과 괴로움이다. 고통을 직시하신 부처님께서는 항상 탐욕을 버리라고 말씀하셨다. 무명이란 이처럼 사성제四聖諦와 연기緣起의 도리를 알지 못하는 것을 말한다.

고통을 멈추게 하려면 현명한 선제 대응이 필요하다. 선제 대응이라고 하니 거창하게 들릴 수 있고, 뼈를 깎는 수행과 초인적인 절제를 떠올리며 주눅이 들지도 모르겠다. 하지만 고통에서 벗어나는 일은 일상생활에서 사소한 습관 하나만 바꾸면 될 만큼 간단하다. 물론 습관 하나 바꾼다는 게 지구를 들어올리는 일만큼 어려울 수도 있다. 중생의 어리석음은 바로 고락苦樂의 분별에서 온다는 사실을 잊지 말아야 한다. 욕심을 부린 만큼 고락의 과보가 커지고 욕심을 줄인 만큼 고락의 과보는 작아진다.

즐겁고 기쁘고 만족스러운 것을 추구하는 심리상태가 욕심이다. 이러한 심리상태는 행위로 이어지기에 과보가 뒤따른다. 즐거움과 괴로움, 행복과 불행, 만족과 불만족은 시절인연에 따라 경험하는 시점이 서로 다르지만, 인과로 연결되어 있어서 언젠가는 반드시 과보로 돌아온다. 작은 즐거움은 작은 괴로움의 과보를 받고, 큰 행복은 큰 불행의 과보를 받으며, 적당한 만족은 적당한 불만족의 과보를 받는다. 이것이 간단하게 도식할 수 있는 인과의 모습이다. 부처님께서는 이 둘의 분별을 없애야 무명이 사라져서 본래 성품인 중도로 돌아간다고 하셨다.

욕심을 욕심으로 덮으려 한다면 인과에 따라 과보는 점점 커진다. 어려운 일이나 불편한 상황에 직면했을 때, 어렵다는 생각과 불편하다는 생각을 지우지 않는 한 어려움과 불편함은 사라지지 않는다. 사실 이런 경우가 일상생활에서 만나게 되는 가장 좋은 수행처이다. 이럴 때는 쉽다는 생각과 편하다는 생각 자체를 없애버려야 한다. 그러면 어렵다는 생각과 불편하다는 생각의 분별심이 사라지게 된다.

우리는 작은 상처 하나에도 사느니 죽느니 하며 힘겨워한다. 항상 이번 선택이 마지막 선택인 듯 혹시라도 잘못되지나 않을까 노심초사하며 보잘것없는 일에도 에너지를 낭비한다. 그러면서 정작 자신이 해야 할 일에는 최선을 다하지 못한다. 그러니 그토록 바라던 일을 성취하는 사람이 드물다. 당장 좋고 편한 것에만 관심이 쏠려 있으니 멀리 내다보아야 할 눈이 기능을 상실한 것이다. 이 눈은 미래를 예측하고 인생의 방향을 가늠하는 눈일 수도 있고, 자신의 존재 자체를 인식하고 본래의 자신[本性]으로 회귀하려는 눈일 수도 있다. 어느 쪽이건 눈은 현재 자신의 행위를 잘 살펴야 할 임무가 있다.

세속에서의 삶은 아무리 잘살고 모든 조건이 충족된다고 할지라도 좋다거나 싫다는 고락의 분별심을 만들어낸다. 하지만 분별심이 생길 때마다 상기하자. 작은 즐거움에는 작은 괴로움이 뒤따르고 큰 즐거움에는 큰 괴로움이 뒤따른다. 그래도 인과에 대한 믿음이 흔들린다면 이 사실을 명심하자. 일상의 모든 상황에서 분별된 생각을 하지 않으면 무엇을 선택하든 그 선택이 가장 옳은 선택이다. 좋다 싫다, 옳다 그르다 하는 분별을 놓아버리면 인과와 인연에 따라 모든 일이 완벽하게 진행된다.

도토리는 사소한 일 하나 때문에 발생한 분별심을 상징한다. 처음에 그것은 토끼 한 마리를 움직일 정도로 미약했다. 사실 이 정도에서 그쳤다면 별문제 없었다. 산짐승들이 하나둘 연쇄적으로 반응하면서 도토리는 더 이상 도토리가 아니었다. 먼지를 일으키며 천지를 진동하고 세상을 온통 아수라장으로 만들어버린 주범이 되었다. 인간의 감정도 마찬가지다. 미세한 하나의 감정이 복합적으로 증폭되어 누군가를 파멸시키기도 하고, 당장의 이득을 위해 취한 작은 행동이 거센 폭류가 되어 세계를 휩쓸어버리기도 한다.

공명조

『잡보장경』에 등장하는 공명조共命鳥라는 새 이야기이다. 공명조는
생명을 함께한다는 의미를 가진 새이다.

옛날 설산에는 공명조라는 신비한 새가 살고 있었는데, 하나의
몸에 두 개의 머리를 가졌다. 하나의 머리가 항상 맛있는 과실을
먹어서 몸을 안온하게 하려 하자 다른 하나의 머리가 이를 질투
했다.
'어찌하여 자기만 항상 좋고 맛있는 과실을 먹고 나는 먹지 못하
는가.' 그리하여 독이 든 과실을 먹었고, 모두 죽고 말았다.

중생들의 착각 중 하나는, 우리는 서로 다른 신체와 다른 의식을

가지고 있기에 각각 개별적인 존재라는 생각이다. 나와 남으로 구별하면서 나만 좋으면 그만이라는 식으로 남을 대한다. 대상과의 분별과 평등하지 않은 차별이 한시도 그치지 않는다. 어째서 이런 일이 벌어질까. 좋다 싫다 하는 고락의 분별심으로 인해 끊임없이 인과가 작용하므로 중생에게는 좋은 상대와 싫은 상대가 인연이 되어 계속 나타난다. 내가 아닌 대상으로 여겨 남이라는 존재가 있고, 나와 다르다는 분별을 하므로 좋다거나 싫다는 감정이 생긴다.

좋은 마음이 있으니 좋은 인연을 불러오고 나쁜 마음이 있으니 나쁜 인연을 불러온다. 깊은 의식 속에 모든 업業의 종자를 저장하고 이를 현실 세계에 현행시키는 근원적인 작용이 있다. 이런 작용을 하는 심층의식을 아뢰야식阿賴耶識이라고 한다. 아뢰야식에 좋은 인연을 불러들이는 업의 종자가 없다면 절대로 좋은 인연은 오지 않으며, 나쁜 인연을 불러들이는 업의 종자가 없다면 나쁜 인연은 얼씬도 못 한다. 이런 것을 동류인同類因과 동류과同類果의 인과因果라고 한다. 우리가 지금 보고 듣고 느끼는 것도 모두 아뢰야식에 저장된 종자들에 의해서 영향을 받는다.

인과의 이론은 이처럼 간단하게 정리된다. 그렇다고 해서 세상 사는 일을 만만하게 볼 수는 없다. 지금 그렇게 생각하는 것도 업의 종자가 작용한 탓이다. 과거생을 무수하게 거치며 쌓여 온 업식業識은 쉽게 사라지지 않는다. 이런 업식이 항상 좋고 즐거운 일만 몰고 온다면 다행이겠지만, 반대의 경우가 훨씬 많으니 힘들다. 세상에는 죽지 못해서 산다는 사람들도 많다. 본인에게 쌓여 있는 업식도 두꺼운데 그걸 견디려니 몇 배는 더 힘들게 느껴지는 것이다. 가지고 있는 업의 무게에다 번뇌까지 추가하니 얼마나 고통스럽고 슬픈 삶인가.

이럴 때는 전생에 지었던 죄업을 반성하며 십선계+善戒를 잘 지켜나가겠다는 참회를 해야 한다. 이것을 사참事懺이라고 하는데, 사참을 하면 확실히 악업의 종자가 줄어든다. 악업의 종자를 완전히 소멸시키려면 계·정·혜 삼학을 통해 무아를 깨닫는 이참理懺을 해야 한다. '죄라고 하는 고정된 자성은 없으며 마음 따라 일어난 것'이라는 말이 있다. 그런데 이참은 수행에 집중할 수 없는 일반인들에게는 쉽지 않다. 악업을 깨끗하게 끊어내는 효과야 보장되어 있지만, 공空에 대한 도리를 확실하게 깨달아서 타파해야 하기 때문이다.

계·정·혜 삼학을 통해 무아를 깨닫는 것은 제법무아諸法無我의 경지에 도달하는 것이기도 하다. 불보살이나 마음을 깨친 조사들은 분별된 마음이 없어서 고락의 인과 또한 없다거나, 나와 남이 따로 없고 나고 죽는 생사生死와 생멸生滅이 없다고 하는 것은 그분들은 이미 제법무아, 제행무상, 열반적정의 경지에 도달해서 철저한 공의 상태에 머물러 있기에 가능한 설명이다. 경전에서는 열반의 상태를 상락아정常樂我淨이라고 표현한다. 인과가 모두 소멸했으므로 고락의 분별이 없고 괴로움[苦] 없이 항상 즐거움[樂]만 유지된다.

현실적으로 우리에게는 사참을 통해 매일 십선계를 떠올리며 자신의 죄를 닦아내거나, 어떤 일을 당하더라도 옳고 그름의 분별을 하지 않고 감정이 동요되지 않도록 자신의 마음을 들여다보는 것이 중요하다. 평소에 이렇게만 하더라도 신·구·의 삼업으로 인한 과보가 조금씩 줄어든다. 좀 더 신속하게 죄업을 닦아내려면 참선과 기도, 보시와 정진의 힘을 빌릴 수도 있다. 염불 수행이나 다라니 등 주력 수행의 공덕 또한 적지 않다. 일정 기간의 기도 수행으로 마음이 편안해지고 환희심이 올라오는 경험을 한 신행자들은 많다. 무어라고 뚜렷하게 내세울 수는 없지만, 어렴풋하게나마 마음속에서 연기와 인과의 의미를 깨닫기 시작했기 때문에 마음이 편안해지면서 행복감이 밀려오는 것이다.

그리고 기도 수행을 해보면 조금씩 알아가는 게 있다. 특별히 책을 찾아보거나 누군가에게 들은 적 없어도 은연 중에 느껴진다. 이전부터 알고는 있었지만 머릿속 여기저기에 흩어져 있어서 복잡하던 것들이 하나로 꿰어지며 이해되는 경우도 생긴다. 좋은 마음과 나쁜 마음은 하나의 개념으로 생기는 대립된 쌍이다. 좋은 마음이 있으니 나쁜 마음이 있고 나쁜 마음이 있으니 좋은 마음이 있다. 그러니 좋은 일이 있다고 해서 특별히 즐거워하지도 않고 나쁜 일이 있다고 해서 특별히 우울해지지도 않는다. 이런 식으로 뭇 생명들이 서로가 나와 남으로 여겨져서 다르다고 생각하지만 결국은 한 몸이라는 것을 깨달아간다.

공명조는 부처님과 제바달다의 전생담이다. 부처님께서는 숙명통宿命通을 이용해 다음과 같이 말씀하신다. 그 옛날 맛있는 과실을 먹은 머리는 석가모니 부처님 당신이고 독이 든 과실을 먹은 머리는 제바달다였다. 숙명통이란 자신과 타인이 지난 세상에서 행했던 모든 일을 훤히 아는 신통력을 말한다. 제바달다는 부처님의 사촌 동생이다. 출가하여 그의 제자가 되었으나, 승단을 물려줄 것을 거절당하자 앙심을 품고 여러 차례 부처님을 살해하려고 시도했던 인물이다. 이미 부처님과 한 몸인 제바달다는 그 사실을 알아채지 못하고 자신의 감정을 주체하지 못해서 스스로 자멸하고 만 것이다.

귀신의 집착

물건에 집착해서 시비가 생기는 건 사람의 일만은 아닌가 보다. 이미 육신을 벗어나서 물질적인 재화財貨는 쓸모가 없는 귀신들에게도 다툼의 대상이 된다니 말이다.

귀신 둘이 싸우고 있었다. 상자 하나와 지팡이 한 자루, 신발 한 켤레를 두고 서로 자기가 가지겠다고 다투는 중이었다. 지나가던 사내가 상자와 지팡이, 신발이 도대체 어떤 힘을 가졌기에 그렇게 싸우는 거냐고 물었다.

"이 상자에서는 음식과 의복, 침구 등 온갖 물건들이 나옵니다. 이 지팡이를 잡으면 어떤 원수라도 물리쳐서 감히 대적하지 못합니다. 그리고 이 신발을 신으면 날 수 있습니다."

사내는 귀신들에게 잠시만 비켜서 있으면 이 물건들을 공평하게 나누어 주겠다고 했다. 귀신들은 물건을 사내에게 건네고는 거리를 두고 떨어졌다. 그러자 사내는 상자와 지팡이를 들고 신발을 신은 채 공중으로 날아가버렸다. 어찌해야 할지 몰라서 다급해진 귀신들에게 사내가 공중에서 소리쳤다.

"너희가 다투는 이 물건들을 내가 가져가니, 너희는 이제 다투지 않아도 된다."

해탈하지 못하고 죽은 귀신에게는 집착만 남는다고 한다. 이렇게 남아 있는 집착 때문에 육도六道를 윤회하는 숙명에서 벗어나지 못한다. 개인이나 집단, 민족 간에도 전쟁이 한창이다. 무력으로 도발하는 전쟁만 있는 게 아니다. 미래의 먹거리를 선점하겠다는 집념도 또 다른 형태의 전쟁으로 발전한다. 기업이나 국가를 중심으로 펼쳐지는 이러한 전쟁을 경제 전쟁이라 부른다. 절대로 내 것을 빼앗기지 않겠다는 생존 본능은 흡사 항전 의지와도 같다.

나라마다 행복지수가 다르기 마련이다. 대다수는 잘사는 나라일수록 행복지수가 높고 가난한 나라일수록 행복지수가 낮다고 생각한다. 그러나 잘산다고 해서 모두 행복할 수 없고 못산다고 해서 불행하지도 않다. 2023년 국가별 행복지수가 가장 높은 나라는 핀란드라고 한다. 핀란드는 6년 연속 1위를 차지했는데, 행복지수를 높이는 요인으로는 높은 삶의 질과 높은 사회적 신뢰, 강력한 사회 안

전망 등이 있었다. 같은 지표에서 우리나라는 57위를 차지했다. 세계 최강국이라는 미국은 15위이다. 행복지수는 국가와 사회, 그리고 집단이 얼마나 부를 축적했는지에 달렸다기보다 궁극적으로 개인의 행복과 불행을 기준으로 좌우된다.

개인의 행복과 불행은 각자 가지고 있는 업業에 의해 영향을 받는다. 좋다 싫다 하는 고락苦樂을 분별하는 데서 인과因果가 발생하며, 시절인연에 따라 과보果報를 불러온다. 누구에게나 좋은 업과 나쁜 업이 절반씩 있어서 특별히 행복한 사람이나 특별히 불행한 사람은 없다. 더욱이 좋은 업과 나쁜 업은 하나의 인과를 이쪽과 저쪽에서 바라보는 상대적인 개념으로써 우리 감정에도 영향을 미친다. 명심할 점은 즐거운 업이 가면 괴로운 업이 오고, 괴로운 업이 가면 즐거운 업이 온다는 사실이다.

업의 관점으로 보면 환경을 탓할 수도 없다. 사회적 시스템 때문에 힘든 게 아니라 하필이면 그때 나쁜 업이 시절인연을 만났던 것이고, 공동체가 나에게 혜택을 준 게 아니라 운 좋게도 그때 좋은 업이 작용하도록 조건이 갖추어졌던 것이다. 근본적인 원인은 대면하고 있는 상황이나 대상을 있는 그대로 보지 못하는 무명無明에서 비롯되었고, 거기에 '좋다'거나 '싫다'는 고락의 감정까지 없었으므로 인과가 작용해서 과보로 이어진 것이다.

우리는 이러한 인연과보因緣果報를 반복하며 고통의 바다를 윤회한다. 윤회의 사슬을 끊으려면, 매사에 좋다거나 싫다고 분별하는 마음을 갖지 말아야 한다. 좋은 것만 추구하려는 집착에서 벗어나야 한다. 그래야 과보를 피할 수 있다. 사실 선업善業과 악업惡業은 구별되지만 업 자체는 선한 것도 아니고 악한 것도 아니다. 인과의 작용과 과보의 발생도 마찬가지다. 밀물을 선이라고 할 수 없고 썰물을 악이라고 할 수 없듯이, 선도 아니고 악도 아닌 무기無記이다. 그저 있는 그대로 바라보면 그만인 것을 여기에 좋다느니 싫다느니 감정을 섞으면서 끄달리며 살고 있으니 과보를 피할 수 없는 것이다.

모든 일을 인과와 인연의 과보에 맡기고 편안한 마음을 유지하도록 하자. 분별하지 말라는 말은 어떤 쪽으로든 극단으로 치우치지 말라는 말이다. 집착을 내려놓으라는 말이다. 눈앞에 보인다고 해서 상자에 집착하고, 지팡이에 집착하고, 신발에 집착해봤자 나와 인연 없으면 어차피 꿈이고 환상일 뿐이다. 사람의 몸을 받아서 귀신처럼 살 이유는 없지 않은가. 사람답게 살려면 기도와 보시를 일상적으로 실천하는 게 좋다. 육근六根이 청정해져서 보는 것마다 듣는 것마다 걸림 없이 편안한 마음을 갖게 될 것이다.

천국과 지옥

초등학생도 알고 있는 지옥과 천국의 풍경이다. 어느 곳이 지옥이고 어느 곳이 천국인지는 말하지 않아도 알 수 있다.

며칠을 굶은 사람들이 자신의 팔 길이보다 훨씬 긴 숟가락으로 밥을 먹어야 한다. 업(業)이 두터운 사람들은 결국 한 수저도 먹지 못한다. 그러나 좋은 업을 가진 사람들은 모두 밥그릇을 깨끗이 비우고 배가 불러 만족할 수 있다. 업이 두터운 사람들은 혼자만 먹으려다 굶게 되었고, 업이 좋은 사람들은 서로를 떠먹여 주었기 때문이다.

욕심을 부리면 욕심을 부린 만큼 과보를 받게 되므로 괴로움을 부르지만, 좋다거나 싫다는 분별을 하지 않으면 욕심이 사라져서 지혜로운 행동이 저절로 나온다. 삶이란 무수한 일들을 만나게 되는 현장이다. 예상치 못하고 억울하게 당하는 일들도 부지기수고, 시비를 따져야 할 일들도 많다. 아주 사소한 일에서부터 커다란 일에 이르기까지 하나하나 신경을 쓰다보면 숨이 막힐 지경이다. 괴로움의 근원은 무지이고, 무지하기 때문에 태어남과 죽음을 반복한다. 그런 게 삶이다.

불교에서는 인생의 유전을 '혹惑-업業-고苦'라는 말로 요약해서 설명한다. 이때 혹이란 미혹迷惑의 준말로서 착각이나 잘못된 앎에 의해서 일어나는 탐·진·치 삼독심이자 번뇌이다. 업은 미혹 때문에 행하게 되는 선하거나 악한 행위를 말한다. 이런 행위는 좋다느니 싫다느니 하는 감정으로 발생한다. 이 업에 따라 어쩔 수 없이 받게 되는 과보가 바로 괴로움[苦]이다. 삶의 이런 구조를 '3도三道'라고 하는데, 12연기十二緣起를 축소해놓은 모델이라고 할 수 있다.

현대사회는 어느 때보다 스트레스가 많은 시대다. 그만큼 사람들의 신경이 예민하다. 과학과 문명이 발달해서 전에 없던 풍요를 누리며 옛날에 비할 바 없는 수준의 편리한 세상이 되었지만 특별히 좋아졌다고 말하기도 힘들다. 오히려 더 못해졌다고 할 수도 있다. 예나 지금이나 우리를 둘러싸고 있는 환경 조건은 달라진 것이 없다. 하늘과 땅도 그대로이고, 해와 달이 뜨고 지는 시간도 전과 다르지 않다. 그럼에도 불구하고 많은 사람들이 예전보다 못한 세상이라고 생각한다.

근본적인 이유가 무엇일까? 좋지 않은 업을 가진 사람들이 많아지고 모이면서 공업共業을 형성했기 때문이라고 해석할 수 있다. 좋지 않은 업들이 모인 공업의 시대일진대 아무래도 좋은 과보를 기대하기는 힘들다. 이는 환경이나 주변 여건과는 별개의 문제이다. 최첨단의 물질문명이 가져다준 풍요와 편리가 우리를 행복하게 할 것이라 믿었지만, 물질의 풍요는 정신의 건강으로 이어지지 않고 생활의 편리는 마음의 불편함을 덜어주지 않는다는 사실을 뒤늦게 실감하는 중이다. 어떤 이들은 말법시대末法時代라서 그렇다는 이야기를 하기도 한다.

부처님께서도 『대집경』 등에서 말법시대를 거론한 적이 있다. 부처님께서 열반에 드신 이후 500년까지를 정법시正法時라고 하는데, 부처님의 교설이 계승되고 수행이 실천되어 증과證果(수행의 과보로 얻는 깨달음)를 얻는 이들이 있으므로 그로 인한 구제가 가능한 시기이다. 그 이후 1천 년을 상법시像法時라고 하며, 이 시기에는 교설과 실천 수행만 계승될 뿐 증과하는 이가 없어서 구제받을 수도 없다. 이후 1만 년 동안이 말법시대이다. 교법만 잔존할 뿐 부처님의 가르침을 수행으로 옮겨 깨닫는 이가 없는 시대이다.

말법시대를 살고 있다니 애석하고 슬픈 일이지만, 그렇다고 마냥 슬퍼할 수만은 없다. '맹구우목盲龜遇木'이라고 하지 않던가. 큰 바다에 사는 눈먼 거북이 100년에 한 번씩 물 위로 머리를 내놓는데, 그

때 마침 바다를 떠다니던 구멍 뚫린 나무판자를 만나서 쉴 수 있는 확률. 겨우 그만큼의 확률로 다음 생에 우리는 인간의 몸을 받을 수 있고 불법佛法을 만난다. 우리는 우리에게 주어진 삶을 살아야 하고, 사는 동안 우리가 해야 할 일을 해야 한다. 이 시대에 우리가 해야 할 일이란 한 곳으로 나뉘는 천국과 지옥에서 느껴지듯 탐욕의 마음을 내려놓는 일이다. 그것만이 행복을 우리 시대에 더 오랫동안 머물 수 있게 하는 길이다.

요즘 들어 어렵고 힘들었던 보릿고개 시절의 향수를 느끼는 사람들이 많아졌다. '세월이 지났으니 지난 시간이 그리워서'라고 생각할 수도 있으나, 그렇게만 치부할 일도 아닌 듯싶다. 부처님께서는 이 세계는 특별한 능력을 가진 누군가가 창조한 것이 아니라 중생 각자의 업력에 의해 만들어졌다고 하셨다. 좋은 일이나 나쁜 일은 그냥 생기는 것이 아니다. 좋은 일이건 나쁜 일이건 개인의 별업別業과 사회의 공업이 씨앗이 되어 싹트는 것이다. 천국의 풍경이건 지옥의 풍경이건 우리의 업력으로 만들어진다면 선택은 우리 몫이다. 더욱 업장을 두텁게 다져서 지옥을 만들든지, 아니면 조금씩이라도 업장을 소멸시켜서 천국을 만들든지.

쓸모없는 유산

『백유경』에 나오는 이야기이다. 현실에서는 이렇게 어리석은 사람이 없을 거라고 생각하지만, 우리 주변에는 이보다 더 바보 같은 일들이 벌어진다.

아버지의 유산을 물려받은 형제가 있었다. 형제는 공평하게 나누어 가지라는 유언에 따라 유산을 분배했다. 그러나 서로가 불만이었다. 아버지의 친구를 찾아가 중재를 부탁했다. 아무리 나누어도 불만이 사라지지 않는다고 하자 아버지의 친구는 어느 쪽으로도 치우치지 않고 고르게 나누는 방법을 가르쳐 주었다. 모든 물건의 가운데를 잘라서 똑같이 나누는 것이다. 만족스러운 대답을 듣고 돌아온 형제는 모든 것을 똑같이 반으로 잘랐다.

집도 자르고, 식탁도 자르고, 옷도 자르고, 키우던 돼지와 닭도 똑같이 반으로 잘랐다. 모든 것을 자르고 나자 유산은 쓸모없는 것이 되어버렸다.

언젠가 '못 먹는 감 찔러나 본다'라는 말에 한참 웃었던 기억이 있다. 웃다 보니 문득 웃고 넘길 만한 일이 아니라고 여겨졌다. 사바세계 남섬부주에 태어나 중생의 모습으로 살면서 '못 먹는 감'이라고 찔러 보지 않은 사람이 과연 몇이나 될까? 많지 않을 것이다. 이 속담은 자신이 가질 수 없으니 다른 이도 갖지 못하게 하려는 뒤틀린 심사를 드러낸다. 'That's sour grapes.'라는 비슷한 의미의 영어 표현이 있는 것으로 보아 본능적인 질투와 지기 싫어하는 오기는 인간의 보편적인 감정인 게 분명하다.

　마음 보따리가 문제다. 이 마음 보따리를 풀어서 잘 쓰면 복을 받지만 잘못 쓰면 화를 입는다는 것은 누구나 안다. 그러나 딱 거기까지다. 내 마음이라지만, 마음이 어떻게 이루어졌는지 근원을 모르니 마음을 운영할 능력이 갖추어질 리 없다. 마음은 좋으니 싫으니 하는 고락苦樂의 업식業識에 영향을 받는다. 청정한 중도의 마음과 달리 몸의 행위, 입의 행위, 생각의 행위는 모두 고락의 업식으로 이루어져 있으며, 현실에서의 행위로 거듭 현행現行되면서 다시 고락의 업식을 만든다. 삼업三業이라고 일컬어지는 몸과 입과 생각의 행위는 이런 식으로 윤회한다.

알다시피 잘못된 마음은 나쁜 과보를 끌어들인다. 잘못된 마음을 냈으니 나쁜 과보를 받는 것은 당연하다. 하지만 잘 되었으면 하는 욕심 때문에 나쁜 과보를 받는 것도 인과因果의 이치다. 지금 맛있는 음식을 먹으면서 즐겁고 행복하다면, 언젠가 맛없는 음식을 먹으면서 괴롭고 불행한 시기가 찾아온다. 가족들 때문에 기쁘고 즐거웠던 적이 있었다면, 가족들 때문에 슬프고 괴로운 시간도 머지않았다. 그러니 복권에 당첨되어 큰돈이 생겼다고, 길을 걷다가 우연히 행운을 만났다고 좋아할 일이 아니다. 그것이 원인[因]이 되어 슬픔과 괴로움의 과보[果]가 오고 있으니 말이다. 이때 느끼는 슬픔과 괴로움의 질량은 그것의 원인이었던 행운의 질량과 똑같다.

원하지 않는 일 때문에 고통을 느끼면, 우리는 그것의 원인을 찾기 위해 온갖 수단과 방법을 동원한다. 타협을 하기도 하고, 상담이나 치료를 받기도 하며, 술을 마시고 엉망진창이 되기도 한다. 사실 계속 거슬러 올라가보면 최종적으로 발견되는 원인이 있다. 우리가 태어났기 때문이다. 태어나지 않았다면 고통을 느낄 수도 없을뿐더러 고통이라는 개념 자체가 없다. 그것을 느끼거나 의식하는 내가 없으니 말이다. 옳으니 그르니 따지다 보면 시비를 부르고, 좋으니 싫으니 분별하다 보면 고락을 부른다. 이것을 멈추어야 고통에서 벗어날 수 있다.

불교에서는 고통을 여덟 가지로 나누어 설명한다. 생·로·병·사의 네 가지 고통은 누구나 알고 있으니 설명할 필요도 없다. 이외에

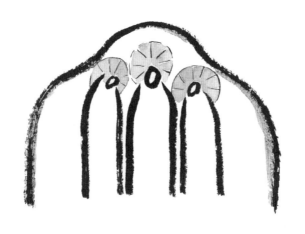

옳으니 그르니 분별하지 않고,
좋으니 싫으니 분별하지 않는다면
본래의 우리 마음엔
괴로움이 붙을 자리가 없다.

도 애별리고愛別離苦, 원증회고怨憎會苦, 구부득고求不得苦, 오온성고五蘊盛苦가 있다. 애별리고는 사랑하는 것과 헤어져야 하는 고통이고, 원증회고는 싫어하는 것과 만나야 하는 고통을 말한다. 구부득고는 욕심대로 구하려 해도 충족할 수 없기에 따르는 고통을 일컫는데, 오온성고가 좀 특별하다. 글자 그대로 해석하자면 오온이 치성해서 생기는 고통이라고 할 수 있다. 우리 인간을 구성하는 색·수·상·행·식의 다섯 가지가 너무 왕성하게 작용하기 때문에 고통을 받는다는 의미이다.

부처님께서는 일체중생이 모두 부처의 성품을 가지고 있다고 말씀하셨다. 그런데 이처럼 청정한 성품을 시절인연에 따라서 잠시 합쳐진 색·수·상·행·식의 오온이 덮고 있다. 그러니 얼마나 고통스러운가. 마음의 본체는 원래 맑고 순수해서 분별도 없고 인과도 없고 과보도 없다. 아무것도 없는 허공을 상상해보자. 그런 게 원래의 마음이다. 중도의 마음이고 부처의 마음이다. 이 자리는 시작도 없고 끝도 없으며, 거침없이 자유롭다. 여기에 괴로움이니 슬픔이니 불행이니 하는 것이 어디 있는가. 이것을 오온이라는 거칠고 투박한 것이 덮고 있으니 괴로울 수밖에. 질투와 오기도 오온에서 비롯된 것이다.

옳으니 그르니 따지던 시비가 다시 시비를 낳아서 물려받은 유산을 반 토막으로 자르게 했고, 좋으니 싫으니 분별하던 고락이 다시 고락을 낳아서 유산을 아예 못 쓰게 만들었다. 형제 중 하나라도 시비와 고락의 분별을 하지 않았더라면, 유산이 고스란히 상속되어 다복한 삶의 밑천이 되었을 것이다. 우리에게는 이보다 훨씬 크고 자유롭게 사용할 수 있는 유산이 있다. 이 유산을 남김없이 물려받으려면 어떤 상황에서도, 어떤 일을 하더라도, 어떤 사람을 만나더라도 분별을 멈추어야 한다. 옳으니 그르니 분별하지 않고, 좋으니 싫으니 분별하지 않는다면 본래의 우리 마음엔 괴로움이 붙을 자리가 없다.

천도재

경허 스님의 제자로 널리 알려진 혜월 스님의 일화다.

신도 한 분이 찾아오더니 천도재薦度齋를 지내달라며 100원을 시
주했다. 당시 쌀 한 가마니에 1~2원 정도 할 때였으니 천도재 비
용으로서는 상당히 큰 액수였다.

장을 보러 나간 혜월 스님은 길가에서 아이를 안고 울고 있는 여
인을 발견했다. 무슨 일이냐고 물으니 월세를 못 내서 쫓겨났다
는 것이다. 몇 해 전 결혼을 했는데, 여러 해 동안 큰 병에 걸려
몸져누운 남편의 병수발을 하느라 빚까지 지게 되었다. 그나마
남편마저 죽고 이제는 혼자서 빚을 갚으며 아이를 키우고 있다
고 했다. 빚이 얼마냐고 물으니 80원이라고 했다. 스님은 여인에

게 80원을 꺼내주었다. 그리고 먹을 양식은 있느냐고 물었다. 여인은 고개를 저었다. 스님은 다시 20원을 건넸다. 함께 있던 원주 스님도 이 일을 말릴 수가 없었다. 주머니에 있는 돈을 모두 주고 나니 장을 볼 수가 없어서 그냥 돌아가야 했다. 다음 날 천도재를 지내러 재주齋主들이 올라왔다. 미안한 마음이 든 스님은 자초지종을 이야기했다. 펄펄 뛰고 난리가 날 줄 알았는데, 재주는 스님의 손을 덥석 잡으며 천도재를 지낼 비용으로 다시 100원을 시주했다. 그러면서 이렇게 말했다.

"스님, 고맙습니다. 저희 조상님을 천도하시려고 진짜 재를 지내주셨군요."

혜월 스님도 대단하시지만, 천도재를 지내러 온 재주도 큰스님들 못지않게 대자대비한 마음을 가진 분인 듯하다. 천도재라는 것은 영가靈駕(죽은 이의 혼령)가 삼악도三惡道에서 마음을 돌려 삼선도三善道로 옮겨 가라고 설득하는 불교 의식이다. 삼악도는 지옥도, 아귀도, 축생도이고, 삼선도는 천상도, 인간도, 수라도이다. 천도 의식에서 주로 염불하는 내용은 좋으니 싫으니 고락을 분별하는 마음을 버리라는 의미를 담고 있다. 그동안 인간으로 살면서 몸과 말과 생각으로 지은 많은 것들을 참회하고 삼업三業을 맑게 하라는 것이다.

제사祭祀와 재齋는 다르다. 제사는 신령이나 죽은 사람의 넋에게 제물을 바치고 정성을 올리는 의식이고, 재는 삼업을 맑게 하고 승가를 공양하며 베풂을 행하는 불교 의식이다. 승가 대중이 정오에 한자리에 모여 회식하는 일을 재식齋食이라고 하는데, 이처럼 재는 부처님 재세 시부터 중요한 행사로 전해져왔다. 간단하게 말해서, 제祭는 귀신을 섬기는 일이지만 재齋는 영가에게 불법을 전하는 일이다. 그러니 천도재를 모시는 재주 또한 물심양면으로 분별심을 내려놓아야 한다. 좋다거나 싫다고 분별하는 마음을 떠나서 영가가 부처님 말씀을 잘 알아듣도록 정성을 다해야 한다.

스님 중에는 재를 지내는 비용은 정성과 비례한다며 형편 닿는 대로 최대의 비용을 쓰는 것이 좋다고 말하는 분들이 있는데, 간혹 이 말 때문에 오해를 사기도 한다. 이렇게 생각해보자. 산 사람이나 죽은 영가나 좋으니 싫으니 분별하는 마음을 떠나야 인과因果에서 자유로워져 지옥도의 괴로움에서 벗어날 수 있다. 그러려면 가지고 있다는 집착, 내 것이라서 아깝다는 집착에서 벗어나야 한다. 이 또한 탐·진·치 삼독심이기 때문이다. 재에 사용되는 물품은 대중들을 위한 공양물인데, 조금이라도 더 많은 대중에게 보시하면 그만큼 더 좋은 일 아닌가.

집착하지 않는다면 영가뿐 아니라 영가를 모시는 재주들에게도 이로운 과보를 불러온다. 물심양면으로 비워야 한다. 고락에 집착하지 않듯 돈에도 집착하지 않아야 한다. 가장 쉽게 비우는 방법은 자신이 가진 것을 선뜻 내놓는 일이다. 집착을 버리고 마음을 비우라는 의미로 능력이 되는 범위에서 가능한 한 큰 비용을 할애하라고 했던 건데, 이 말이 옳으니 그르니 하며 시비를 따지고 좋으니 싫으니 하며 감정을 덧붙인다. 어떤 돈인데 하며 가슴 속에서 불같은 감정이 솟구치니 얼굴마저 울그락불그락 달아오른다. 이렇게 천도재를 지내는데 공덕이 생길 리가 없다.

들어올 것은 들어오고 나갈 것은 나가게 마련이다. 이 또한 인연因緣과 연기緣起의 법칙이니 막을 길이 없다. 애를 써서 막는다고 오는 것을 막을 수 없고, 안간힘으로 붙잡는다고 가는 것을 잡을 수 없다. 사람이나 마음만 그런 게 아니라 돈이나 재물도 마찬가지다. 지금 당장 돈이 나간다고 손해가 아니라는 것을 알아야 한다. 집착한다고 내 곁에 붙잡아둘 수 있다면 모르지만, 인연 따라서 들락거리는 것에 매달려본들 본인만 힘들다. 그럴 바에야 여러 중생에게 이로운 쪽을 선택하는 게 낫다.

보시布施란 조건 없이 주는 것이다. 조건 없이 주기 때문에 마음이 편안해지는 것이고 마음이 편안해지니 당연히 좋은 과보를 불러온다. 보시에도 나쁜 보시와 좋은 보시가 있다. 이득을 취하기 위해 현실을 위장하는 보시가 있고, 좋은 일에 사용된다면 아낌없이 주는 보시가 있다. 나쁜 보시에 과보가 따르듯 좋은 보시에는 복덕이 따른다. 법보시法布施와도 같다. 혜월 스님이 행하셨던 이런 보시는 복이 되어서 재물을 쓰더라도 다시 채워지는 힘이 있다. 보시는 마음속의 탐욕을 없애주고, 받은 이의 음덕을 입게 되며, 세세생생

훌륭한 모습으로 다시 태어날 수 있게 하는 세 가지 공덕이 있다.

중요한 건 '내가, 누구에게, 무엇을 보시했다'는 생각이 비워져야 한다는 점이다. 이것을 '무주상보시無住相布施'라고 한다.

흐름을 따르다

이 이야기는 '노파가 암자를 불태우다'라는 뜻의 '파자소암^{婆子燒庵}'이라는 공안이다. 『오등회원』 『선문염송』 등에 수록된 공안으로 선불교에서 스승이 제자에게 마음을 깨치도록 내려주던 문구이다.

옛날 어느 노파가 한 암주^{庵主}를 20년 동안 공양하였는데, 항상 딸을 시켜 밥을 보내어 시중들게 하였다. 하루는 딸에게 그 암주를 껴안고 '젊은 여자에게 안긴 기분이 어떠냐'고 묻게 하였다.

그 암주가 "마른 고목이 차가운 바위에 기대어 있으니, 삼동에 따스한 기운이 없는 것과 같소(枯木倚寒巖 三冬無暖氣)"라고 하였다. 딸이 돌아와 노파에게 사실대로 전하니, 노파는 "내가 20년 동안 저런 속된 놈을 공양하였을 뿐이구나!"라고 하면서 마침내 분연히 일어나 암자를 불태워버렸다.

"일등 수좌는 말이 끊어진 언어도단言語道斷이니 말하지 않겠다. 이등 수좌는 수류거隨流去여서 분별 없이 상황의 흐름에 따른다. 이미 너와 나라는 분별심이 사라졌다. 주객主客과 능소能所가 사라진 것이다. 삼등 수좌는 아무 감각이 없다는 표정을 짓기는 하나 공空에 대한 집착에서 벗어나지 못하고 있다. 바로 저 수좌처럼 삼동 고목에 차디찬 바위 어쩌고 하는 부류이다. 열등 수좌는 자신의 고락업력苦樂業力에 끄달려 색욕色慾에 탐착하고 만다."

선기禪氣가 번뜩이는 노보살님이다. 거의 마음을 깨친 수준인 듯하다. 예전엔 수행력이 높은 스님도 많았지만, 이 노보살님처럼 속가에 살면서 상당한 수준의 경지에 오른 분들이 적지 않았다. 요즘에도 이런 분들이 있을까?

인과에 관해 이야기하면, 먹고 살기도 힘든데 무슨 귀신 씻나락 까먹는 소리냐고 힐난하는 사람들이 많은 건 분명하다. 각박한 세상 살아가는 것만도 벅찬데, 빵 한 조각이 진리라는 말이다. 하지만 매 순간 먹고 사는 타령만 하다 속절없이 생을 마칠 것인지 진지하게 고민해야 한다. 그리고 지금 우리는 이 시간만 살고 있다고 생각하는 건 아닌지, 그렇게 살면 짐승의 삶과 무엇이 다른지 성찰해볼 필요도 있다. 짐승은 업業의 과보를 받고 있어도 더 이상의 업은 짓지 않는다. 의지로 사는 것이 아니기 때문이다.

먹고사는 일, 부모와 자식을 사랑하는 일, 가족과 공동체를 보호하는 일 등은 동물 세계에서도 행해지는 일이다. 하지만 천륜을 저버리고 자연을 파괴하며 더 가지려는 것 등은 하지 않기에 인간보다 나은 면도 있다. 인간에게는 탐·진·치 삼독심이 문제이고, 그것으로 인해 다가오는 업의 과보를 떠안아야 하는 더 큰 문제가 있다. 더 갖지 못해서 억울해하는 이들, 조금 손해를 봤다고 죽자고 덤비는 이들, 마음에 들지 않는다고 싸움을 일삼은 이들, 경쟁에서는 무조건 이겨야 직성이 풀리는 이들. 나는 이런 이들과 얼마나 다른가.

시비를 따지고 화를 내는 게 나만 그런 거냐고 되묻는 이들도 있지만, 스스로에게 던질 질문이다. 인연과보를 알면서도 잘 안 된다는 이들도 있다. 이런 경우는 건망증이라고 감싸기에도 좀 안일한 태도이다. 존재 자체를 위태롭게 하는 데 대한 변명치고는 어쩐지 너무 가볍다. 인과에 대한 무지는 생명 활동을 위한 근간을 흔들기에 충분한 위력을 발휘하기 때문이다.

자신이 어떤 행위를 하건 마음이 편안하다면 나무랄 바는 없다. 인간의 욕심에는 인과가 작용해서 언제나 괴로움이 따르기에 마음이 편할 리 없다. 당장 만족감을 얻을 수는 있어도 머지않아 불안감과 불만족으로 바뀌어서 우리를 괴롭힌다. 진정으로 마음을 비워야 탐·진·치가 녹아서 과보가 따르지 않는다. 조건 없이 보시했을 때와 타인에 대한 배려만으로 헌신했을 때를 떠올려보면 알 수 있다. 어떤 상황에서라도 그 순간이 편안해야 한다. 그 순간이 바로 자신에게 주어진 현재이고, 현재가 꾸준해지면서 영원히 편안함을 얻는다.

중생의 근기가 천차만별이어서 부처님께서는 중생의 근기에 따라 천차만별의 수행 방편을 세우셨다. 세속의 인연을 끊어버리고 외부와 단절된 선방에 앉아서 화두를 참구하는 것만 수행이라고 아쉬워할 이유가 없다. 원하는 바가 이루어지지 않아서 속이 상할 때, 근심 걱정이 생기거나 무기력할 때, 두렵고 무서울 때도 인과를 생각하자. 인과는 한 치의 오차도 없어서 지금 처한 상황 이후를 예측할 수 있게 한다. 밤이 깊을수록 새벽에 가까운 것이고 겨울이 추워질수록 따뜻한 봄에 다다른 것이다.

인과에 대한 믿음보다 수승한 방편은 '분별하지 않는 것'이다. 옳다 그르다 하며 시비 분별하지 않고, 좋다 싫다 하며 감정을 분별하지 않으면 인과조차 없어서 좋은 일이건 싫은 일이건 생기지 않는다. 그대로 적멸이고, 그대로 중도이다. 아직도 어둡고 칙칙한 산속을 헤매고 있어서 고단하다면, '수류거'하라! 흐름을 따라가라는 말이다.

내 인생은 나의 것

『삼국유사』탑상편, 〈남백월이성〉조에 나오는 것으로 친구끼리 맹세하고 수도에 정진하던 중 관음의 화신이 도와주어 성불한 노힐부득과 달달박박에 관한 설화이다.

노힐부득과 달달박박은 한동네 출신으로 서로 뜻한 바가 있어서 처자를 버리고 출가했다. 노힐부득은 백월산白月山 동쪽의 토굴에서 미륵불을 모시고, 달달박박은 산의 북쪽 사자바위에 판옥을 지은 후 아미타불을 염불하며 수행했다.

어느 날 저물 무렵이었다. 스무 살쯤 되어 보이는 아름다운 여인이 달달박박을 찾아오더니 하룻밤 묵어갈 수 있도록 도움을 청했다. 계율을 어길 수 없다고 판단한 달달박박은 이를 단호히 거절했다.

여인은 하는 수 없이 노힐부득을 찾아갔고, 딱한 처지를 들은 노힐부득은 안으로 들어오도록 허락했다. 산기가 있던 이 여인이 산통을 시작했다. 노힐부득은 짚자리를 깔아서 아이를 받고, 물을 데워서 정성껏 목욕물을 준비했다. 잠시 후 다시 목욕하던 여인의 부탁이 있었다. 움직이기가 너무 힘드니 탕 속에 들어와서 몸을 씻겨달라는 것이었다. 불쌍하고 애처로운 마음에 노힐부득은 이번에도 여인의 청을 들어주었다. 그런데 이게 어떻게 된 일인가. 탕에 들어가는 순간 물이 황금색으로 변하더니 여인마저 관세음보살로 화현하는 게 아닌가. 노힐부득의 몸도 황금색으로 변했다.

계율은 세속적인 분별심에서 벗어나려는 수단이므로 달을 가리키는 손가락으로 비유할 수 있다. 손가락에 집착해서 옳고 그름을 분별한다면 계율의 가치는 사라진다. 곤경에 처한 여인이 찾아왔을 때 달달박박은 계율에 어긋나는지 아닌지를 고민했지만, 노힐부득은 계율의 형식적인 측면보다 원래의 목적이 어디에 있는지를 찾아 행동했다. 마음을 깨치는 일이 어렵다는 건 이런 이유 때문이기도 하다. 계율을 지키는 건 아무런 걸림 없이 선정에 들기 위함이고, 선정에 드는 건 어디에서도 자유자재한 지혜를 얻기 위함이다.

간혹 스님의 자질에 대해 평하는 신도들을 만나곤 한다. 도력道力

이 높은 스님이 있는가 하면 자질 자체가 없는 스님이 있다는 것이다. 그분들의 의견에 동의한다. 하지만 이런 식으로 분별하기 전에 생각해보아야 한다. 유치원생이나 초등학생을 세계적으로 저명한 교수가 지도한들 무슨 의미가 있을까. 우리나라 불교 신자들의 소양으로 볼 때 도력 높은 스님은 오히려 그들의 공부에 장애가 될 수도 있다. 세속에 사는 재가자들의 귀에 선문답처럼 주고받는 큰스님들의 말씀이 온통 수수께끼처럼 들릴 테니 말이다. 일반 대중의 눈높이에서 공감할 수 있는 스님이 현재 우리 불교에는 더 필요한 존재이다.

불교 공부 좀 했다고 자신하는 불자 중에도 꽤 많은 분이 점집이나 무당집을 찾는다. 불교 신자뿐 아니라 타 종교의 신자들도 급할 때마다 이들을 찾으며 의지처로 삼는다. 평소에는 미신이라며 경멸하듯 대우하면서 다급한 상황에 닥치면 큰스님이 아니라 무속인부터 찾는다. 요즘은 강연 잘하기로 소문난 유명 스님들도 많다. 큰스님들께서는 말장난이나 한다고 꾸지람을 하지만, 이런 스타성을 가진 스님의 지지층은 여러 방면으로 널리 분포된 편이다. 쉽게 소통하고 편리하게 교감할 수 있기 때문이다.

어떤 일이든 쉽게 분별해서는 안 된다. 분별한다는 건 이미 자신의 업業에 따라 생각하는 행위이므로 인과因果에서 벗어날 수 없다. 신·구·의 삼업三業이 인과의 원인이라는 건 너무 뻔한 이치 아니던

가. 편한 대로 재단하고 시원하게 비판한다고 해서 해결되는 일은 없다. 과보만 쌓인다. 당연히 그렇게 해야 한다거나 내가 아는 것이 전부라고 믿어서도 안 된다. 실상은 그것과 전혀 딴판일지도 모른다. 사실 당연한 것은 없다. 더구나 내가 아는 것은 언제나 제한적이다.

그러면 사는 게 살얼음판 아니냐고 반문할 수도 있다. 어떻게 항상 조심만 하면서 살 수 있느냐고 기운이 빠질 수도 있다. 그러나 그런 걱정은 놓아버려도 된다. 누구를 만나든, 어떤 상황에 처하든 마음의 동요 없이 스스로 편안하면 되는 것이다. 상대의 말과 태도가 마음에 들지 않는다고 기분이 상하면 나만 손해다. 불손한 말과 태도는 상대의 것이지만, 고락의 감정은 나의 것이기 때문이다. 좋다거나 싫다는 감정을 절제하는 것은 자신에게 달려있다. 감정을 절제함으로써 우리는 편안해진다.

무슨 대단한 정의라도 구현하려는지 습관적으로 우리는 옳다거나 그르다고 시비를 가리려 한다. 하지만 시비는 시비를 낳고 고락은 고락을 낳는다. 이는 시비와 고락이 우리를 속이는 일이며, 우리가 우리 자신에게 속는 일이다. 한번 속아준다고 끝나는 일도 아니다. 한번 기분이 상하고 화가 나기 시작하면 고스란히 업식에 저장되어 비슷한 상황이 발생할 때마다 같은 행동을 반복하게 된다. 이 얼마나 어리석은 짓인가. 여여如如한 마음으로 중도에 머물려는 건 내가 좋아지려는 처사다. 어떠한 경우에도 우선 내가 편안해야 한다. 나머지는 인과와 인연에 맡기면 된다.

같은 날 발심한 노힐부득과 달달박박의 차이는 크지 않았다. 정진력이 부족해서도 아니요, 삿된 믿음을 가져서도 아니었다. 아름다운 여인이라는 분별 없이 자비를 베풀고, 이후의 일에 대해서는 편안한 마음으로 인과에 맡겼던 것. 이 작은 차이가 관세음보살을 친견하는 현전가피現前加被로 이어진 것이다.

스승과 제자

『전등록』에는 비범한 인간관계를 보여주는 이야기들이 많다. 그중에 스승과 제자의 이야기이다.

신찬선사信瓚禪師는 중국 당나라 때 스님으로 어릴 적에 계현법사戒賢法師에게 출가했다. 그의 은사 계현법사는 고령사古靈寺의 강사講師인데 제자인 신찬이 훌륭한 강사가 되어 자기의 뒤를 이어줄 것을 기대하며 열심히 경전을 가르쳤다.

그러다가 신천선사는 문득 부족함을 느껴서 스승을 떠나 백장선사百丈禪師에게로 갔다. 그곳에서 열심히 수행하여 마침내 깨달음을 얻었다. 그 후 계현법사에게 돌아와보니 스승은 여전히 경전에만 매달려 있었다.

하루는 계현법사가 경전을 읽고 있는데, 방에 벌이 한 마리 들어와서 열린 창문으로는 나갈 생각을 하지 않고 닫힌 창문으로만 나가려고 하면서 계속 부딪치고 또 부딪쳤다. 이를 보던 신찬선사는 시를 읊었다.

열린 문으로 나갈 줄은 모르고	空門不肯出
창에만 부딪치니 참으로 어리석구나	投窓也大癡
평생 옛 경전을 뚫는다 한들	百年鑽古紙
어느 때에 벗어날 것인가	何日出頭期

이 말을 들은 계현법사는 신찬선사가 비록 자신의 제자이기는 하나 공부로는 오히려 자신의 스승임을 인정했다. 그러자 신찬선사는 다시 설법을 하여 스승을 견성見性시켜주었다.

경전만 보고 아직도 분별을 떠나지 못하는 은사스님을 향해 이제는 교외별전教外別傳인 선 수행을 해야 하지 않겠느냐는 충고가 섞인 게송이다. 은사스님뿐 아니라 이 시대를 살아가는 일체의 중생을 향한 일갈이기도 하다.

인간의 몸으로 태어난 중생은 생각을 멈추지 않는다. 이런 특징은 머리가 좋은 사람일수록 더 뚜렷하게 나타난다. 정치에 입문한 정치인이나 학문을 연구하는 학자나 이윤을 추구하는 기업인이나 말할 것도 없다. 두말할 나위도 없이 조금이라도 더 좋은 것을 얻기 위해서 생각하고 또 생각하는 것이다. 생각이 많은 사람은 명석한 두뇌뿐만 아니라 예민한 지각을 갖추고 있다고 한다. 우뇌형 인간일 가능성이 크다는데, 생각이 많으면 삶이 피곤해지는 건 어쩔 수 없다. 성격이 까다롭고 머릿속이 늘 복잡하다. 생각 자체가 고민이기 때문이다.

불교에서는 지혜를 크게 분별지分別智와 무분별지無分別智로 나눈다. 일반적으로 우리가 가진 지식과 지혜는 분별지에 속한다. 사전적으로는 생멸 변화하는 모든 현상을 분별하는 지혜라고 하는데, 간단히 말해서 나와 남을 나누는 것에서 비롯되는 판단 능력이다. 그러니 이런 지혜의 근원에는 이기심이 도사리고 있다. 좋아하는 것과 싫어하는 것을 나누고 가른다. 분별지로부터 시작된 편협된 지혜는 사회적으로도 인정할 만한 것이 못 된다. 갈등을 조장하는 요인이기 때문이다.

이에 비해 무분별지란 근원적인 지혜로서 반야般若를 의미한다. 우리 같은 범부는 허망하게 헤아리며 분별하는 망상을 일삼지만, 마음을 깨쳐서 불지佛地에 오른 분들은 범부의 허망한 분별을 떠난다. 반야라고 하는 무분별지를 얻으면 만물의 진정한 모습을 꿰뚫어 볼 수 있고 인생에 관한 근본적인 의혹이 해소되므로, 비로소 진정한 지혜와 자유를 성취한다. 이 지혜를 체득하면 나와 남을 구별하지 않으므로 이기심과 이타심이라는 분별도 사라진다.

똑똑한 사람일수록 옳으니 그르니 시비를 분별하려는 경향이 강하고, 정의와 불의를 따지려 든다. 문제는 이것이 자기 방식의 옳음이고 자기가 정해놓은 정의라는 데 있다. 더구나 여기에는 감정의 변화가 고려되어 있지 않다. 인간의 행위는 본능적으로 편하고 즐겁고 행복한 쪽으로 기울게 마련이다. 바꾸어 말해서 괴롭고 슬프고 불행한 감정을 꺼린다. 인간의 본질에 관해 이야기하려면 이 점을 간과해서는 안 된다. 그렇다고 정의를 외면하자는 말이 아니다. 본래 정의와 불의는 없다. 연기緣起에 따라 그렇게 만들어진 것이고 인과因果에 따라 상대적으로 이해될 뿐이다. 역설적이지만, 정의와 불의라는 분별을 하지 않을 때 진정한 정의라고 할 수 있다.

때로 돈도 명예도 모두 버리고 타인들을 위해 자신의 목숨까지 바치는 이들이 있지만, 이처럼 숭고한 일을 해낸 이들도 어느 정도는 자기만족에 기대고 있음을 부인할 수 없다. 엄밀하게 말자면, 이 또한 분별지와 분별심에서 비롯된 행동이다. '호사불여무好事不如無'라는 말이 있다. 좋은 일에는 나쁜 일이 뒤 따르니 없느니만 못하다는 뜻이다. 진정으로 분별하는 마음을 내려놓으면 모든 것이 저절로 바른길을 찾아가게 되는데, 애를 써서 억지로 정의를 쟁취하는 것보다 훨씬 효과적이고 안정적이다. 이러한 행동은 자비행慈悲行으로 드러나기도 하는데, 이런 마음이야말로 중도의 본질이라고 할수 있다.

방문을 열어두었어도 벌은 자꾸만 창문에 머리를 부딪친다. 살면서 이런 장면을 여러 번 보았을 것이다. 자신의 업식에 녹아 있는 집착이 그대로 드러난 모습이다. 어쩌면 저 벌은 활짝 열어 둔 출구를 찾지 못한 채 계속 창문에 머리를 부딪치다 죽을지도 모른다. '속지 말라'고 하시는 큰스님들의 말씀은 타인이 아니라 자신에게 속지 않아야 함을 강조하고 있다. 분별하고 집착하는 자신에게 속지 말라는 말이다. 분별과 집착에서 벗어나면 열린 문으로 언제든 자유롭게 날아갈 수 있다.

짚신이 부처

신라 말 구산선문九山禪門 중 가장 번성했던 성주산문聖住山門을 일
으킨 무염국사無染國師(801~888)의 일화이다.

무염 스님이 누더기를 입고 풀 섶에서 꼼짝도 하지 않고 가만히
있었다. 행동이 조금 이상해서 지나가던 청년이 물었다.
"스님, 지금 무엇을 하고 계시는지요?
"중생들에게 먹을 것을 공양하고 있네."
이 청년은 스님의 모습에 큰 감화를 받고 출가하기를 원하였는
데, 글을 모르는 까막눈이었다. 무염 스님은 청년을 시험하기 위
해 부엌에 솥을 걸어놓으라고 했다. 솥을 걸어놓으면 다시 걸어놓
으라고 하고, 다시 걸어놓으라고 하면서 이렇게 아홉 번이나 시

켰는데도 청년은 싫은 표정 하나 없이 묵묵히 솥을 다시 걸었다.
마침내 제자로 받아들이기로 한 무염 스님은 청년의 머리를 삭
발해주면서 구정九鼎이라는 법명을 주었다. 아홉 번이나 솥을 걸
었다는 의미로 탐·진·치 삼독심을 없애고 성불하라는 뜻이 담
긴 이름이었다.

하루는 구정이 물었다.

"어느 것이 부처입니까?"

"즉심卽心이 부처이니라."

마음이 곧 부처라는 뜻이다. 스승은 제자에게 한 찰나도 '즉심시
불卽心是佛'을 놓지 말라고 당부했고, 제자는 스승께서 내려주신
가르침을 한순간도 놓치지 않으려 했다. 하지만 글을 모르는 구
정이 '즉심'을 '짚신'으로 잘못 알아들었다. 밤낮으로 '짚신이 부
처'라는 화두를 참구했다. 그런데 이게 웬일일까. 몇 달이 지난
후였다. 나무를 하러 갔다가 지게를 지고 일어나려는데 짚신 끈
이 툭 끊어지는 게 아닌가. 바로 그 찰나에 확철대오廓撤大悟를
했다.

진정한 수행자라면 일차적으로 다섯 가지 본능인 오욕락五欲樂
에 대한 집착을 끊어버린다. 먹고 싶은 욕망, 자고 싶은 욕망, 사랑
하고 싶은 욕망, 물질을 가지고 싶은 욕망, 권력과 명예에 관한 욕망.
이 다섯 가지는 좋다거나 싫다는 고락의 인과를 피할 수 없다는 것

을 여실히 알기 때문이다. 사실 여기서 벗어나려고 출가를 선택한다. 많이 잘수록, 맛있는 음식을 먹을수록, 애욕을 즐길수록, 재물을 쌓아 둘수록, 최고의 권력과 명예에 가까워질수록 고락의 인과는 점점 두꺼워지고 괴로움만 더욱 커진다.

출가한 이후에는 몸에 밴 고락의 업습業習을 어떻게 없앨 것인가만 남아 있다. 이를 없애기가 참으로 어렵기 때문에 목숨을 걸고 수행하는 것이다. 고락의 업으로 살면서 목숨이 붙어 있다는 게 무슨 의미인가. 출가자들은 늘 이런 생각으로 여생을 보낸다. 몸에 밴 업이란 신·구·의 삼업을 말하는 것으로 이것 때문에 고락을 분별하게 되고, 다시 이로 인해서 과보를 받는다. 행동을 하면서도 분별하지 않고, 말을 주고받으면서도 분별하지 않으며, 생각을 통해서도 분별하지 않는 것이 수행의 요체다.

화두를 가장 수승한 수행이라고 하는 이유는 이 때문이다. 화두에 집중하는 동안에는 좋다 싫다 하는 분별을 멈출 수 있다. 그뿐만 아니라 화두 속에는 인연과보因緣果報와 인과연기因果緣起의 진리가 들어있어서 한시라도 그것을 놓지 말라고 하는 것이다. 본의 아니게 분별된 행동을 하더라도 바로 참회하는 습관을 길러야 한다. '내가 왜 부질없는 짓을 저질렀을까?'라고 말이다. 그래야 인과의 업이 작동하지 않아서 괴로운 일이 생기지 않는다.

이렇게 하면 좋고 저렇게 하면 나쁘다고 분별하는 건, 그 자체가 망상이다. 망상을 하면서 머리를 아무리 굴려보았자 좋은 일이나 유리한 일은 생기지 않는다. 좋지 않은 과보만 불러들일 뿐이다. 감정의 고락 때문에 생긴 인연의 과보는 절대로 피해 갈 수 없다. 나에게 벌어지는 일이나 주변 사람들은 실제로 나에게 그다지 영향을 미치지 않는다. 부와 명예도 마찬가지다. 오로지 그것들을 옳다 그르다며 판단하고, 좋다거나 싫다고 분별하는 나의 감정과 나의 업식이 인생을 변화시키는 것이다.

신라 헌덕왕 이후 우리나라에 선법禪法이 수용되기 시작했다. 마조도일馬祖道一의 문하인 서당지장西堂智藏(735~814)선사에게 가서 공부한 도의道義와 홍척洪陟 스님이 귀국하면서 활기를 띠었다. 이후로 당나라에 가서 조사선을 전수 받은 유학승들이 늘어났다. 이들이 귀국하면서 한국 선종의 9개 종파宗派가 형성되었는데, 이를 구산선문이라고 한다. 성주산문은 마조의 제자인 마곡보철麻谷寶徹로부터 선법을 전해받은 무염 스님이 충남 보령 성주면에 가람을 세우면서 비롯되었다. 성주산문의 본찰 성주사는 한때 2천여 명의 스님들이 기거할 정도로 번창했으나 임진왜란을 겪으며 쇠퇴하다가 현재는 사지寺址만 남아있다.

의심하는 과보

평소 막역하게 지내는 신도님에게 들은 이야기이다.

어느 날 옆집으로 여섯 살 먹은 어린아이와 미혼모가 이사 왔다.
난데없이 그날 저녁 정전이 되었는데, 양초를 찾아서 불을 켜야
했다. 어두워질 무렵, 밖에서 어린아이의 목소리가 들렸다.
"아주머니, 혹시 촛불을 켜셨나요?"
아이의 목소리를 듣고 초를 빌리러 왔다고 생각했다.
"우리 집에는 양초가 없단다."
한번 빌려주면 버릇이 될까 싶어서 그렇게 대답했다. 그러자 양
초를 가지고 왔다는 아이의 목소리가 다시 들려왔다. 문을 열고
나가 보니 아이는 두 개의 양초를 들고 있었다. 그 순간 순수한

아이의 마음을 의심한 자신이 몹시 부끄럽고 한심스러웠다.

우리는 남에게 속지 않으려고 많은 노력을 하며 살아간다. 잘못
된 판단으로 말도 안 되는 사기에 속아서 낭패를 볼 수 있기 때문
이다. 그래서 항상 조심한다. 하지만 타인의 호의를 믿지 못하고 의
심해서 좋은 기회를 놓치기도 한다. 기회만 놓치는 게 아니라 잘 지
내던 관계도 훼손된다. 더욱이 의심은 자신의 마음을 편치 못하게
하는 과보를 불러온다.

왜 타인에게 속는 일이 벌어지는 것일까? 물심양면으로 손실이
이만저만이 아닌데, 어디서부터 어떻게 잘못된 일일까? 조심하지
않았던 것만 꼬집어서 잘못이라고 할 수는 없다. 물론 그럴 수도 있
지만, 누군가로부터 속고 누군가를 속이는 일도 인과因果에 의한다
는 점을 간과해서는 안 된다. 원인 없는 결과는 없다. 중생이 가진
분별심은 언제나 자신이 좋아하는 것을 얻기 위해 움직인다. 좋아
하는 일이 생기도록 움직였으니 좋아하지 않는 과보를 받는 건 당
연하다. 남에게 속은 것과, 그래서 기분이 나빠진 것은 좋은 쪽으로
만 기울었던 분별심에 대한 대가이다.

엄밀히 말해서 인과는 우리가 가진 감정이다. 한번 기분이 좋았
다면 인과의 작용에 의해 딱 그만큼 기분이 나빠지는 과보가 붙는
다. 누군가 한 사람 때문에 기분이 좋았다면 그 사람으로 인해 기분
이 나빠지는 경우도 있지만, 특정한 대상에만 한정되지 않는 게 과

아무 잘못도 없는 나를
왜 이렇게 힘들게 하냐고
하소연할 일이 아니다.
냉정히 말해서 거울에 대고 비난하고
허공을 향해 하소연하는 일과 다르지 않다.

보의 특성이다. 그 사람이 아닌 다른 사람에게서 과보를 받을 수도 있다. 우리가 속한 세계에서 인과가 미치는 범위는 한계가 없고 모든 것은 하나로 연결되어 있기 때문이다.

인과는 대상에 의해서가 아니라 나 자신의 업에 의해서 작동하기 시작한다. '좋다거나 싫다고 고락을 분별하는 나'가 인과의 원인이라는 말이다. 상대가 누구인지, 시기가 언제인지, 장소가 어디인지는 중요하지 않다. 나의 업식에 잠재된 신·구·의 삼독심의 씨앗이 무르익으면 인연 닿는 상대와 시기, 장소 등을 통해 현실의 과보로 드러난다. 인연의 의미가 원인과 조건임을 잘 생각해보자. 같은 날 수확한 씨앗이라도 토양과 기후 환경 등 다른 조건에서 성장한 나무는 다른 결실을 맺는다.

그러니 어떤 험악한 일을 당하더라도 상대를 비난할 것이 못 된다. 느닷없이 찾아온 고통을 향해 아무 잘못도 없는 나를 왜 이렇게 힘들게 하냐고 하소연할 일이 아니다. 냉정히 말해서 거울에 대고 비난하고 허공을 향해 하소연하는 일과 다르지 않다. 나의 행동이 씨앗이 되어 조건에 맞는 상대를 고른 것이고 업식에 녹아 있던 나의 감정이 고통을 불러들였기 때문이다. 하나의 원인을 지목하자면, 좋으니 싫으니 고락을 분별했던 과거 어느 시점의 나 자신이라고 할 수 있다. 분별심이 문제였던 것이다.

특정 대상을 믿지 못해서 이상하게 생각하는 감정을 의심이라

494

고 한다. 현대 심리학에서는 의심을 공포의 일종이라고 규정하는데, 틀린 말이 아니다. 의심이 많은 사람은 타인에게 폐를 끼치고 관계를 망치는 것 외에도 자기 자신을 곤경에 빠뜨리는 경향이 있다. 이유 없이 화를 내거나 일어나지도 않은 일에 지나칠 정도로 집착한다. 겉으로는 관대한 척하지만, 상대의 생각은 무조건 틀린 것이라 주장한다. 스스로 벌여놓은 일에도 남 탓을 하고 사소한 일에도 짜증을 잘 낸다. 이 정도라면 '병'이다. 이런 사람이 자신을 발전시키며 행복을 추구할 수 있는 세상은 어디에도 없다.

여유를 가지고 잠시 뒤를 돌아보자. 그동안 어떻게 살아왔는지. 그리고 새겨두자. 사소한 분별과 의심에도 과보가 따르나니.

방생

전북 완주 원등사遠燈寺에 전해오는 전설로 진묵대사震默大師
(1563~1633) 신통력 이야기이다.

진묵 스님이 개울을 건너려는데, 사람들이 그물로 물고기를 가
득 잡아놓은 것이 보였다. 스님은 물고기를 사서라도 방생하려
했지만, 사람들은 안 된다며 스님에게 수작을 부렸다.
"얼마를 드리면 잡은 물고기를 다 살 수 있겠소?"
"파는 물고기가 아닙니다."
"그래요? 그럼, 어찌하면 내게 이 물고기를 다 줄 수 있겠소?"
"이 물고기들을 한 번에 모두 드신다면 돈을 받지 않으리다."
잡아놓은 물고기를 다 드시고 난 스님은 개울 한가운데로 들어

가더니 용변을 보았다. 그런데 스님이 먹었던 물고기들이 모두 생생하게 살아서 나온 것이다. 이 광경을 본 사람들은 다시는 물고기를 잡지 않았다고 한다.

완주 원등사에 가면 진묵 스님의 신통력에 관한 이야기를 더 많이 들을 수 있다. 신통력 이야기를 꺼내면 누구나 귀를 쫑긋 세운다. 『해리 포터』같은 이야기가 전 세계적으로 일으킨 바람을 생각하면 동서양을 막론하고 어른이나 아이나 다르지 않다. 불교 신자들만 그런 것도 아니다. 기독교 신자들도 무슨 무슨 기적 이야기에 온통 정신을 빼앗긴다.

언젠가 불교 집안 아이와 기독교 집안 아이가 말싸움 붙은 걸 보았다. 내용인즉슨 이렇다. 예수님은 죽었다가 부활하셨는데, 부처님은 열반에 들어선 끝이 아니냐, 그러니 예수님이 더 위대한 능력자다. 스님이 돼서 아이들 싸움에 끼어들기도 그렇고 해서 마음속으로만 응원했는데, 결국 불교 집안 아이의 판정패였다.

신통력이나 기적 같은 이야기에 빠져든다는 건 그만큼 신비로운 세상에 대한 동경이 크다는 증거이다. 그리고 신비로운 세상에 대한 동경이 크다는 건 그만큼 현실이 팍팍하다는 말이기도 하다. 마음을 깨치면 저절로 신통력이 생긴다. 쓰지 않을 뿐이다. 우선 인과와 인연을 거스르지 않으려는 뜻이고, 신통이 열린 수행자라면 좋으니 싫으니 고락을 분별하지 않을 테니 굳이 쓸 일이 없다. 이야기를 듣는 이들이야 재미있겠지만, 현실에서 실제로 벌어진다면 장난이라고 끝낼 일이 아니기 때문이다.

사는 게 힘든 사람은 그래도 한 번은 그 신통력이라는 것을 경험해보고 싶다. 내일 아침 눈을 떴을 때 내가 원하는 세상으로 바뀌어 있으면 얼마나 좋을까. 원하는 것마다 얻을 수 있고, 헤어진 사람을 다시 만날 수 있으며, 보기 싫은 사람이 영영 사라진 세상. 그런데 세상이라는 게 참 희한하다. 힘든 사람만 이런 생각을 하는 게 아니다. 남들보다 월등한 조건을 가진 사람들도 같은 생각이다. 생명을 가진 모든 존재가 그렇다. 행동으로든 말로든 생각으로든 괴롭고 슬프고 힘든 것을 피하고, 즐겁고 기쁘고 편한 것을 추구하려 한다.

누구나 바라는 일이 성취되기를 원한다. 하지만 생각대로 되지 않는 일이 더 많다. 설사 생각대로 이루어졌다고 해서 무조건 좋은 일이 아닐 수 있다. 인과에 대한 뚜렷한 신념이 없으면 절망하기 마련이다. 심각한 경우에는 병을 얻기도 한다. 고난을 겪으면 어떤 말도 귀에 들어오지 않는다. 병을 키우고 키워서 결국엔 수습 불가능한 상태에 이른다. 후회를 반복한다. 힘든 사연이야 누구에겐들 없으랴만 그럴수록 왜 이런 일이 되풀이 되는지 돌아보아야 한다. 매번 고락의 인과가 따라붙기 때문이다. 우리 몸과 입과 의식은 언제나 업식業識에 따라 그렇게 행동하고 말하며 생각하도록 입력되어 있다. 우리는 이것을 바꾸어야 한다.

대단하고 특별해 보여도 신통이란 별것이 아니다. 좋다거나 싫다는 분별 때문에 신통력을 발휘한다면 그 또한 인과에 따라 과보를 받는다. 석가모니 부처님께서는 깨달음을 얻은 후 육신통六神通을 얻었다고 한다. 그중에서 누진통漏盡通을 가장 높은 경지라고 말씀하셨는데, 번뇌가 다 해서 다시는 중생의 몸을 받아서 윤회하지 않는다는 것을 아는 능력이다. 사실 신통을 '얻었다'는 말도 틀렸다. 얻은 게 아니라 우리를 가두고 있던 업장業障이 소멸하면서 본래 갖추고 있던 능력이 드러난 것이다.

가장 멋지고 완벽한 신통은 좋다거나 싫다는 분별을 하지 않는 힘이다. 그것만으로도 우리는 우리에게 주어진 삶을 훨씬 더 가치 있고 자유롭게 즐길 수 있다. 삶의 장애이던 업장이 녹아내렸기 때문에 힘들고 불편할 일이 없는 것이다. 업장이란 내 안에 저장된 업이 인과에 따라 현실로 드러나면서 장애가 되는 것을 말한다. 우리에게 가장 안전하고 이익을 주는 신통이 무언지 조금만 생각해보면 안다. 진묵 스님이 용변을 보며 물고기를 살려주었을 때 우리가 관심을 가져야 할 대목은 신통이 아니라 방생이다.

자비심

경허 스님이 어린 만공 스님을 데리고 만행하던 때였다. 너무 유명
해서 많은 사람에게 회자되는 이야기이다.

두 스님은 먹지도 못하고 며칠을 걸은 탓에 지칠 대로 지쳐 있었
다. 힘들어하는 제자에게 경허 스님이 물었다.
"많이 힘드냐?"
"예, 스님. 죽을 것 같아 더는 걷지도 못하겠습니다."
"그럼 내가 축지법을 가르쳐주랴?"
"정말입니까? 저야 좋지요!"
경허 스님은 말이 끝나자마자 우물가에 물동이를 인 아낙에게
성큼성큼 다가가더니 두 팔로 아낙을 껴안고 입을 맞추었다. 스

님의 갑작스러운 행동에 놀란 아낙은 크게 소리쳤다. 근처에서 이 광경을 본 아낙의 남편이 마을 사람들과 괭이를 들고 죽일 듯한 기세로 달려왔다. 혼비백산한 두 스님은 정신없이 달아났고, 산등성이에 다다라서야 비로소 마음을 놓을 수 있었다. 경허 스님이 어린 만공에게 물었다.

"뒤를 돌아보거라."

아무도 따라오는 이가 없었다.

"지금도 다리가 아프냐?"

"다리는 고사하고 목숨이 달아날 뻔했습니다. 어찌하여 그런 행동을 하셨습니까?"

"네가 축지법을 가르쳐달라고 하지 않았느냐."

숨을 몰아쉬던 어린 만공은 그제야 육신도 마음을 따라 움직인다는 사실을 깨달았다.

이 장면을 떠올릴 때마다 웃음이 터질 정도로 참 대단한 분이다 싶다. 요즘 세상에 경허 스님 같은 분이 계셨다면 어땠을까 생각해본다. 모르긴 몰라도 세속에서의 반응은 극과 극일 것이다. 기행에만 초점을 맞춘 사람들에게는 미친 사람 취급을 받거나 법적 절차까지도 고려 대상일지 모르지만, 도인의 풍모임은 분명하다. 이런 파격적 행동은 마음을 깨치지 않고서는 절대로 나오지 않는다. 의도적으로도 되지 않고 우발적으로도 일어날 수 없다. 마음을 깨친 분들은 걸림이 없으므로 거침이 없다. 감정의 동요가 전혀 없기 때문이다. 감정 변화가 없기에 설사 죽음에 이르더라도 한 점의 미련이나 집착이 없다. 신체적으로는 죽더라도 마음이 생생하게 살아 있음을 아는 것이다. 이런 경지에 오르면 삶과 죽음이 따로 있지 않다. 그러니 몸이 좀 불편할 수는 있어도 몸의 불편함이 괴로움으로 이어지지 않는다. 몸이 느끼는 통증은 몸을 아프게 할 뿐 마음을 아프게 할 만큼 대단한 것이 아니다. 분별심이 없기 때문이다.

불교에서는 마음을 깨우쳐 도달한 경지를 자유자재自由自在라는 표현으로 설명한다. 공부가 최상에 이르면 어떤 구속에도 제한되지 않고 거리낌이 없어진다. 근심과 걱정이 없어진다. 당연히 바라는 것도 없고 못마땅한 것도 없다. 삼라만상이 연기법緣起法을 바탕으로 생겨났다 사라지는데, 인연에 따라 생기고 인과에 따라 움직이는 세상을 두고 마음을 허비하지 않는 것이다. 세상은 연기법에 맡겨놓고 나는 감정만 제어하면 된다. 지금 일이 잘 풀린다고 해서 계속 잘 되는 것도 아니고, 지금 좀 곤란하다고 해서 영원히 힘든 것도 아니다. 내가 가진 좋은 업과 나쁜 업의 총량이 질과 양에서 모두 같을진대 좋은 시절이 온다고 해서 기뻐할 일이 아니고 나쁜 시절이 온다고 해서 괴로워할 일이 아니다.

이런 상태가 되는 것을 일러 열반涅槃이라고 한다. 불교 신자 중에도 열반을 죽음과 동일시하는 분들이 많은데, 그렇지 않다. 열반이란 '불어서 끈다[吹滅]'는 의미로 타오르는 번뇌가 꺼진 고요한 상태를 말한다. 연기법을 받아들이고 번뇌가 꺼져서 고요해지면 자연스럽게 원래 우리가 갖추고 있던 본성이 드러난다. 『대반열반경』에서는 석가모니 부처님의 열반 모습을 상세히 서술하고 있다. 부처님께서는 3개월 전 베살리에서 당신의 열반을 미리 아난에게 예고하신다.

"아무리 사랑하고 좋아하더라도 이별하고 헤어질 때가 있다. 세상에서 영원한 것은 하나도 없다. 지금부터 3개월 후 여래는 열반에 들 것이다."

사랑하더라도 헤어져야 한다며 우리가 가진 고통 중 애별리고愛別離苦를 설하시더니 영원한 것은 없다며 무상無常의 진리를 되새겨주신다. 열반을 예견하면서도 감정의 동요가 전혀 없는 성인의 모습이다. 감동은 다음 장면에서 더욱 진해진다.

열반지인 쿠시나가라로 향하는 길에 대장장이 춘다가 올린 공양을 드신 부처님께서는 피가 섞인 설사를 계속하셨다. 그러나 부처님께서는 쿠시나가라로 가는 동안 아난에게 춘다가 올린 공양을 드시고 부처님께서 입멸하셨다는 비난을 받지 않도록 춘다를 변호하라고 하신다. 춘다, 당신은 조금도 후회할 것 없다고. 당신이 올린 공양으로 부처님께서 입멸하셨다면 당신에게는 경사스러운 일이라고. 부처님께 마지막 공양을 올린 공덕은 매우 수승해서 다음 세상에 좋은 세계에 태어나고 안락을 누리며 명예를 얻고 천계에 태어날 복덕이라고. 누군가 춘다를 비난하면 이렇게 위로하라고 아난에게 당부하신다.

어떤가? 다른 어떤 성인의 마지막 모습과도 뚜렷하게 차별되지 않은가? 자유자재란 이런 경지다. 이 세상에서의 마지막까지도 자신에게 공양한 음식 때문에 위태로워질 수 있는 사람을 걱정하고 위로하는 마음. 이해가 부족한 사람들은 자유자재를 기행이나 파행으로만 해석하려 드는데, 본질은 거기에 있지 않다. 자유자재는 우리의 본성이 드러난 자비심이다.

정상과 비정상

인간계의 음식이 아니라 천상계의 음식[天供]을 받아 드신 의상義湘 (625~702)대사와 산중을 가득 메운 신장神將들이 호위하는 원효元曉 (617~686)대사의 법력 이야기이다.

의상 스님께서 주석하던 의상대義湘臺는 지대가 높아서 가물 때면 가끔 물이 나오지 않았다. 비가 오지 않아서 몹시 가문 어느 날이었다. 의상 스님은 사형처럼 모시던 원효 스님께 기별을 보냈다. 사형께서 오셔서 물이 좀 나오게 해달라는 부탁이었다. 원효 스님이 주장자로 깊숙이 땅을 뚫으니 물이 쏟아지기 시작했다. 만족스러워진 두 분 스님은 조용히 담소를 나누며 점심 공양을 기다렸다. 그러나 시간이 지나도 공양 거리가 도착하지 않았다.

평소에는 사시巳時(오전 9시에서 11시 사이)가 되면 어김없이 하늘의 천녀가 천공을 가져왔는데, 오늘따라 한참이 지난 후에 온 것이다. 이상하기도 하고 사형께 죄송스럽기도 한 의상 스님이 천녀에게 자초지종을 물었다. 원효 스님을 호위하는 신장들이 온 산을 에워싸고 있어서 도저히 그 틈을 비집고 들어오기 힘들었다는 것이다. 원효 스님의 법력을 깜빡 잊었던 의상 스님은 그제야 사형께 참회를 했다.

웬만한 도력이 아니면 천신이라도 천공을 받을 수 없고, 혹여 법력이 없는 사람이 천공을 받아먹으면 축생으로 태어난다고 한다. 의상대사가 천상계의 공양을 받아드신 이야기는 중국에서도 전한다. 화엄을 공부하러 당나라에 유학하던 시절 의상대사는 도선율사道宣律師(596~668)의 초청을 받은 적 있는데, 이때도 천신들의 공양이 늦었다. 이때는 의상대사를 호위하는 신병들 때문이었다. 도선율사는 자기보다 도가 높은 의상대사를 보고 탄복했다고 한다.

의상과 원효는 의형제를 맺을 만큼 막역한 사이였다. 함께 당나라 유학길에 올랐으나 해골 물을 마신 원효는 마음을 깨쳐서 중간에 돌아오고 의상만 유학을 떠났다는 이야기는 매우 유명하다. 유학을 마치고 귀국한 의상대사는 주로 높은 곳에 토굴을 짓고 수행했다. 부석사浮石寺를 비롯해 울진 불영사佛影寺 등에는 지금도 의상대라는 이름이 남아 있다. 원효대사가 창건하고 수행한 가람, 토굴

등에는 아직도 물이 넘치거나 바위틈에서 흐르는 물이 마르지 않는다는데, 스님의 법력에 고개가 절로 숙여진다.

1,300년이 지난 오늘에도 전설 같은 두 분의 이야기가 자주 거론되는 이유는 군더더기 없이 명백한 수행의 결과 때문이다. 두 분은 모두 명리를 탐하지 않고 오로지 수행에만 전념하며 깨달음의 바다에 머물고자 했다. 현대인들에게는 비정상적으로 여겨질지도 모르지만, 이분들의 구도 정신은 분별심 없는 무욕無慾의 삶에서 드러난다. 인간은 어느 시기를 거치면서 정상이라는 개념과 비정상이라는 개념의 자리를 바꾸어 놓았다.

무욕의 삶은 순수하다. 거품이 끼지 않고 순수한 알맹이만 남아 있어서 생사를 초월한다. 인과를 넘어선 것이다. 인과의 법칙은 너무도 당연하게 생사와 생멸과 공존한다. 그러니 인과를 무너뜨리면 생사와 생멸이 사라지리라 자연스럽게 유추할 수 있다. 좋은 것과 싫은 것은 서로를 의지해 생겨나기 때문에, 어느 하나만 존재거나 어느 하나만 소멸하지 않는다. 이것이 인과이다. 인과를 제거하는 방법은 좋다거나 싫다는 분별을 하지 않는 것이고, 분별하지 않을 때 좋은 것과 싫은 것은 한꺼번에 사라진다. 이것이 무욕이 인과를 깨뜨리는 공식이다.

특히 원효 스님은 평범한 사람들이 난해하다는 이유만으로 불교의 진리를 기피하고 뒷걸음치는 것을 염려하셨다. 물론 이론적으로 깊이 파고들어가면 어려운 게 맞다. 부처님께서도 당신이 얻은 진리를 세속 사람들에게 어떻게 전할지 오랜 시간 고민하셨다. 더욱이 원효 당시에는 문자를 익히는 것 자체가 힘들었으니 더 이상 말해서 무엇하랴. 겨우 몇 안 되는 이가 한자를 익히더라도 경전을 줄줄 읽는 수준까지 이르려면 그야말로 일생을 투신해야 했던 시기였다. 그런 고민에서 나온 것이 단 여섯 글자의 염불 '나무아미타불'이다. 사실 '나무아미타불 관세음보살'만 항상 외워도 우리 의식은 맑아진다.

의식이 맑아진다는 건 순수함이 회복된다는 증거이고, 이는 곧 무욕의 삶으로 돌아가고 있음을 의미한다. 가끔 내려놓는 방하착放下著이 너무 힘들다는 신도들을 만나게 되는데, 이런 분들은 염불 수행에 인연을 맺으면 좋다. 의상대사는 지상에서 가장 희유하고 방대한 경전이라는 『화엄경』을 「법성게法性偈」로 요약해놓았다. 두 분 스님이 지금까지도 커다란 감동과 강한 영향력을 발휘하는 건 그분들의 수행이 당신들의 이익에만 한정되는 게 아니라 우리를 더욱 이롭게 하기 때문이다.

'자타일시성불도自他一時成佛道'라고 한다. 나와 함께 타인이 동시에 불도를 이룬다는 뜻이다. 설마 1,300년 전에 해탈하신 분들이 오늘의 나한테까지 영향을 미칠 수 있을까 회의하는 이가 있다면 조금만 더 생각해보자. 살아있는 그분들을 뵙고 법문을 들을 수는 없지만, 그분들이 남긴 방법으로 우리도 수행할 수는 있다. 매일 '나무아미타불 관세음보살'을 염하든지, 내친김에 「법성게」를 외워

보는 거다. 천신들에게도 미쳤던 법력이 다른 세대를 살고 있을지언정 같은 인간계에 사는 우리에게 혜택이 없을까. 혹여 이렇게 대꾸하는 이들이 있을지 모르겠다. 방하착해서 무욕의 삶으로 돌아가면 이 각박한 세상을 어떻게 살아가느냐고.

앞서 이야기했듯, 언젠가부터 정상이라는 개념과 비정상이라는 개념이 뒤바뀌었다. 사건과 사고를 당했을 때 이것이 정상인지 비정상인지 혼란을 겪는 건 순수의식 속의 정상과 현대사회에 들어서면서 교육받은 정상의 개념이 서로 충돌을 일으키기 때문이다. 내려놓고 순수한 무욕의 마음으로 산다면 걱정할 일이 생기지 않는다. 만약 앞으로의 일에 대해서 걱정이 되거나 마음이 편치 않다면 생각에 병이 들었다는 표시이다. 인과에 따라 저절로 돌아가는 게 세상이다. 이런 상태가 원래 정상이다. 원래의 상태로 돌아가야 한다.

짚신의 위력

꽤 오래 전에 들었던 어느 할머니와 손자의 이야기이다.

어느 날 손자가 할머니한테 물었다.

"할머니는 수십 년째 절에 다니시면서 스님께서 무슨 법문을 했는지 왜 한 번도 말씀해주지 않는 거예요?"

손자의 말을 들은 할머니는 다음에 절에 가면 스님이 하신 말씀을 듣고 와서 꼭 손자에게 전해주리라 마음먹었다. 그날따라 스님의 법문은 간단했다. 임종할 때 '나무아미타불'을 열 번만 부르면 극락에도 가고 성불成佛할 수 있다는 것이었다. 이 말을 손자에게 꼭 전해주려 했으나, 나이가 드신 할머니는 집에 오는 도중 모두 잊어버리고 '나무아미타불' 하나만 기억했다. 이나마도 개울에 이르러 돌다리를 건너다가 잊어버리고 말았다.

집에 돌아와서 한참을 생각해도 기억이 나지 않았다. 그렇게 마루 밑에 있는 짚신을 보고 있는데, 문득 떠올랐다. '그렇지, 나무짚세기불!' 확신이 선 할머니는 손자에게 이를 일러주고 자신은 한 찰나라도 잊을세라 '나무짚세기불'을 외웠다. 염불은 밤낮없이 이어졌다. 임종을 앞두고 마음을 깨친 할머니는 마침내 견성見性하여 열반에 들 수 있었다.

중생을 유정有情이라는 말로도 표현한다. 감정을 가지고 있다는 말이다. 불교 유식학에는 유정의 삼수작용三受作用에 관해 논하는 대목이 있는데, 삼수란 오온五蘊의 하나인 수온受蘊을 세 가지로 세분한 것으로 고수苦受·낙수樂受·사수捨受를 가리킨다. 이는 기분이 나쁜 상태, 기분이 좋은 상태, 기분이 좋지도 않고 나쁘지도 않은 상태라고 풀이할 수 있다. 익히 알다시피 오온이란 우리 생명체를 구성하는 요소인 색·수·상·행·식이다. 하지만 이런 요소로 이루어진 '나'는 '진정한 나[眞我]'가 아니어서 예정된 다른 인연을 만나면 흩어지고 만다.

유정이라는 말에는 많은 의미가 함축되어 있다. 우리는 감정을 가지고 있기에 기분이나 느낌으로 하루하루를 살아간다. 우리의 행위가 다섯 가지 욕망[五慾]에 집착해서 따라가는 것은 이 때문이다. 수면욕, 식욕, 성욕, 재산욕, 명예욕이 이를 잘 대변한다. 무의식적으로 빛의 자극에 반응하여 움직이는 식물처럼 우리도 우리를 자극하고 기분을 좋게 만드는 것을 취하려는 성향이 있다. 꿈에 그리던 이성을 만나 결혼하고, 아이를 낳아 가족을 만들고, 자아실현을 위해 공부를 하고, 아침마다 출근하며 사회생활을 하는 것. 모두 욕망을 충족시키기 위한 행위이고, 그 이면에는 우리를 조종하는 감정이 있다.

문제는 우리가 욕망을 성취하더라도 만족하지 않고 점점 더 큰 욕망을 가지게 된다는 데 있다. 인과因果에 관한 이해가 표면에 그치기 때문에, 고통이 욕망과 무지에서 비롯됨을 알면서도 쉽게 개선점을 찾아내지 못한다. 즐겁고 기쁘고 행복한 기분을 느끼려면 우선 만족해야 한다. 그러나 만족을 느끼는 것 자체가 어려울뿐더러 여기에는 개념이 일으킨 착오마저 존재한다. 즐겁고 기쁘고 행복한 감정들은 괴롭고 슬프고 불행한 감정들과 다르지 않아서 떼어내서 생각할 수도 없거니와 개별적으로는 느낄 수도 없다.

가령 즐거움과 괴로움은 하나여서 개별적으로 존재하지 않으며 의식할 수도 없다. 다만 우리가 사는 세상이 오온으로 구성된 세상이므로 시간차가 있다고 느껴질 뿐이다. 해가 뜨는 시간과 해가 지는 시간의 격차라고 비유할 수 있는 이것을 시절인연時節因緣이라고 한다. 같은 성질의 감정을 다른 시간대에 경험한다고 할 수 있다. 그러니 기분 좋은 일이 생기는 만큼 기분 나쁜 일이 생기는 건 당연한 논리이다. 이렇게 인과의 원리를 파악하면, 기분 좋은 것을 택하는 일이 곧 기분 나쁜 것을 택하는 일이란 사실을 깨닫게 된다.

해결 방법은 즐거움과 괴로움을 모두 놓는 데 있다. 말하자면 좋은 감정과 나쁜 감정을 분별하지 않는 것이다. 좋은 감정과 나쁜 감정이 벌어져서 서로 다른 감정으로 느껴지지 않도록 그 사이를 메우려고 염불과 참선으로 수행하고 보시바라밀을 실천하는 것이다. 노쇠한 나머지 '나무아미타불'을 '나무짚세기불'로 잘못 기억하고 있었지만, 할머니가 견성할 수 있었던 원리적 근거는 여기에 있다. 한 찰나도 고락의 감정이 생기지 않을 정도로 집중해서 염불했기 때문이다. 우리가 마음을 하나로 모을 때 대수롭지 않아 보이던 짚신도 엄청난 위력을 발휘한다.

한때 북간도의 어느 초막에 머물던 수월선사에게 부상을 당한 독립군이 의탁한 적이 있었다. 그와 나눈 법담이 현재까지 남아 있는 수월 스님의 유일한 법문이라고 한다. 수도修道가 무엇인지를 명쾌하게 밝혀주는 이야기다.

"도를 닦는다는 것이 무엇인고 하니, 마음을 모으는 거여. 별거 아녀. 이리 모으나 저리 모으나 무얼 혀서든지 마음만 모으면 되는 겨. 하늘 천 따 지를 하든지, 하나 둘을 세든지, 주문을 외든지 워쨌튼 마음만 모으면 그만인 겨."

경허선사에게는 뛰어난 세 분의 제자가 있었는데, 세간에서는 이들을 가리켜 '경허의 세 달[三月]'이라고 한다. 수월 스님, 혜월 스님, 만공 스님이다. 맏상좌인 수월 스님은 글을 읽고 쓰는 능력이 없었던지라 다른 방편으로는 도무지 수행을 이어갈 수 없어서 오로지 '천수대비주' 하나로 달통한 분이다. 전하는 이야기로 스님은 어려서 부모를 잃고 머슴살이를 했는데, 못생기고 볼품없었으며 무식하기까지 했다고 한다. 마음을 닦는 데 우리가 핑계 삼을 만한 건 없다는 말이다.

수월 스님과 법담을 나눈 그 독립군은 깨달은 바가 있었던지 머지않은 후일 출가를 했다고 전해진다.

어떻게든 된다

우리나라 원효대사만큼 추앙받는 스님이 일본에도 있었다. 잇큐선사一休禪師(1394~1481)라는 분이다.

잇큐선사가 임종할 때가 되자 제자들은 무척 불안해했다. 이를 눈치챈 선사는 제자들에게 한 통의 편지를 남겼다.

"정말 힘들 때 이것을 열어보거라. 조금 힘들다고 열어서는 절대로 안 되느니라."

스승이 입적하고 세월이 그럭저럭 흘렀다. 크고 작은 일들이 있었지만, 제자들끼리 머리를 맞대고 상의하면서 절 살림을 꾸려갈 무렵이었다. 자신들의 힘으로는 도저히 해결할 수 없는 일이 생겼다. 제자들이 모여 이리저리 궁리를 해봐도 해결의 실마리가 보이지 않았다. 제자들은 하나같이 편지를 열어볼 때가 되었다고 생각했다. 사찰에 있는 모든 승려가 모였고, 그중 하나가 조심스럽게 편지를 개봉했다. 편지에는 이렇게 쓰여 있었다.

"걱정하지 마라. 어떻게든 된다."

일본에서 도道를 성취한 분이라고 해서 진리를 보는 눈이 다르지 않다. 어떻게든 될 테니 걱정하지 말라니. 유명한 스님이 내려주신 비결치고는 너무 단순한 게 아닌가 싶지만, 곰곰이 새겨보면 명언 중의 명언이다. 분별인과分別因果의 진리를 꿰뚫어서 한마디로 집약한 말이지 않은가.

객관적인 세계라고 믿는 시간과 공간은 우리의 분별이 만든 관념이어서 마음을 깨친 이에게는 시간과 공간이라는 관념이 없다. 분별심이 없기 때문에 관념이 생기지 않는다. 시간과 공간을 나누는 것에서 그치면 실로 천만다행이다. 우리 마음은 시간조차도 이 시기와 저 시기를 가리고 분별해서 그것이 마음 바깥에 객관적으로 존재한다고 여긴다. 하지만 분별하는 마음이 없다면, 이 시기면 어떻고 저 시기면 어쩌랴. 현대과학에서도 객관적인 시간은 철저히 부정된다. 영화 〈인터스텔라Interstellar〉는 인간에게 있어서 시간이 얼마나 회의적인지를 차원을 달리하는 우주를 배경으로 보여준다.

좋다 싫다 하는 고락苦樂을 분별하는 마음이 있기에 좋은 기분을 느끼는 시간과 좋지 않은 기분을 느끼는 시간이 존재한다. 더불어 좋은 기분을 느끼는 시간이 지나면 좋지 않은 기분을 느끼는 시간이 오게 되는 인과를 경험한다. 이는 업業의 인과 때문에 발생하는 일이다. 좋은 일이건 좋지 않은 일이건 그것은 시간과는 아무 상관이 없다. 단지 아뢰야식에 저장되어 있던 업인業因이 업과業果로 드러날 때가 되어서 좋은 일이나 나쁜 일이 생긴 것이고, 이를 분별심으로 받아들였기에 좋다 나쁘다 하는 기분을 느낀 것이다.

마음을 깨친 이는 좋다 싫다 하는 고락을 분별하는 마음이 없어서 업이 작동하지 않는다. 기분이 좋다거나 나쁘다는 마음이 생기지 않으니 좋은 일이나 나쁜 일이 생기지 않는다. 항상 여여如如한 중도의 마음이다. 좋다거나 나쁘다는 분별심을 가지고 있는 한 좋은 일과 나쁜 일들이 반복해서 나타난다. 이 원리를 공간에 적용해도 같다. 특히 동양에서는 이사할 때 좋은 날짜를 잡고 좋은 방향을 찾아야 화목하고 풍요로운 가정을 꾸릴 수 있다고 믿는 경향이 있는데, 좋은 시기와 장소를 찾는다고 해서 시절인연이 바뀌는 것도 아니다. 당장 심리적 만족은 있을지 몰라도 인과를 바꿀 수는 없다.

사실 인과를 이해하면 사는 게 좀 여유로워진다. 아무리 나쁜 일이라도 그 시기가 지나면 사라지게 되어 있고, 아무리 어려운 일이라도 바닥을 치고 나면 다시 회복하는 경우가 다반사다. 인간의 일생이 생로병사하듯이 어떤 일이라도 생주이멸生住異滅하는 게 인과의 이치 아닌가. 생겨난 모든 일은 언젠가 세력이 약해지면서 소멸할 수밖에 없다. 그러니 걱정할 필요가 없는 것이다. 다급한 일일수록 분별하는 마음을 잠재우는 게 중요하다. 집착과 분별을 내려놓고 그저 묵묵히 현재에 최선을 다한다면 걷잡을 수 없던 불길도 쉽게 잡힌다. 좋으니 싫으니 하는 감정의 연료를 끊어버렸기 때문이다.

잇큐선사 법문 중에도 이런 구절이 있다. 전통과 개인의 체험에 치중하는 한국불교와 달리 일본불교는 실용적인 느낌을 준다.

"한쪽 문이 닫히면 다른 한쪽 문이 열리게 되어 있다. 그치지 않는 비는 없나니, 마음고생하지 말고 현재에 충실하라. 그리고 오늘을 감사하며 알차게 살아라."

마음을 가져오라

도무지 무슨 말인지 가늠하기 어려운 문답이다. 선불교에서 주고받는 문답이 대체로 이렇다. 선종 초조 달마대사와 이조혜가二祖慧可대사가 만나는 장면이다.

혜가 스님이 달마대사를 찾아왔다.
"왜 찾아왔느냐?"
"마음이 불편합니다."
"그 마음을 가져오너라."
"마음을 찾을 수가 없습니다."
"내가 이미 너의 마음을 편안하게 해주었느니라."

굔이 사족을 붙여서 해석하자면, 찾을 수도 없는 마음을 어떻게 편안해하거나 불편해하느냐는 의미가 된다. 마음이 무엇인지도 모르면서 불편하다는 것은 이치에 맞지 않는다. 그리고 불편하다는 생각에는 당연히 편안하다는 생각이 내포되어 있다. 편안함이 없는 불편함이 성립될 수 있을까. 불편하다는 생각이 일어났다면 동시에 편안하다는 생각이 일어났다는 방증이다.

우리들은 온통 좋다거나 싫다는 고락苦樂과 옳다거나 그르다는 시비是非에 천착하며 살아간다. 우리가 속한 세계가 고락이나 시비와는 상관없이 생로병사生老病死와 성주괴공成住壞空을 거듭하며 연기할 뿐인데도, 그 습성을 버리지 못한다. 이러한 가운데 좋거나 나쁜 것이 있을 리 없고, 옳거나 그른 것이 있을 리 없다. 각자 지닌 고락의 감정과 시비의 판단이 아무런 연관도 없는 현상에 개입하는 것이다. 우리 각자도 본래 높거나 낮지 않고, 좋거나 나쁜 사람이 없다. 다만 개인들이 가진 고락의 업장業障과 시비의 업식業識에 따라 그렇게 보일 뿐이다.

고락의 인과업因果業이 두꺼운 사람은 육근六根을 통해 좋으니 싫으니 분별을 많이 하는데, 아무리 분별을 하고 좋은 쪽으로 방향을 틀더라도 결국은 실익이 없음을 깨달아야 한다. 고도로 발달한 문명사회에 살더라도 인과의 관점에서 보면 숲속의 동식물과 하등 다르지 않다. 여기에 좋다거나 싫다는 고락의 감정을 얹고 옳다거나 싫다는 시비를 분별한다고 인과의 법칙이 바뀌지 않는다. 뭔가 꺼림

불의를 피하려고
정의를 선택하지 않으며
전쟁을 막으려는 핑계로
평화를 들먹이지 않는다.
수행이란 이러한 세상의 고통을
뿌리째 뽑아버리기 위한
인간의 마지막 노력이다.

칙하고 불쾌한 생각이 들지 모르겠다. 감히 만물의 영장인 인간을 하찮은 미물 따위에 비교하다니.

중생계에는 여섯 갈래의 길이 있다. 천신, 인간, 아수라, 아귀, 축생, 지옥. 이 세계의 어느 곳도 인과의 법칙을 벗어날 수 없다. 그러니 '억울하면 성불하라'는 말까지 있는 것이다. 마음을 깨친 이의 눈은 세상의 움직임을 있는 그대로 본다. 어차피 인과에 따라 움직이기에 세상을 바라보더라도 분별심이 생기지 않는다. 결과를 정확하게 예측할 수 있으니 항상 마음이 편안하다. 이런 마음 상태가 되면 옳다거나 그르다는 시비도 보이지 않는다. 그저 인과에 따라 흐르는 것들뿐이다. 옳다거나 그르다고 따지고 들지 않으니 고락의 감정이 붙지 않는 건 당연하다.

불교를 호되게 비판하는 이들을 만날 때가 있다. 옳고 그른 것을 분별하지 않아야 한다니까 허무주의라고 하는가 하면, 인류의 정의와 평화를 위해 나서지는 못할망정 편하게 앉아서 수행한답시고 엉뚱한 소리나 말라는 것이다. 그러면 이렇게 물어보기도 한다. "그렇게 말씀하는 당신은 이미 마음이 불편한 것 같은데, 그렇지 않나요?" 왜 아니겠는가. 대답은 못해도 불편할 것이다. 허무주의란 절대적 가치나 진리가 없다고 보는 입장인데, 가끔은 불교에 절대적 가치나 진리가 없다고 보는지 되묻고 싶을 때도 있다.

참으로 본말本末이 전도된 생각이 아닐 수 없다. 생각하기에 따라선 성경을 읽기 위해 촛불을 훔치라는 격이요, 정의라는 이름으로 불의를 저지르라는 격으로 들린다. 이처럼 편협한 생각을 가진 이라면 평화를 위해서 전쟁을 선택할지도 모를 일이다. '정의와 불의'나 '평화와 전쟁'은 한 몸이기에 따로 떼어놓을 수 없다. 각고의 수행으로 마음을 깨치면 이 사실을 명확하게 인지한다. 그렇기에 불의를 피하려고 정의를 선택하지 않으며 전쟁을 막으려는 핑계로 평화를 들먹이지 않는다. 수행이란 이러한 세상의 고통을 뿌리째 뽑아버리기 위한 인간의 마지막 노력이라고 할 수 있다.

이는 역사적으로 실존했던 성인들의 목소리지 전설이나 가공된 이야기가 아니다. 더 이상 고락의 업식으로 살아서는 안 된다. 자신의 업에 따라 과보를 받는 자업자득自業自得이 물질계의 인과라지만, 그것을 초월하더라도 스스로 짓고 스스로 받는 자작자수自作自受의 세계가 끝없이 이어진다. 스스로 지어서 스스로 받는 것이다. 다만 마음을 깨치고 욕계, 색계, 무색계의 경지를 넘어선 성인은 흐트러진 행위를 하지 않기에 자유자재하고 무한한 복락을 누린다. 하지만 불교에서는 이 같은 선한 과보를 혼자서만 누리려 하지 않는다. 생명을 가진 누구나 부처의 성품을 가지고 있기 때문이다. 이 성품을 '천상천하유아독존天上天下唯我獨尊'이라고 한다.

이런 이야기를 듣는 것이 불편하다면 아직 때가 아닐지도 모른다. 누가 나를 만들었으며, 이 세상은 누구에 의해 만들어졌을까? 생각이 깊어질수록 마음이 편하지 않다면, 편하지 않다고 느끼는 그 마음을 어디 한번 꺼내서 가져와보라.